スッキリわかる

日商簿記3級

滝澤ななみ

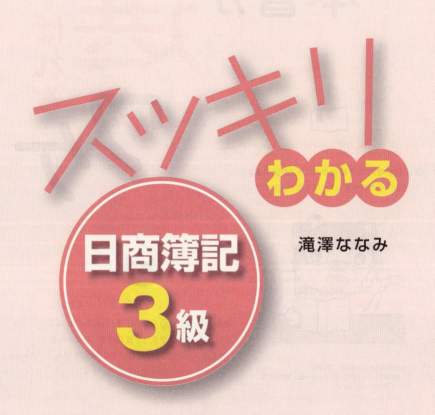

売上No.1※

本書が選ばれるワケ

本書の特徴 1

平易な表現で読みやすく

簿記初心者の方が最後までスラスラ読めるよう、やさしい、わかりやすいことばを用いています。

本書の特徴 2

ゴエモンによる場面設定

簿記の場面を身近なものに感じられるよう、ゴエモンというキャラクターを登場させ、みなさんがゴエモンといっしょに場面ごとに簿記を学んでいくというストーリーにしています。

※日商簿記検定試験2級、3級書籍
2022年1月〜12月 全国チェーン売上累計第1位
（紀伊國屋PubLine ほか）

購入者特典

1 仕訳Webアプリ

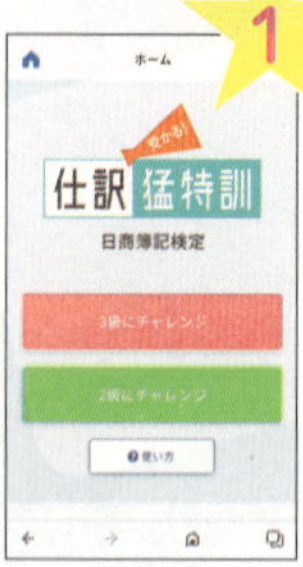

簿記において仕訳は超重要課題。すき間時間を有効活用して、仕訳Webアプリ「受かる! 仕訳猛特訓」で毎日練習しましょう!

アクセス方法はP10参照

2 模擬試験プログラム

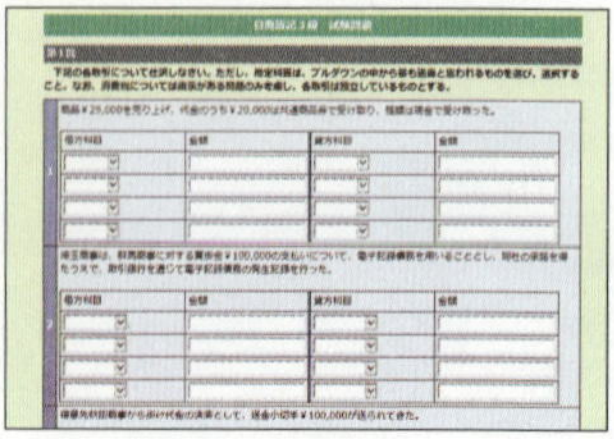

2007年に本書の初版が刊行されて以来、本当に多くの受験者のみなさんにご使用いただき、合格のお手伝いをすることができました。
もともと本書は、「簿記の初心者が最後まで読みとおせる、いちばんやさしい本」をコンセプトに編集したものです。
そして、スマートフォンの普及により、本をベースに、もっとわかりやすく、もっと手軽に学習していただける環境が整い、さらには、ネット試験の導入により、パソコンを使って問題を解く練習をする必要も生じました。
これらの環境の変化に対応するため、本書ではさまざまな購入者特典をご用意しました。

本書の特徴

3

テキスト&問題集が一体に

テキストを読んだあとすぐに問題を解けるよう、テキストと問題集（問題編）を一体化しました。

本書の特徴

4

基本・応用問題付き

問題編には、テキストの内容を定着させるための基本問題と、本試験レベルの問題を応用問題として収載していますので、基本から本試験レベルの問題まで無理なく解き進めていくことができます。

本書の特徴

5

チェックテストと解き方講義動画付き

本試験の感覚を養うため、巻末に本試験タイプの問題1回分をチェックテストとして付けました。TAC講師による解き方講義動画も付いています。本試験での時間の使い方、総合問題の解き方もこの動画を見れば、スッキリわかる!

ネット試験対策用として、本試験タイプの問題1回分をWeb上で解くことができます。ネット試験を受ける方はぜひご利用ください。

アクセス方法はP10参照

3 合格力をグンと上げる

解き方講義動画&ワンポイントWeb解説

本試験タイプの問題まるまる1回分、さらに「精算表」「勘定記入」の重要論点も動画で学習できます!

アクセス方法はP11参照

簿記の知識はビジネスのあらゆる場面で活かすことができます。
本書と各種特典を活用し、簿記検定に合格され、みなさんがビジネスにおいてご活躍されることを心よりお祈りいたします。

滝澤ななみ

受験申込みから合格までの流れ

ネット試験と統一試験の受験申込みから合格までの流れをまとめました。

ネット試験

2021年度に新設された試験方法です

STEP 1 受験申込み

簿記2級・3級テストセンターの全国統一申込サイトより、受験希望日時・会場・個人情報等を入力し、クレジットカード、コンビニ払い等により受験料を支払います。最短で3日後の予約が可能です。

申込サイト:
https://cbt-s.com/examinee/examination/jcci.html

統一試験

STEP 1 受験申込み

試験の約2か月前から申込受付が開始されます。申込方法は、各商工会議所により異なりますので、受験地の商工会議所のホームページ等でご確認ください。

商工会議所の検定試験

トップ > 受験の申し込みの流れ > 日商簿記（統一試験）の申し込みの流れ（各商工会議所窓口）

日商簿記（統一試験）の申し込みの流れ（各商工会議所窓口）

各地商工会議所が受付の日商簿記（統一試験）の、申し込みから合否発表までの流れです。

STEP1：試験日と施行する商工会議所を確認

当ホームページで、試験を施行する商工会議所をご確認ください。

商工会議所検定試験情報検索

※お電話での確認も受け付けております。
商工会議所検定情報ダイヤル（ハロー・ダイヤル）
050-5541-8600（9:00～20:00 年中無休）

STEP2：受験申込方法等を確認

試験日の2カ月前を目安に（一部地域で日程が若干異なる場合がございます。詳細は必ず受験希望地の商工会議所にお問合わせください）、受験希望地の商工会議所に受験申込方法、受験申込書の入手方法、受験料の支払方法等をご確認ください。
※受験申込受付は、原則として商工会議所の窓口で行いますが、郵送やインターネット等で受け付ける商工会議所もあります。
※受験申込書や受験申込受付期間は、商工会議所によって異なります。

団体試験 一部地域の商工会議所が

最新の情報は商工会議所の検定試験ホームページでご確認ください。

ネット試験と統一試験、どっちを選ぶ？

もしかしたらネット試験のほうがラクかも…

ネット試験も統一試験も合格の価値は同じです。問題のレベル、形式も同じとされています。入力のしやすさなどを考えると、ある程度パソコンの操作に慣れている方は、ネット試験で受けるのがよいでしょう。なお、ネット試験対策として**模擬試験プログラムを用意しています**ので、活用してください（詳しくはP10参照）。

試験日		試験時間		合格基準点		受験料	
テストセンターが定める日で随時		3級：60分 2級：90分		70点以上		3級：2,850円 2級：4,720円	※別途事務手数料550円がかかります。

STEP 2 受験

申込日時に申込みをした会場で受験します。試験画面に受験者情報を入力してから試験を開始します。受験者ごとに異なる試験問題（ランダム組合せ）が受験者のパソコンに配信され、受験者はパソコン上で解答を入力します。計算用紙と筆記用具は配布されますが、試験終了後に回収されます。

STEP 3 合格発表

試験終了後、即座に自動採点され、結果が画面に表示されます。合格者にはデジタル合格証が即日交付されます。

2021年度から変更になりました

試験日		試験時間		合格基準点		受験料	
6月第2週、11月第3週、2月第4週の日曜日		3級：60分 2級：90分		70点以上		3級：2,850円 2級：4,720円	※別途事務手数料がかかる場合があります。

STEP 2 受験票の送付

試験日の約2週間から1週間前に受験票が送付されます。

STEP 3 受験

指定された試験会場で受験します。試験方式は紙媒体（ペーパーテスト）で、試験回ごとに全員同一の問題が出題されます。試験終了後、問題用紙、答案用紙、計算用紙は回収されます。

STEP 4 合格発表

試験日の約2週間から1か月後に合否が発表されます。

不定期で実施している一般向け団体試験もあります。（詳しくは各商工会議所ホームページでご確認ください）

なにが出題される？ 3

ネット試験、統一試験ともに3級は第1問～第3問の
3問構成となっています。
各問で予想される出題内容は次のとおりです。

第1問
配点▷45点

第1問は仕訳問題が出題されます。
問題数は15問以内となっています。

ネット試験

勘定科目はプルダウン形式で与えられ、1つを選択。金額はテンキーで入力。

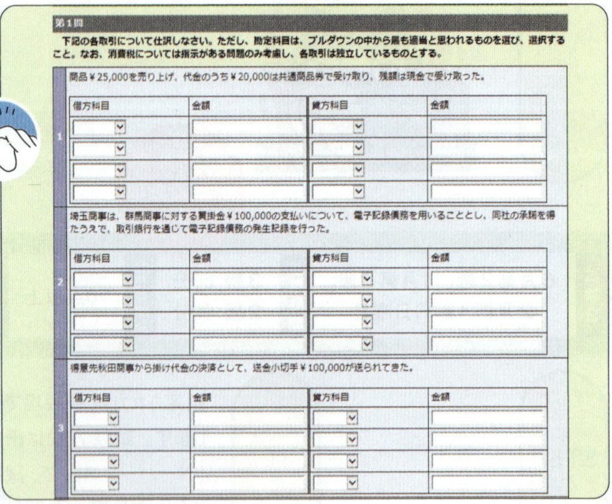
第1問
下記の各取引について仕訳しなさい。ただし、勘定科目は、プルダウンの中から最も適当と思われるものを選び、選択すること。なお、消費税については指示がある問題のみ考慮し、各取引は独立しているものとする。

1 商品￥25,000を売り上げ、代金のうち￥20,000は共通商品券で受け取り、残額は現金で受け取った。

借方科目	金額	貸方科目	金額

2 埼玉商事は、群馬商事に対する買掛金￥100,000の支払いについて、電子記録債務を用いることとし、同社の承諾を得たうえで、取引銀行を通じて電子記録債務の発生記録を行った。

借方科目	金額	貸方科目	金額

3 得意先秋田商事から掛け代金の決済として、送金小切手￥100,000が送られてきた。

借方科目	金額	貸方科目	金額

仕訳問題（主に第1問）では、同一勘定科目は借方と貸方でそれぞれ1回までしか使えない

本来、仕訳を行うにあたっては、下記の（A）、（B）のどちらでも正解ですが、試験においては（A）の形で答えなければなりません。

（A）正解 正解となる例：各勘定科目を借方または貸方で1回しか使用していない

借方		貸方	
勘定科目	金　額	勘定科目	金　額
（ウ）現　金	1,000	（オ）売　上	3,000
（カ）売掛金	2,000		

（B）不正解 不正解となる例：貸方で同じ勘定科目を2回使用している

借方		貸方	
勘定科目	金　額	勘定科目	金　額
（ウ）現　金	1,000	（オ）売　上	1,000
（カ）売掛金	2,000	（オ）売　上	2,000

問題に指示が記載されますが、問題編を解くときにも気にするようにしましょう。

試験時間は
60分

級編

※刊行時の日本商工会議所からの情報をもとに作成しています。出題内容は随時変更、追加されることが予想されます。

ネット試験の導入により、出題は、問題データベースからランダムに抽出されるので問題の質が均一となり、難易度のバラツキが解消されつつあります。「統一試験とネット試験では問題のレベル等に差異はない」とする以上、両者の問題の質はある程度、均一化されるはずです。標準的な問題が試験範囲全体からまんべんなく出題されるので、苦手を作らず、もれなく学習するようにしましょう。

第1問（45点）

　次の取引について仕訳しなさい。ただし、勘定科目は各取引の下の勘定科目の中からもっとも適当と思われるものを選び、記号で解答すること。

1．さきに立替払いしていた発送費の精算として、取引先から郵便為替証書￥12,400を受け取った。
　ア．現金　イ．当座預金　ウ．立替金　エ．前受金　オ．発送費　カ．仮払金

2．取引先秋田株式会社に貸し付けていた￥1,350,000（貸付期間：3か月、利率：年1％）について、本日、3か月分の利息とともに同社振り出しの小切手で返済を受けた。
　ア．受取利息　イ．貸付金　ウ．借入金　エ．当座預金　オ．支払利息　カ．現金

3．週末に用度係より、次のとおり1週間分の小口現金に関する支払報告を受けた。なお、当社は定額資金前渡制（インプレスト・システム）を採用しているが、用度係に対する小口現金は、週明けに普通預金口座から引き出して補給する。また、ICカードについては、チャージの報告時に旅費交通費勘定で処理している。
　　ICカードチャージ　￥　10,000（全額電車・バス料金支払いのために使用している）
　　ハガキ・切手代　　　￥　3,500
　　事務用品・文房具代　￥　2,000
　　収入印紙　　　　　　￥　2,500
　ア．小口現金　イ．租税公課　ウ．雑費　エ．旅費交通費　オ．通信費　カ．損益　キ．消耗品費

問題用紙

統一試験

勘定科目は与えられたものの中から1つを選択して記号を記入。金額は数字を記入。

答案用紙

第1問（45点）

	仕	訳		
	借方科目	金額	貸方科目	金額
1				
2				
3				

仕訳のスピードを意識して

本試験では、じっくり見直しができる時間はありません。問題を読んで、一度で正確に解答できるよう、スピードが大変重要です。そのためには**どれだけ仕訳を、悩むことなく、素早くできるか**がポイントとなります。特に3級は第1問の仕訳問題が15問もあります。1問1分程度でサクサク解けるように、**仕訳Webアプリを用意しています**ので、活用して練習しておきましょう（詳しくはP10参照）。

なにが出題される？ 3級編

第2問
配点▷20点

第2問は勘定記入、補助簿、空欄補充などの問題から2題出題されます。

ネット試験

該当する項目にチェックしたり、プルダウンによる選択群から語句などを選択。金額はテンキーで入力。

日商簿記3級　試験問題

第2問

(1)　以下の取引について解答欄の勘定に記入しなさい。当社の会計期間は3月31日を決算日とする1年である。ただし、勘定記入に用いる勘定科目に関しては、プルダウンの中から最も適当と思われるものを選びなさい。

[…人税、住民税及び事業税に関する取引]
…年3月31日　×5年度の決算において、法人税、住民税及び事業税¥960,000を計上し、全額を未払法人税等として処理している。
…年5月25日　確定申告を行い、法人税、住民税及び事業税¥960, 000を現金で納付した。
…6年11月20日　中間申告を行い、法人税、住民税及び事業税¥480, 000を普通預金から納付した。
×7年3月31日　×6年度の決算において、税引前当期純利益の30%を法人税、住民税及び事業税として計上した。

(解答欄)

法人税、住民税及び事業税

×7年3/31			×7年3/31		

仮払法人税等

×6年11/20			×7年3/31		

未払法人税等

×6年5/25			×6年4/1		
×7年3/31			×7年3/31		

損　益

×7年3/31	仕　入	5,200,000	×7年3/31	売　上	12,800,000
〃	給　料	1,200,000			

統一試験

該当する項目にチェックしたり、選択群から語句を選択。金額は数字を記入。

問題用紙

第2問（20点）

(1)　以下の取引について答案用紙の勘定に記入しなさい。当社の会計期間は3月31日を決算日とする1年である。ただし、勘定記入に用いる勘定科目に関しては、下記の選択肢の中から最も適当であると思われるものを選び、ア～コの記号で解答すること。なお、記号は何度使用してもよい。

ア．法人税、住民税及び事業税　イ．損益　ウ．現金　エ．普通預金　オ．未払法人税等
カ．仮払法人税等　キ．繰越利益剰余金　ク．前期繰越　ケ．次期繰越　コ．諸口

[法人税、住民税及び事業税に関する取引]
×6年3月31日　×5年度の決算において、法人税、住民税及び事業税¥960,000を計上し、全額を未払法人税等として処理している。
×6年5月25日　確定申告を行い、法人税、住民税及び事業税¥960,000を現金で納付した。
×6年11月20日　中間申告を行い、法人税、住民税及び事業税¥480,000を普通預金から納付した。
×7年3月31日　×6年度の決算において、税引前当期純利益の30%を法人税、住民税及び事業税として計上した。

答案用紙

第2問（20点）

(1)

法人税、住民税及び事業税

×7年3/31	[　]	(　　)	×7年3/31	[　]	(　　)

仮払法人税等

×6年11/20	[　]	(　　)	×7年3/31	[　]	(　　)

未払法人税等

×6年5/25	[　]	(　　)	×6年4/1	[　]	(　　)
×7年3/31	[　]	(　　)	×7年3/31	[　]	(　　)
		(　　)			(　　)

勘定記入は重要

第2問は**勘定記入の出題**が多く見受けられます。期首の記入、期中取引の記入、勘定の締め切りまで、**一連の記入の仕方を理解しておくように**しましょう。
なお、試験では日付欄に配点がないことが多いです（問題に指示があります）が、問題編を解くときには日付欄もしっかり記入するようにしましょう。

なにが出題される？ 3級編

第3問
配点▷35点

第3問は財務諸表や精算表、後T/Bを作成する決算に関する問題が出題されます。

※2020年度試験まで第3問で出題されていた、期中の試算表作成問題は出題されなくなりました。

ネット試験

金額は数字を入力。一部空欄となっている勘定科目は適切な勘定科目や語句をキーボードを使って入力。

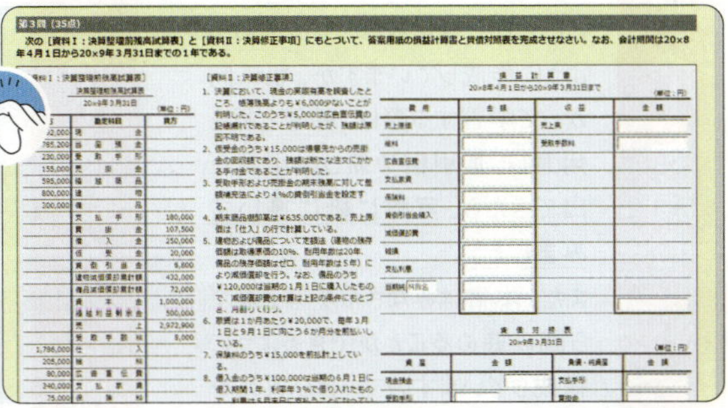

第3問（35点）

次の［資料Ⅰ：決算整理前残高試算表］と［資料Ⅱ：決算修正事項］にもとづいて、答案用紙の損益計算書と貸借対照表を完成させなさい。なお、会計期間は20×8年4月1日から20×9年3月31日までの1年である。

［資料Ⅰ：決算整理前残高試算表］

決算整理前残高試算表
20×9年3月31日
（単位：円）

借方	勘定科目	貸方
[illegible]2,000	現金	
785,200	当座預金	
230,000	受取手形	
155,000	売掛金	
595,000	繰越商品	
800,000	建物	
300,000	備品	
	支払手形	180,000
	買掛金	107,500
	借入金	250,000
	仮受金	20,000
	貸倒引当金	9,800
	建物減価償却累計額	432,000
	備品減価償却累計額	72,000
	資本金	1,000,000
	繰越利益剰余金	500,000
	売上	2,972,900
	受取手数料	8,000
1,796,000	仕入	
205,000	給料	
80,000	広告宣伝費	
340,000	支払家賃	
75,000	保険料	

［資料Ⅱ：決算修正事項］

1. 決算において、現金の実際有高を確認したところ、帳簿残高よりも¥6,000少ないことが判明した。このうち¥5,000は広告宣伝費の記帳漏れであることが判明したが、残額は原因不明である。
2. 仮受金のうち¥15,000は得意先からの売掛金の回収額であり、残額は新たな注文にかかる手付金であることが判明した。
3. 受取手形および売掛金の期末残高に対して差額補充法により4％の貸倒引当金を設定する。
4. 期末商品棚卸高は¥635,000である。売上原価は「仕入」の行で計算している。
5. 建物および備品について定額法（建物の残存価額は取得原価の10％、耐用年数は20年、備品の残存価額はゼロ、耐用年数は5年）により減価償却を行う。なお、備品のうち¥120,000は当期の1月1日に購入したもので、減価償却費の計算は上記の条件にもとづき、月割りで行う。
6. 家賃は1か月あたり¥20,000で、毎年3月1日と9月1日に向こう6か月分を前払いしている。
7. 保険料のうち¥15,000を前払計上している。
8. 借入金のうち¥100,000は当期の6月1日に借入期間1年、利率年3％で借り入れたもので、[illegible]

損益計算書
20×8年4月1日から20×9年3月31日まで
（単位：円）

費用	金額	収益	金額
売上原価		売上高	
給料		受取手数料	
広告宣伝費			
支払家賃			
保険料			
貸倒引当金繰入			
減価償却費			
雑損			
支払利息			
当期純			

貸借対照表
20×9年3月31日
（単位：円）

資産	金額	負債・純資産	金額
現金預金		支払手形	
受取手形		買掛金	

統一試験

金額は数字を記入。一部空欄となっている勘定科目は適切な勘定科目や語句を記入。

問題用紙

第3問（35点）

次の［資料Ⅰ：決算整理前残高試算表］と［資料Ⅱ：決算修正事項］にもとづいて、答案用紙の損益計算書と貸借対照表を完成させなさい。なお、会計期間は20×8年4月1日から20×9年3月31日までの1年である。

［資料Ⅰ：決算整理前残高試算表］

決算整理前残高試算表
20×9年3月31日

借方	勘定科目	貸方
192,000	現金	
785,200	当座預金	
230,000	受取手形	
155,000	売掛金	
595,000	繰越商品	

答案用紙

損益計算書
20×8年4月1日から20×9年3月31日まで
（単位：円）

費用	金額	収益	金額
売上原価	(　　　)	売上高	(　　　)
給料	(　　　)	受取手数料	(　　　)
広告宣伝費	(　　　)		
支払家賃	(　　　)		
保険料	(　　　)		
貸倒引当金繰入	(　　　)		
減価償却費	(　　　)		
雑損	(　　　)		

最新情報はこちらでチェック！

商工会議所の検定試験ホームページ
商工会議所の検定試験 https://www.kentei.ne.jp

TAC出版書籍販売サイト
CYBER BOOK STORE https://bookstore.tac-school.co.jp

ネット試験が体験できる!!
滝澤ななみのすすめ！ https://takizawananami-susume.jp

簿記の学習方法と

1 テキストを読む

まずは、**テキストを読みます**。テキストは自宅でも電車内でも、どこでも手軽に読んでいただけるように作成していますが、机に向かって学習する際は、鉛筆と紙を用意し、取引例や新しい用語が出てきたら、**実際に紙に書いてみましょう**。

また、本書はみなさんが考えながら読み進めることができるように構成していますので、ぜひ**答えを考えながら**読んでみてください。

2 テキストを読んだら問題を解く

簿記は**問題を解くことによって、知識が定着**します。本書はテキスト内に対応する問題番号を付していますので、それにしたがって、問題を解きましょう。まちがえた問題には付箋などを貼っておき、あとでもう一度、解きなおすようにしてください。

また、仕訳が素早く正確にできることは合格への一番の近道。**①仕訳Webアプリを使って仕訳の特訓**をするのもおすすめです。

特典を使いこなして合格へ近づこう！

①仕訳Webアプリ「受かる！仕訳猛特訓」

仕訳を制する者は、本試験を制するといっても過言ではありません。スキマ時間などを使い、仕訳を徹底的にマスターして本試験にのぞんでください!

②ネット試験の演習ができる「模擬試験プログラム」

ネット試験を受ける方は、ぜひこの模擬試験プログラムを使って、ネット試験を体験してみてください。

模擬試験プログラム＆仕訳Webアプリへのアクセス方法

STEP 1　TAC出版　検索

STEP 2　書籍連動ダウンロードサービス　にアクセス

STEP 3　パスワードを入力　230210471

Start!

(免責事項)
(1) 本アプリの利用にあたり、当社の故意または重大な過失によるもの以外で生じた損害、及び第三者から利用者に対してなされた損害賠償請求に基づく損害については一切の責任を負いません。
(2) 利用者が使用する対応端末は、利用者の費用と責任において準備するものとし、当社は、通信環境の不備等による本アプリの使用障害については、一切サポートを行いません。
(3) 当社は、本アプリの正確性、健全性、適用性、有用性、動作保証、対応端末への適合性、その他一切の事項について保証しません。
(4) 各種本試験の申込、試験申込期間などは、必ず利用者自身で確認するものとし、いかなる損害が発生した場合であっても当社では一切の責任を負いません。

(推奨デバイス) スマートフォン※・PC・タブレット　※仕訳Webアプリのみ
(推奨ブラウザ) Microsoft Edge 最新版／Google Chrome 最新版／Safari最新版

詳細は、下記URLにてご確認ください。
https://shiwake.tac-school.co.jp/login/3
https://program.tac-school.co.jp/login/3

※本特典の提供期間は、本書の改訂版刊行月末日までです。

合格までのプロセス

3 もう一度、すべての問題を解く

1 2を繰り返し、テキストが全部終わったら、**テキストを見ないで問題編をもう一度最初から全部解いてみましょう**。
そのあとに、巻末の別冊に入っているチェックテストを解きましょう。解き終わったら、③解き方講義動画を見て、解けなかった問題や、総合問題の解き方、タイムマネジメントなどを把握してください。また、**ネット試験を受ける方は②模擬試験プログラムにもチャレンジ**してみましょう。
苦手な論点が残る場合は、テキストを読み直したり、**④ワンポイントWeb解説を確認**するなどして苦手な論点を克服しましょう。

4 予想問題集を解く

本書の問題編には、本試験レベルの問題も収載されていますが、本試験の出題形式に慣れ、時間内に効率的に合格点をとるために、本書のシリーズ書籍**『スッキリうかる本試験予想問題集』（別売）を解くことをおすすめします**。
なお、最低1回は、本試験タイプの問題を時間（60分）を計って解いておきましょう。

★ 合格

本書購入の読者には、4つの特典をご用意しています。

③本試験の解き方体感！
「チェックテストの解き方講義動画」

本書で学んだ知識を使ってどのような手順、時間配分で1回分の本試験タイプの問題を解けばよいのか、TAC講師が解説します。

④受験生のつまずき解消！
「ワンポイントWeb解説」

仕訳（第1問）は覚えてしまえばなんとかなる…けど、そのほかの問題で点がとれない！ とお悩みの受験生に向けて、代表的な出題形式である「精算表」と「勘定記入」について、動画で解説！ どこに目をつけてどこから記入していけばよいのか、一目瞭然！
QRコードから動画をチェックして、理解を深めましょう。

CONTENTS

特別企画

日商簿記3級
スタートアップ講義

CONTENTS

1 簿記の世界へようこそ!

ビジネスには必ずつきもののお金。「ビジネスをスムーズに進めるためにお金について学びたい!」そんなときの候補の一つにあがるのが簿記だと思います。でも、簿記を学べば本当に知りたいことがわかるのでしょうか?
「そもそも簿記って何?」「簿記を知っていると何ができるの?」そんな疑問を解決すべく猫のゴエモン君たちと一緒に、簿記をめぐる旅に出かけましょう!

2 簿記の一連の流れをザックリ講義

最近の日商3級の試験においては、簿記の一連の流れについて、きちんとイメージができていることが大切になっています。
ここでは、簿記一巡の全体像をザックリみてみましょう。

ビジネスには必ずつきもののお金。「ビジネスをスムーズに進めるためにお金について学びたい!」そんなときの候補の一つにあがるのが簿記だと思います。
でも、簿記を学べば本当に知りたいことがわかるのでしょうか?
「そもそも簿記って何?」「簿記を知っていると何ができるの?」そんな疑問を解決すべく猫野ゴエモン君たちと一緒に、簿記をめぐる旅に出かけましょう!

1 簿記の世界へようこそ!

簿記ってなに?

みなさん、こんにちは～!!
簿記の世界へようこそ!
ナビゲーターの猫野ゴエモンです。

お、ゴエモンさん、こんにちは。
クロキチです。

クロキチさん、そしてみなさん、さっそくですが･･･

7203 トヨタ自動車（じどうしゃ）
【決算】3月【設立】1937.8【上場】1949.5

【特色】4輪世界首位。国内シェア3割超。日野、ダイハツを傘下。SUBARU、マツダ、スズキと提携
【連結事業】自動車91(8)、金融7(28)、他2(4)【海外】80 〈22・3〉

【下振れ】納期遅れで世界販売1040万台に下振れ。好採算SUV増や円安貢献。だが資材費高騰影響1・65兆円に膨らむ。合理化などで補えず、前号比営業減益幅拡大。24年3月期は自動車生産上向き急反発。
【団結】NTTやソニーと次世代半導体の国内生産へ新会社設立、安定供給へ布石。新型EV「bZ4X」の国内サブスク申し込みを再開。ロシアの生産事業終了を決定。

年月	【資本異動】	万株
16. 8	交換	338,509
20. 1	交換	331,009
21. 4	消却	326,299
21.10	分1→5	1,631,498

東証P	高値	安値
49~20	8783(15)	21(50)
21	10460(9)	1818(10)
22.1~11	2475(1)	1805(3)

	高値	安値	出来万株
22. 9	2089.5	1871	50,754
10	2059.5	1878.5	55,539
#11	2072	1954	38,942

【総還元性向】39.4%(3期平均34.6%)
【増減配回数】増7 減0 据3 無0
【四半期進捗率】3期平均46.5%
今期47.6%(+1.1pt)
【業種】自動車
時価総額順位 1/8社
【比較会社】7201 日産自動車, 7267 ホンダ, 7269 スズキ

【株式】10/31 16,314,987千株
単位 100株 貸借
時価総額 33.1兆円 225
【財務】<◇22.9> 百万円
総資産 74,484,023
自己資本 28,037,253
自己資本比率 37.6%
資本金 397,050
利益剰余金 27,304,994
有利子負債 29,797,725
【指標等】<◇22.3>
ROE 11.5% 予9.6%
ROA 4.2% 予3.6%
調整1株益 －円
最高純益(22.3) 2,850,110
設備投資 13,430億 予15,400億
減価償却 10,072億 予11,600億
研究開発 11,242億 予12,000億
【キャッシュフロー】億円
営業CF 37,226(27,271)
投資CF ▲5,774(▲46,841)
財務CF ▲24,665(27,391)
現金同等物 61,136(51,008)

【株主】㊊・・名<22.9> 万株
自社(自己株口) 262,750(16.1)
日本マスター信託 185,332(11.3)
豊田自動織機 119,233(7.3)
日本カストディ銀行 93,656(5.7)
日本生命保険 63,342(3.8)
JPモルガン・チェース・バンク 57,137(3.5)
デンソー 44,957(2.7)
ステート・ストリート・バンク&トラスト 34,067(2.0)
BNYMデポジタリRH 29,407(1.8)
三井住友海上火災 28,407(1.7)
<外国> ・・% <浮動株> ・・%
<投信> ・・% <特定株> ・・%
【役員】㊎内山田竹志 ㊐会早川茂 ㊓豊田章男 ㊍J.カフナー 近健太 ⇨欄外
【連結】ダイハツ工業, 日野自動車, 米国トヨタ自動車販売

【業績】(百万円)	営業収益	営業利益	税前利益	純利益	1株益(円)	1株配(円)
○18. 3*	29,379,510	2,399,862	2,620,429	2,493,983	168.4	44
○19. 3*	30,225,681	2,467,545	2,285,465	1,882,873	130.1	44
○20. 3*	29,929,992	2,442,869	2,554,607	2,076,183	147.1	44
◇21. 3*	27,214,594	2,197,748	2,932,354	2,245,261	160.6	48特
◇22. 3*	31,379,507	2,995,697	3,990,532	2,850,110	205.2	52
◇23. 3予	37,000,000	2,800,000	3,835,000	2,684,000	196.7	52~56
◇24. 3予	38,000,000	3,230,000	3,960,000	2,770,000	203.0	52~60
◇22.4~9	17,709,348	1,141,444	1,834,276	1,171,084	85.4	25
◇23.4~9予	18,500,000	1,480,000	1,850,000	1,290,000	94.5	26~30
会23. 3予	36,000,000	2,400,000	3,340,000	2,360,000	(22.11.1発表)	

【配当】	配当金(円)
21. 3	135
21. 9	120
22. 3	28
22. 9	25
23. 3予	27~31
23. 9予	26~30
24. 3予	26~30

予想配当利回り 2.56%
1株純資産(円)<◇22. 9> 2,048 (1,905)

【本社】471-8571愛知県豊田市トヨタ町1 ☎0565-28-2121
【東京本社】☎03-3817-7111
【名古屋オフィス】☎052-552-2111
【工場】本社, 元町, 上郷, 高岡, 三好, 堤, 他
【従業員】<22.9>連377,369名 単・・名(40.4歳)年857万円
【証券】上東京P, 名古屋P, NY, LON 幹(主)野村(副)日興, 三菱Uモル, 大和, みずほ 名三菱U信 監PwCあらた【銀行】三菱U, 三井住友
【仕入先】－
【販売先】－

（出所：東洋経済新報社「会社四季報」2023年1集）

これ、なんだかわかる?

これは…
トヨタ自動車の数字が載っている…

会社四季報、だよね？

そう、四季報。株式投資のときなんかに、会社の業績をみるためのものだね。

ここにさ、【業績】ってあるでしょ？

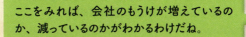

【業績】(百万円)	営業収益	営業利益	税前利益	純利益	1株益(円)	1株配(円)	【配当】	配当金(円)
○18. 3*	29,379,510	2,399,862	2,620,429	2,493,983	168.4	44	21. 3	135
○19. 3*	30,225,681	2,467,545	2,285,465	1,882,873	130.1	44	21. 9	120
○20. 3*	29,929,992	2,442,869	2,554,607	2,076,183	147.1	44	22. 3	28
◊21. 3*	27,214,594	2,197,748	2,932,354	2,245,261	160.6	48特	22. 9	25
◊22. 3*	31,379,507	2,995,697	3,990,532	2,850,110	205.2	52	23. 3予	27~31
◊23. 3予	37,000,000	2,800,000	3,835,000	2,684,000	196.7	52~56	23. 9予	26~30
◊24. 3予	38,000,000	3,230,000	3,960,000	2,770,000	203.0	52~60	24. 3予	26~30
◊22.4~9	17,709,348	1,141,444	1,834,276	1,171,084	85.4	25	予想配当利回り	2.56%
◊23.4~9予	18,500,000	1,480,000	1,850,000	1,290,000	94.5	26~30	1株純資産(円)<◊22. 9>	
会23. 3予	36,000,000	2,400,000	3,340,000	2,360,000	(22.11.1発表)		2,048 (1,905)	

売上高とか、
営業利益とかっていうやつ？

そう。「利益」というのはもうけのことをいうんだけど、ここには主に会社のもうけに関する内容が記載されているんだ。

ここをみれば、会社のもうけが増えているのか、減っているのかがわかるわけだね。

うん。そして、この「利益」を計算するために必要なのが、これから学習していく「簿記」なんだ。

へえ～。ということは、簿記がわかれば、会社の利益の仕組みがわかるんだね。

利益だけじゃないよ。
会社の財産がどのくらいあるのか、
とかも簿記によって求めていくんだよ。

で、会社の利益については、最終的に損益計算書という書類にまとめられるんだ。

そして、会社の財産がどのくらいあるか、これを財政状態というのだけど、財政状態は貸借対照表という書類にまとめられる。

損益計算書と貸借対照表ね。
これを簿記で学習するの？

う～んとね…。損益計算書や貸借対照表を作成するのは、簿記の最終目的で…

損益計算書や貸借対照表を作成するための道すじっていうのかな。その方法を学習するのが簿記なんだ。

簿記でやることって？

損益計算書や貸借対照表を
作成するための道すじ？

たとえば、企業は、日々、
活動しているじゃない？

企業っていうのは、会社のこと？

会社とかお店（個人事業）のことだね。
会社とかお店はさ、日々、物を売ったり、
サービスを提供したりしているじゃない？

社員に給料を支払ったりとか・・・？

そう！　給料や水道光熱費を支払ったり…いろいろな活動をしている。その活動を簿記では「取引」というんだ。

その日々の取引を「帳簿」という
ノートに記入していくのが簿記なんだ。
「帳簿」に「記入」するから・・・

あ、「簿記」なんだね！　なるほど～!!

そして、帳簿の記入をもとにして、まあ一般的には1年ごとなんだけど…1年ごとに利益がいくらだったか、財産がどのくらいあるかを計算するんだよ。

損益計算書や貸借対照表でね！

その損益計算書や貸借対照表の数値が、
たとえば…

7203 トヨタ自動車（じどうしゃ）

【決算】3月　【設立】1937.8　【上場】1949.5

【特色】4輪世界首位。国内シェア3割超。日野、ダイハツを傘下。SUBARU、マツダ、スズキと提携　【連結事業】自動車91（8）、金融7（28）、他2（4）【海外】80

【下振れ】納期遅れで世界販売1040万台に下振れ。好採算SUV増や円安貢献。だが資材費高騰影響1・65兆円に膨らむ。合理化などで補えず、前号比営業減益幅拡大。24年3月期は自動車生産上向き急反発。

【団結】NTTやソニーと次世代半導体の国内生産へ新会社設立、安定供給へ布石。新型EV「bZ4X」の国内サブスク申し込みを再開。ロシアの生産事業終了を決定。

〈22・3〉

年月【資本異動】		万株
16. 8	交換	338,509
20. 1	交換	331,009
21. 4	消却	326,299
21.10	分1→5	1,631,498

東証P	高値	安値
49~20	8783(15)	21(50)
21	10460(9)	1818(10)
22.1~11	2475(1)	1805(3)

	高値	安値	出来万株
22. 9	2089.5	1871	50,754
10	2059.5	1878.5	55,539
#11	2072	1954	38,942

【総還元性向】39.4%（3期平均34.6%）
【増減配回数】増7　減0　据3　無0
【四半期進捗率】3期平均46.5%
今期47.6%（+1.1pt）
【業種】自動車
時価総額順位　1／8社
【比較会社】7201 日産自動車, 7267 ホンダ, 7269 スズキ

【株式】10/31 16,314,987千株
単位 100株　貸借　225
時価総額　33.1兆円
【財務】〈◇22.9〉　百万円
総資産　74,484,023
自己資本　28,037,253
自己資本比率　37.6%
資本金　397,050
利益剰余金　27,304,994
有利子負債　29,797,725
【指標等】〈◇22.3〉
ROE　11.5%　予9.6%
ROA　4.2%　予3.6%
調整1株益　一円
最高純益（22.3）2,850,110
設備投資　13,430億　予15,400億
減価償却　10,072億　予11,600億
研究開発　11,242億　予12,000億
【キャッシュフロー】億円
営業CF　37,226（27,271）
投資CF　▲5,774（▲46,841）
財務CF　▲24,665（27,391）
現金同等物　61,136（51,008）

【株主】単・・名〈22.9〉　万株
自社（自己株口）　262,750（16.1）
日本マスター信託　185,332（11.3）
豊田自動織機　119,233（7.3）
日本カストディ銀行　93,656（5.7）
日本生命保険　63,342（3.8）
JPモルガン・チェース・バンク　57,137（3.5）
デンソー　44,957（2.7）
ステート・ストリート・バンク&トラスト　34,067（2.0）
BNYMデポジタリRH　29,407（1.8）
三井住友海上火災　28,407（1.7）
〈外国〉・・%　〈浮動株〉・・%
〈投信〉・・%　〈特定株〉・・%
【役員】(会)内山田竹志　(副会)早川茂　(社)豊田章男　(取)J. カフナー　近健太　⇨欄外
【連結】ダイハツ工業, 日野自動車, 米国トヨタ自動車販売

【業績】(百万円)	営業収益	営業利益	税前利益	純利益	1株益(円)	1株配(円)
◦18. 3*	29,379,510	2,399,862	2,620,429	2,493,983	168.4	44
◦19. 3*	30,225,681	2,467,545	2,285,465	1,882,873	130.1	44
◦20. 3*	29,929,992	2,442,869	2,554,607	2,076,183	147.1	44
◇21. 3*	27,214,594	2,197,748	2,932,354	2,245,261	160.6	48特
◇22. 3*	31,379,507	2,995,697	3,990,532	2,850,110	205.2	52
◇23. 3予	37,000,000	2,800,000	3,835,000	2,684,000	196.7	52~56
◇24. 3予	38,000,000	3,230,000	3,960,000	2,770,000	203.0	52~60
◇22.4~9	17,709,348	1,141,444	1,834,276	1,171,084	85.4	25
◇23.4~9予	18,500,000	1,480,000	1,850,000	1,290,000	94.5	26~30
会23. 3予	36,000,000	2,400,000	3,340,000	2,360,000	(22.11.1発表)	

【配当】	配当金(円)
21. 3	135
21. 9	120
22. 3	28
22. 9	25
23. 3予	27~31
23. 9予	26~30
24. 3予	26~30
予想配当利回り	2.56%
1株純資産(円)〈◇22. 9〉	2,048（1,905）

【本社】471-8571愛知県豊田市トヨタ町1
☎0565-28-2121
【東京本社】☎03-3817-7111
【名古屋オフィス】☎052-552-2111
【工場】本社, 元町, 上郷, 高岡, 三好, 堤, 他
【従業員】〈22.9〉連377,369名　単・・名（40.4歳）年857万円
【証券】上東京P, 名古屋P, NY, LON　幹(主)野村(副)日興, 三菱Uモル, 大和, みずほ　名三菱U信　監PwCあらた【銀行】三菱U, 三井住友
【仕入先】一
【販売先】一

お、出た！　会社四季報。
株式投資の一押し参考資料！

さっき言った「利益」は、損益計算書の数値で、

【業績】(百万円)	営業収益	営業利益	税前利益	純利益	1株益(円)	1株配(円)
◎18. 3*	29,379,510	2,399,862	2,620,429	2,493,983	168.4	44
◎19. 3*	30,225,681	2,467,545	2,285,465	1,882,873	130.1	44
◎20. 3*	29,929,992	2,442,869	2,554,607	2,076,183	147.1	44

「総資産」とか、「資本金」とか…まあ、このへん(↓)の数値は貸借対照表の数値。

【財務】〈◊22.9〉	百万円
総資産	74,484,023
自己資本	28,037,253
自己資本比率	37.6%
資本金	397,050
利益剰余金	27,304,994
有利子負債	29,797,725

なるほど～
…ってことは、簿記がわかると、こういった数値の意味がわかるっていうこと?

そうだよ。こういった数値は、もともとは会社の活動から生じているものだから、簿記がわかると、会社の状態がわかってくるんだ。

おお～っ!!
株式投資に役立ちそう!

簿記を勉強すると…？

…。きみ、株が好きなの？

でへへ…
やってみようかな～と思っている…

簿記の知識が役に立つのは株式投資だけじゃないよ。

たとえば、入社しようと思っている会社や、転職先の会社の経営状態も読めるし、

口先ではいいことを言っていても、実際のところ、倒産しそうな会社とかもあるもんね…

管理職になったら、自分の部署の業績を出して、分析しなくちゃいけないし…

会社単位じゃなくて、部署単位で利益の計算とかしなくちゃいけないもんね。

そういったときに、簿記の知識は役に立つんだ。
それ以外にも…

まだあるの?!

簿記ってさ、結局は「数字」だから、簿記を学習すると数字に強くなるんだ。

え～、僕、算数や数学はキライなんだけど…(*_*)

ああ、簿記ではそんな難しいことはしないから。
安心して。せいぜい、「＋（足す）」、「－（引く）」、「×（掛ける）」、たまに「÷（割る）」くらいかな…

あ、そんな感じなんだ！

とはいえ、数字を扱うわけだからさ…。数字に強くなるんだよ。
ちょっと難しい言葉でいうと、計数感覚が身につくってこと。

そうすると、会社で取引先に見積書を作るときとか、ラクだし、資料に財務数値を入れると…
あ～ら不思議！　とっても説得力のある資料となる！…んだよ。

数字を使えば説得力の
ある資料が作れる！

お！
できるビジネスマンみたい！

「みたい」じゃなくて、そう「なる」んだよ、簿記を学習すると。

だから、簿記はすべてのビジネスパーソンに必要な知識だと思うよ。

簿記はすべての
ビジネスパーソンに
必要な知識だ！

経理事務に携わるんだったら、簿記を知らないとダメだよね。

もちろん。経理事務をやるなら、簿記を知らなきゃ。

あと、簿記の資格を持っていれば履歴書の資格欄に書けるし、

就職にも有利だよね。

簿記の上位資格に、税理士や公認会計士といった魅力的な資格もあるから、上に進むもよし。

そういや、きみの本（スッキリわかる日商簿記）からはじめて、公認会計士に受かりました～っていう人、いたよ。

えへへ、ありがとう。

あとは、会計系だったら、「建設業経理士検定試験」は、（日商）簿記と範囲がかなりかぶっているから、勉強しやすいし、受かりやすい…

公務員系だと、国税専門官の試験は簿記に関する問題が多めに出題されるし、経営系では中小企業診断士試験でも簿記に関する問題が出てくるから…

簿記を学習しておくと、ほかの資格の勉強にも役立つってことだね！

だから、よく「資格をとるならまずは（日商）簿記！」って言われている…

資格をとるなら
まずは簿記
簿記

ちなみに日商簿記（1～3級）の
受験者数は年間約60万人

うわっ！　すっごい数だね。
まさに「資格をとるなら、まずは簿記！」だね

ビジネスにも役立つし、資格として履歴書にも書けるし…。
資格の登竜門としての簿記の学習、はじめてみない？

もちろん、やるやる！　いまからやる！
いろいろ教えて～!!

一緒にがんばろうね！

Let's Study !

3級に合格したあとは…

先日、日商簿記3級を受験してきたよ。
結果は・・・

次は2級にチャレンジしようと思うんだけど。

いいね、いいね。

それでね。以前、きみ、「簿記の上位資格に税理士や公認会計士といった資格がある」って言っていたじゃない？

ざっくりでいいんだけど、税理士と公認会計士のちがいって何？

どちらも経理業務にとても詳しい人なんだけど、専門領域がちがうんだ。

税理士さんは法人税とか、所得税とか、そういった税務のスペシャリストで、公認会計士さんは会計・監査のスペシャリストという位置付けなんだ。

「監査」というのは？

「会計監査」のこと。大きな会社では、経理の人が作成した財務諸表をその会社とは関係のない、外部の人にチェックしてもらって、財務データが適正かどうかの証明を受けないといけないんだ。

その証明をするのが会計監査で、公認会計士じゃないと会計監査をしてはダメなんだ。

こういった、その資格を持っている人しかできない業務を「独占業務」といって、公認会計士の独占業務が会計監査というわけ。

税理士さんにも独占業務ってあるの？

税理士の独占業務は3つあって…

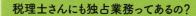

まずは「税務書類の作成」。
税理士じゃない人が他人の確定申告書を作成することはできないんだけど、税理士だと他人の確定申告書などの税務書類を作成することができるんだ。

ふんふん、2つ目は？

他人の確定申告を代わりにやってあげるなど、「税務代理」も税理士しかできない。

それから、税金に関する相談を受けてアドバイスするという、「税務相談」も税理士の独占業務なんだ。

なるほど、こうやってみると、確かに税理士は税務のスペシャリストだね。

ところで、税理士試験や公認会計士試験ってむずかしそうなんだけど、そうなると、やっぱり、大学を卒業してたり、経理の仕事に何年かついていないと受験すらできないんだよね？

受験資格だね。まず、公認会計士試験のほうは受験資格ってないんだ。高卒の人でも受けられるよ。

税理士試験のほうは受験資格が定められていて、大学を卒業している人とか、大学3年生以上で一定の単位をとっている人とか、あとは日商簿記1級に合格している人とか、会計実務に2年以上携わっていた人とか、いろいろあって、その中の1つに該当すれば受験できるんだ。

そうすると、ぼくの場合は日商簿記1級に合格しないと受験できないかな…。

ただ、令和5年度の税理士試験から、会計科目（簿記論、財務諸表論）については受験資格の制限がなくなって、誰でも受験できるんだ。
税法科目については、受験資格の制限が残るけどね。

へえ～。そうしたら特に受験資格なしで、とりあえず簿記論と財務諸表論を勉強・受験して、簿記のエキスパートになるっていうのもいいかもね。

そうだね。簿財をやってみて、これ、自分に向いてる！　とか、税理士になりたい！　って思ったら、そのときに日商簿記1級を受けて、受験資格をゲットするといいと思うよ。細かい試験科目や受験資格、合格基準は「公認会計士試験」とか「税理士試験」で検索して調べてみてね！

とりあえず、ぼくは日商簿記2級の勉強を進めながら、公認会計士と税理士について調べてみよっと！

上位級の目標があると、やる気が出るよね。がんばって！

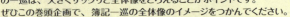

最近の日商3級試験においては、簿記の一連の流れについて、きちんとイメージができていること、これが大切になっています。
細かいところに目がいってしまうと、とかく迷い道に入りこみがちな簿記の一巡は、大きくザックリと全体像をとらえることがポイントです。
ぜひこの巻頭企画で、簿記一巡の全体像のイメージをつかんでください。

2 簿記の一連の流れをザックリ講義

簿記の流れ

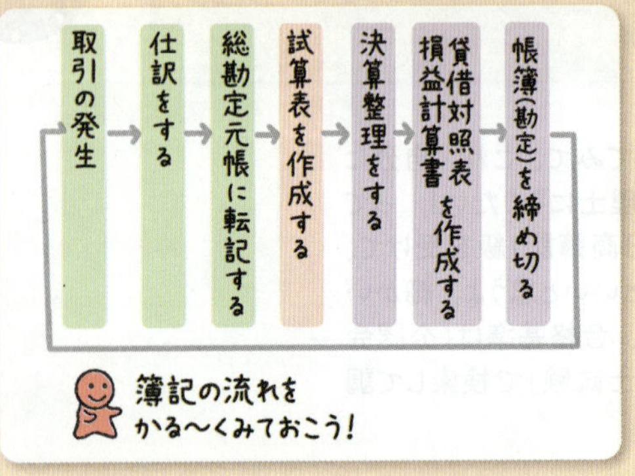

これから、「簿記」について詳しく学習していきますが、その前に、簿記の流れを簡単に見ておきましょう。

「なんで突然?」と思うかもしれませんが、これ、簿記を理解する上でも、実務でも、とっても重要なんです。

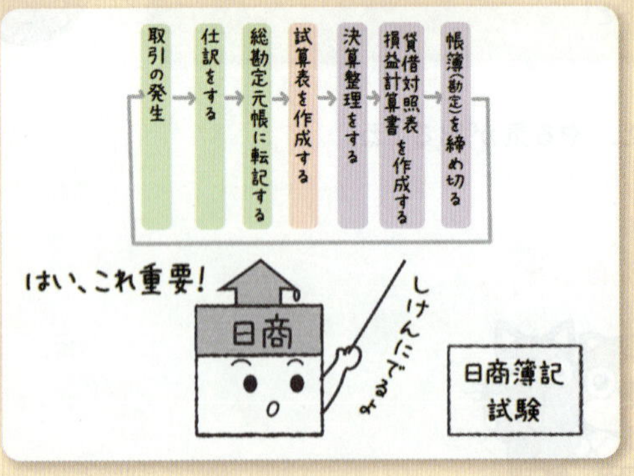

さらに日本商工会議所(簿記試験の主催団体)は、「簿記の流れを理解しているかを問う問題を出題していく」と言っている(らしい)…。だから、試験問題を解く上でも、この流れを理解しておく必要があるのです。

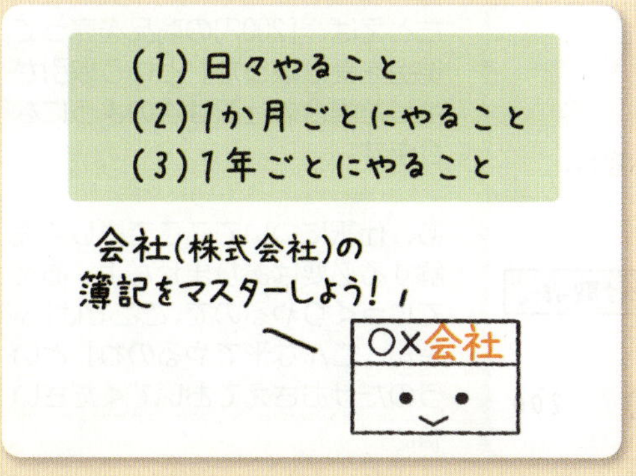

では、さっそく見ていきましょう。

簿記の作業には、(1)日々やること、(2)1か月ごとにやること、(3)1年ごとにやることがあります。

(1)日々やること

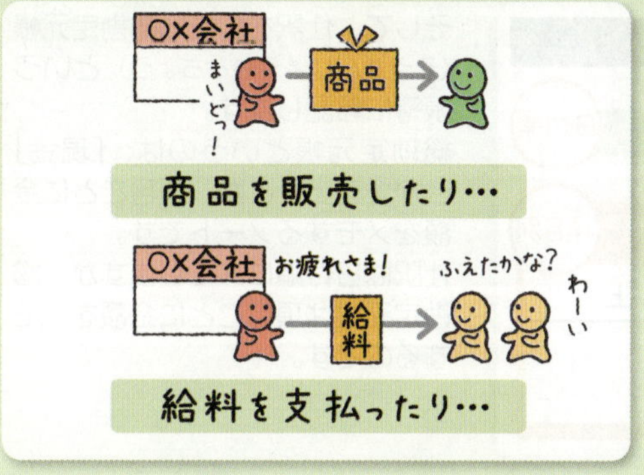

まずは、(1)日々やること。

会社では、日々、お客さんに商品を販売しています。また、売るための商品をどこからか仕入れてきますし、光熱費や従業員に給料を支払ったりします。

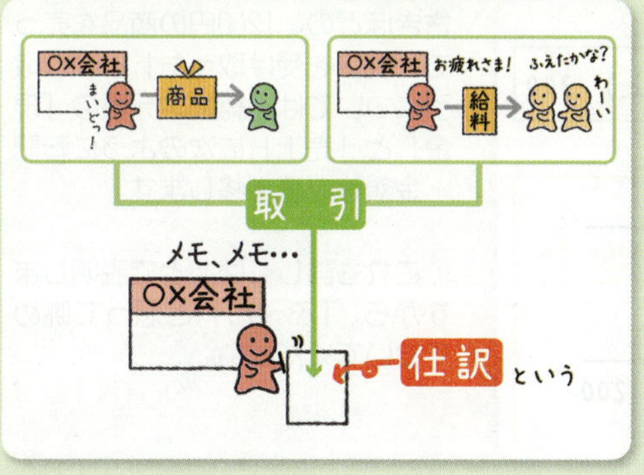

このような会社の活動を取引というのですが、取引が発生したら、それをメモしておく必要があります。
この、メモする手段を簿記では仕訳（しわけ）といいます。

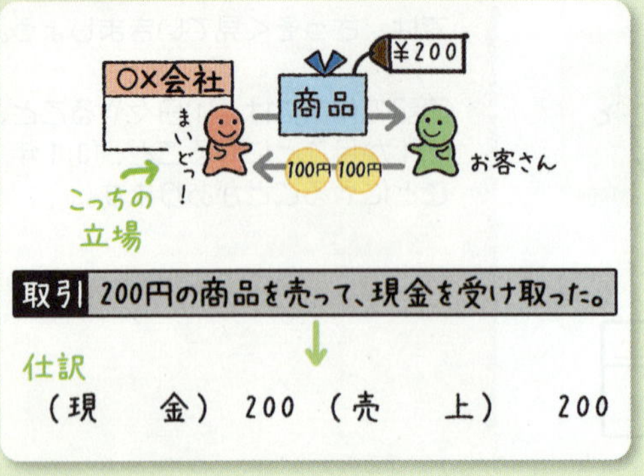

たとえば、「200円の商品を売って、現金を受け取った」という取引が生じた場合の仕訳は次のようになります。

あ、仕訳についてここで詳しく理解する必要はありませんよ。あとでじっくりやるので、ここでは「ふ〜ん、こんな形でやるのね」というのだけおさえておいてくださいね。

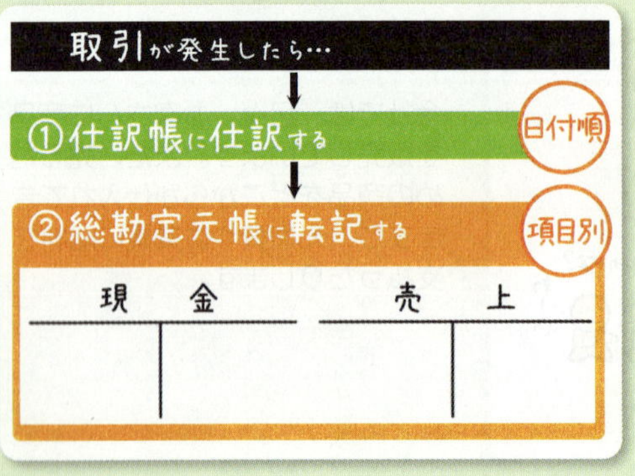

そして、仕訳をしたら総勘定元帳（そうかんじょうもとちょう）という帳簿に転記します。
総勘定元帳というのは、「現金」とか「売上」とか、項目ごとに金額をメモするノートです。
仕訳は日付順にメモしますが、総勘定元帳は項目ごとに金額をメモするのです。

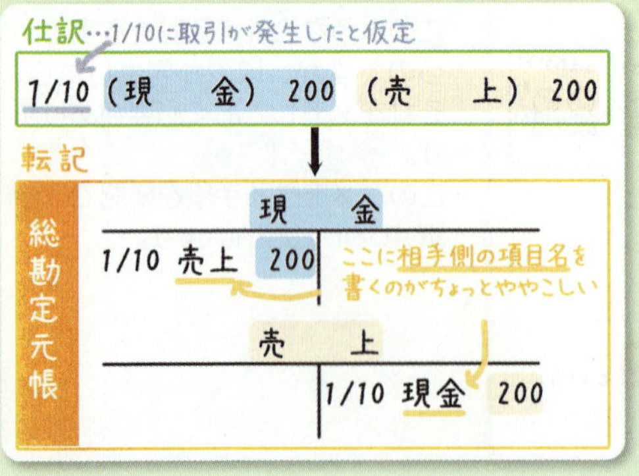

さきほどの、「200円の商品を売って、現金を受け取った」という取引については、総勘定元帳の「現金」と「売上」に次のように転記…金額等を書き移します。

…これも詳しくはあとで説明しますから、「ふ〜ん」と思って眺めておいてください。

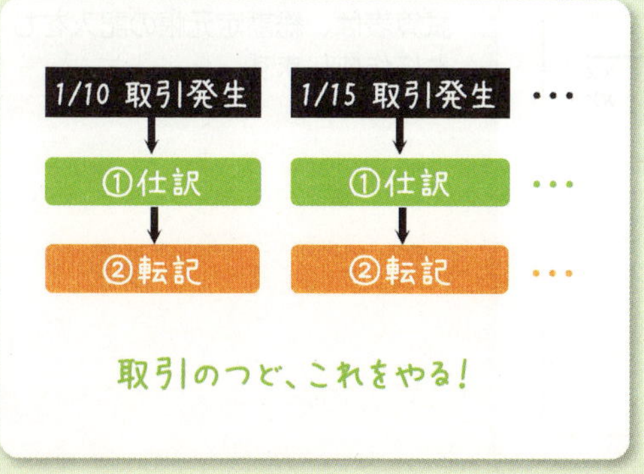

この、「仕訳」→「転記」を、取引のつど、やります。

(2)1か月ごとにやること

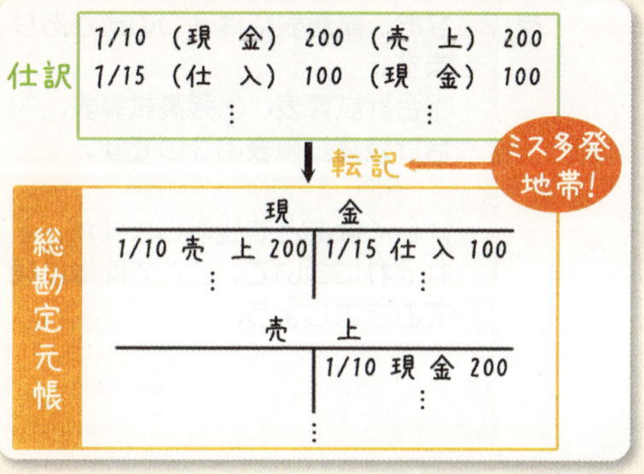

つづいて、(2)1か月ごとにやることを見てみましょう。

毎日、「仕訳」→「転記」をやっていると、結構な量になります。ミスがあるかもしれません。
1年間ひたすら「仕訳」→「転記」をやりつづけて、ミスがあった場合、そのミスの原因を調べるのは大変ですよね…。

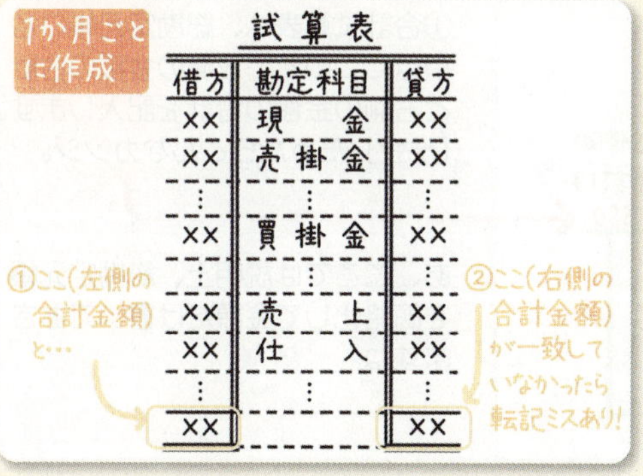
1か月ごとに作成
試算表
借方
勘定科目
貸方
××
現 金
売掛金
買掛金
売 上
仕 入
①ここ(左側の合計金額)と…
②ここ(右側の合計金額)が一致していなかったら転記ミスあり!

できれば、はやいうちにミスを見つけておこう!
…ということで、一般的には1か月ごとに試算表(しさんひょう)という表を作って、転記ミスがないかどうかを調べます。

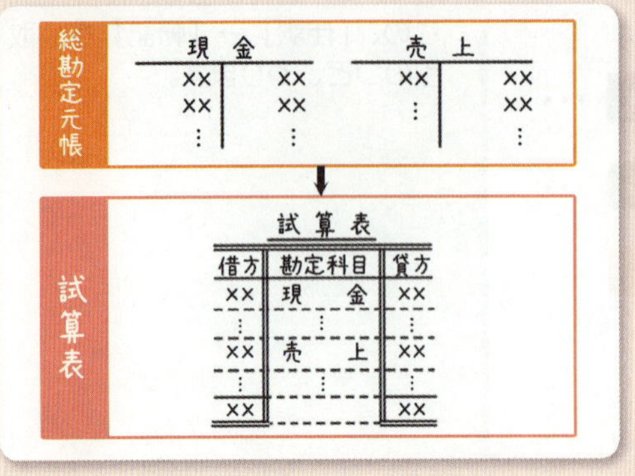

試算表は、総勘定元帳の記入をもとに作成します。

試算表の形は3つ

①合計試算表
②残高試算表
③合計残高試算表

なお、試算表には３つの形があります。
①合計試算表、②残高試算表、③合計残高試算表の３つです。

詳しくはあとで説明しますが、それぞれについて、ここで簡単に見ておきましょう。

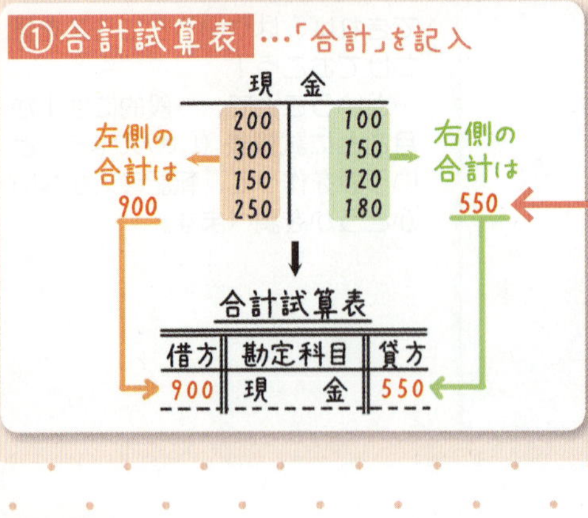

①合計試算表は、総勘定元帳の各項目について、左側の金額の合計と右側の金額の合計を記入します。
「現金」だったらこんなカンジ。

あ、ここでは説明上、総勘定元帳を簡略化して金額だけ書いておきますね。

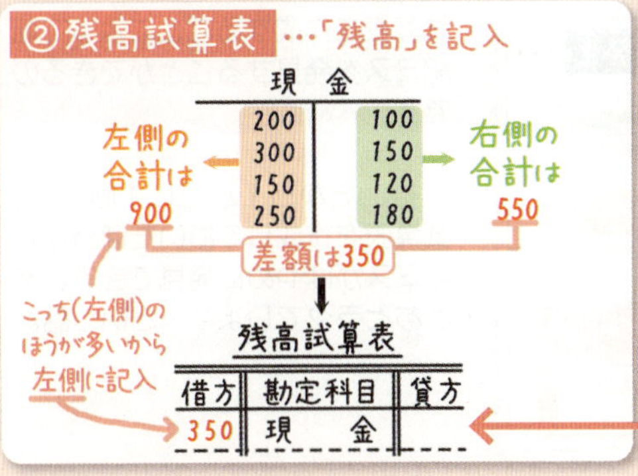

②残高試算表は、総勘定元帳の各項目について、残高のみを記入します。
残高というのは、左側の金額の合計と右側の金額の合計の差額です。左側のほうが金額が多かったら試算表の左側のみに記入します。
「現金」だったらこんなカンジ。

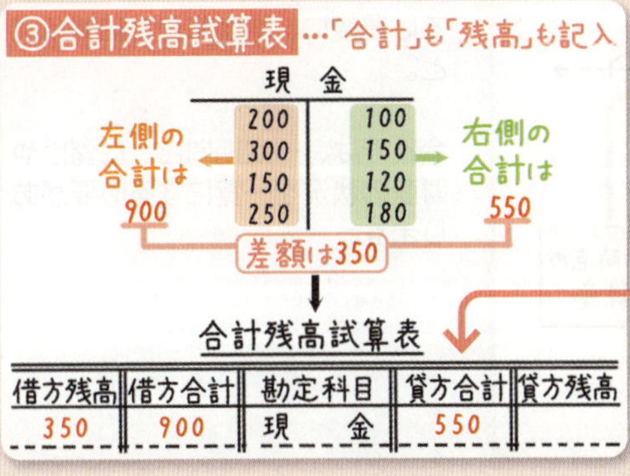

③合計残高試算表は、合計試算表と残高試算表を組み合わせたもので、合計金額も、残高も記入します。
現金の場合はこんなカンジ。

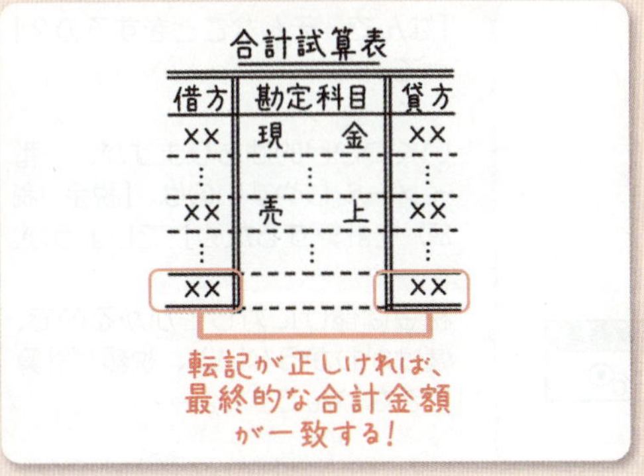

この3つの試算表のうち、いずれかを作るのですが、どの試算表についても、「転記が正しければ最終的な合計金額が一致する」という特徴があります。
この最終的な合計金額が一致していなかったら、どこかで転記ミスが生じているということになるので…

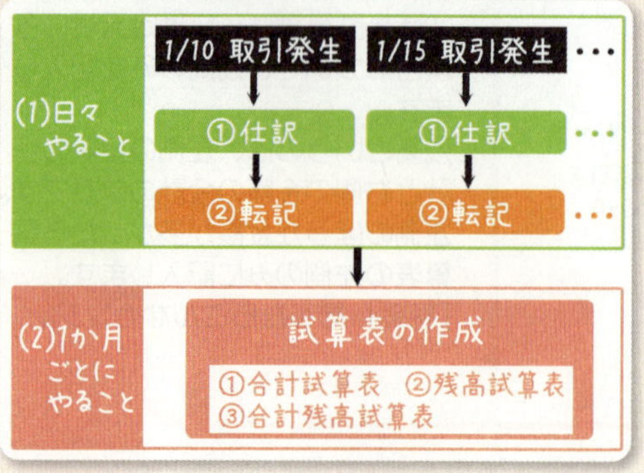

試算表を作成することによって転記ミスを発見することができるのです。

…ね、だから1か月に1回程度、試算表を作成しておいたほうが転記ミスがはやめに発見できて、あとあとラクでしょ？…という話。

(3)1年ごとにやること

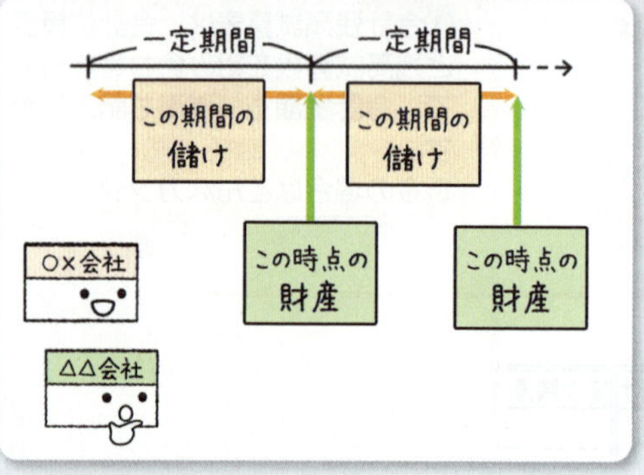

では最後に、(3)1年ごとにやること。

会社では、一定期間ごとに儲けや財産の状況を一覧にする必要があります。

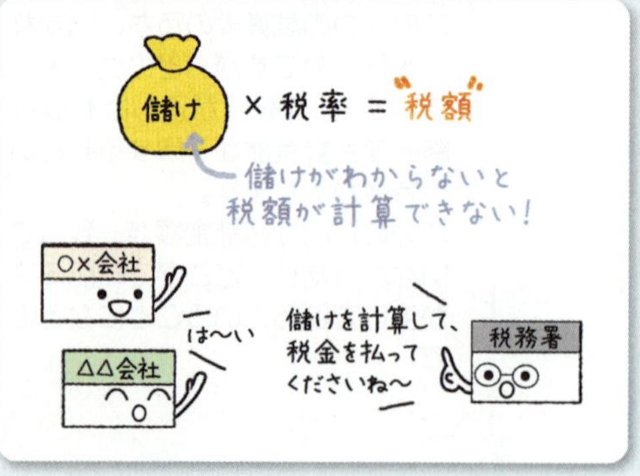

「なんで、そんなことをするの？」って…？

いくつか目的はありますが、一番イメージしやすいのは、「税金（税額）を計算するため」でしょうか。

税金は儲けに対してかかるので、儲けがわからないと、税額が計算できないんですね。

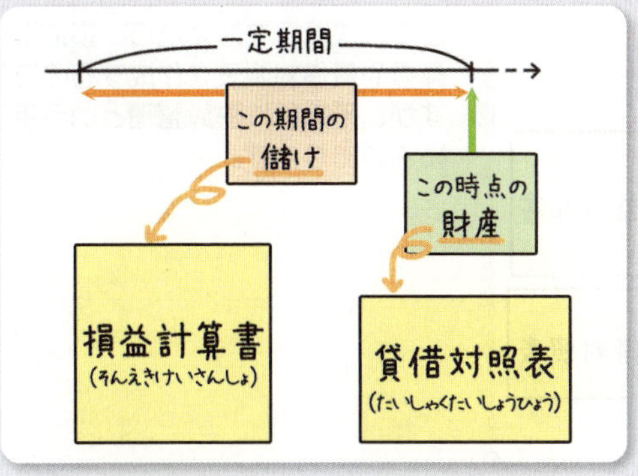

だから、一定期間ごとに儲けや財産の状況を明らかにするのです。

儲けは損益計算書（そんえきけいさんしょ）、財産の状況は貸借対照表（たいしゃくたいしょうひょう）という書類に記載します。

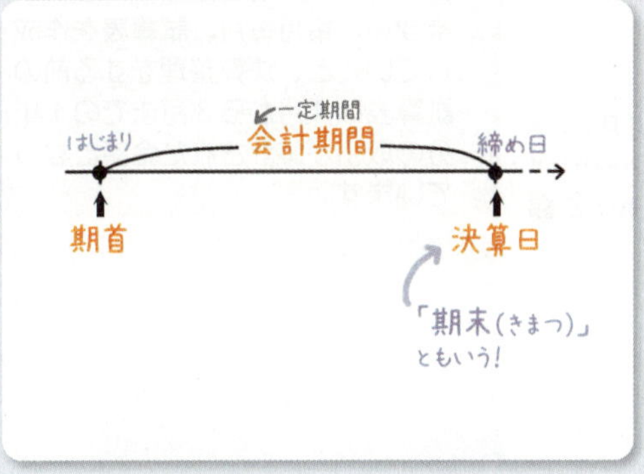

ちなみに…。
さきほどから、「一定期間、一定期間」と言っていますが、この「一定期間」を簿記では会計期間といいます。
そして、会計期間の最終日…いわゆる締め日ですね…これを決算日（けっさんび）、会計期間の初日を期首（きしゅ）といいます。

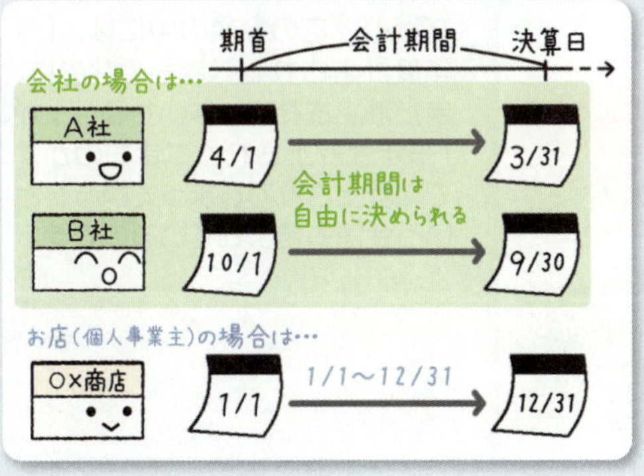

会社の場合、会計期間や決算日は自由に決めることができます。ちなみに、お店（個人事業主）の場合は、会計期間は１月１日から12月31日と決まっています。

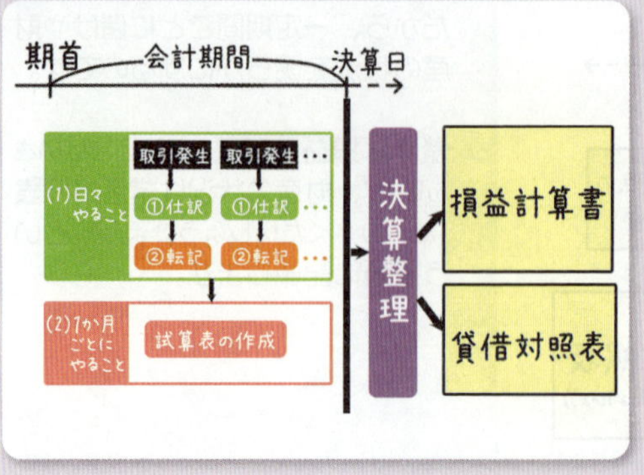

さて、決算日を迎えたら、損益計算書や貸借対照表を作成するのですが、その前に決算整理という手続きがあります。

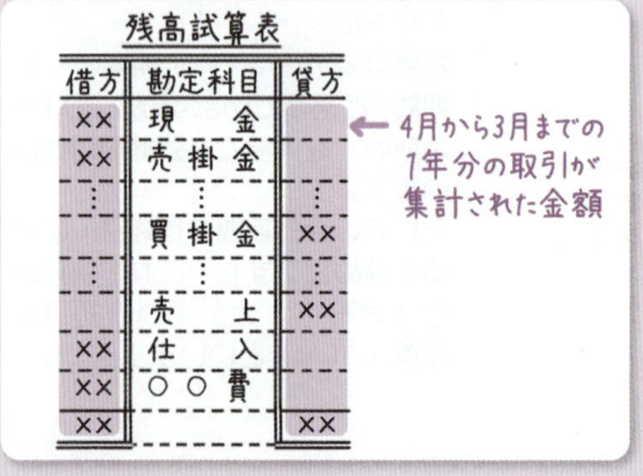

残高試算表
借方
勘定科目
貸方
××
現金
××
売掛金
買掛金
××
売上
××
××
仕入
××
○○費
××
××
4月から3月までの1年分の取引が集計された金額

まず…、毎月毎月、試算表を作成していくと、決算整理をする前の試算表は４月から３月までの１年分の取引が集計された金額となっています。

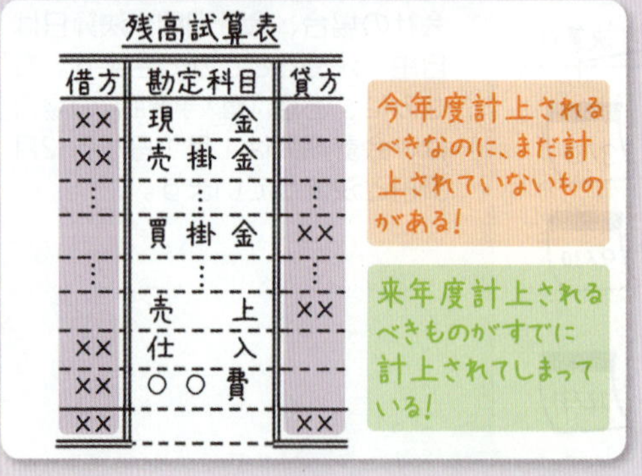

だけど、この金額の中には、「今年度計上されるべきものなのに、まだ計上されていないもの」とか、「来年度計上されるべきものがすでに計上されてしまっている」という金額も含まれているのです。

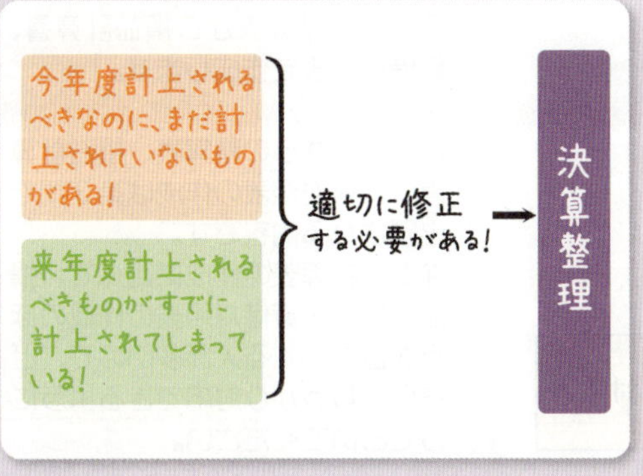

そこで、今年度の儲けを正しく計算するために、そういった金額を適正に修正する必要があるのです。この作業を決算整理といいます。

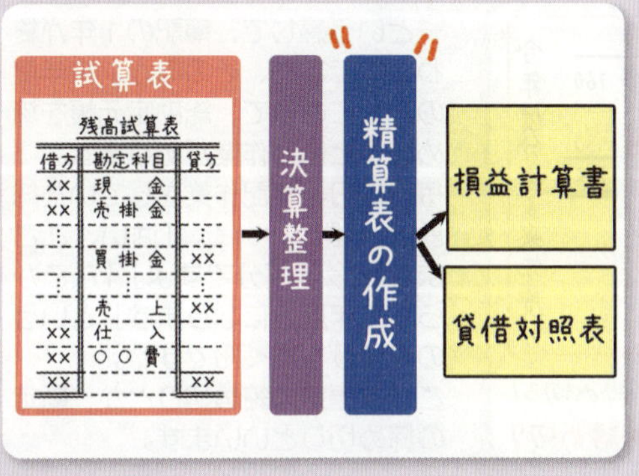

そして、決算整理をしたあと、損益計算書や貸借対照表を作成するのですが、「いきなり作っちゃうのは危なくない？」ということで、その前に精算表（せいさんひょう）というワークシートを作ることがあります。

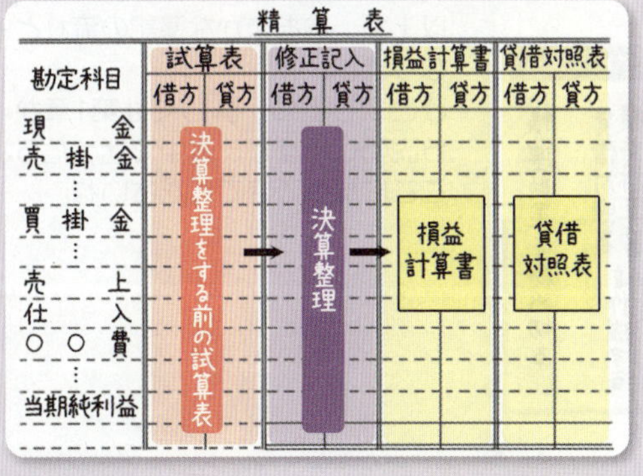

精算表というのは、決算整理をする前の試算表から決算整理を経て、損益計算書、貸借対照表の金額を求めるまでの過程をまとめた表です。

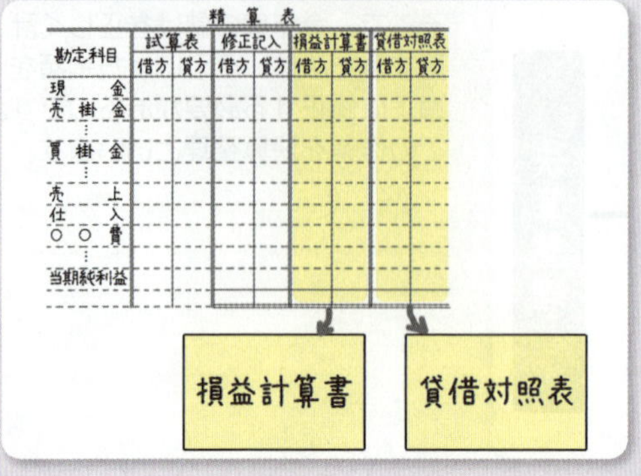

そして、精算表から損益計算書、貸借対照表を作成します。

決算整理からの精算表、損益計算書、貸借対照表の作成は第３問で出題される内容です。
なお、精算表の作成に比べて、損益計算書・貸借対照表の作成のほうを苦手とする人が多いので、どちらもしっかり対応できるようにしておいてください。

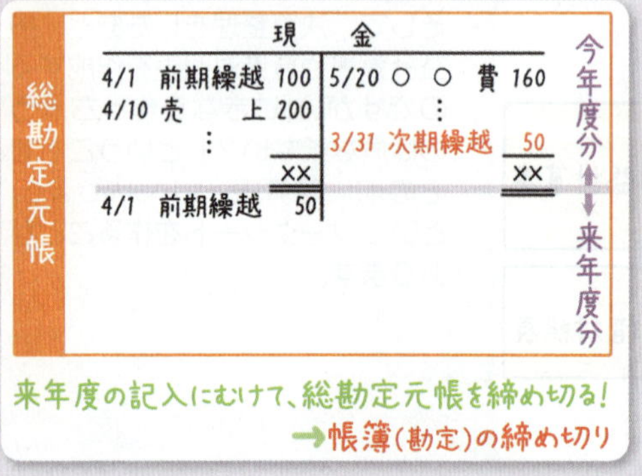

…という感じで、簿記の１年が終わるのですが、そのほか、来年度の記入にむけて、総勘定元帳を締め切るという作業があります。
毎日毎日、転記作業をしていた総勘定元帳について、「はい、ここまでが今年度分ですよ」「ここからが来年度分になります」というのを分けておくんですね。
これを帳簿の締め切りとか、勘定の締め切りといいます。

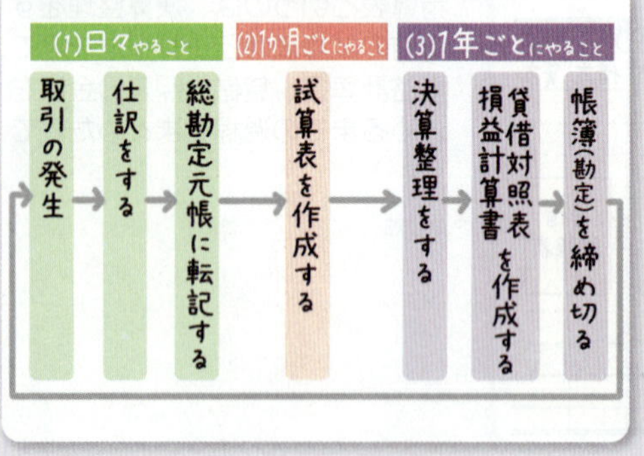

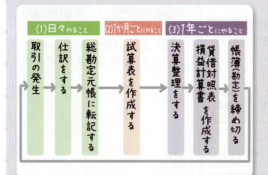

以上が、おおまかな簿記の流れとなります。
ひとつひとつ、詳しくは第1章から説明しますが、途中で迷ったら、ここに戻ってきてくださいね。

テキスト編

簿記の基礎編

第1章 簿記の基礎

念願かなって、営業開始!
がんばって帳簿もつけないといけない…。
だけど、なんだかいろいろなルールがあるみたい。

ここでは、簿記の基本ルールについてみていきましょう。

CASE 1 簿記の基礎

簿記ってなんだろう?

雑貨好きのゴエモン君は、念願の雑貨屋さんを開業することができました。会社の経営なんて初めての経験なので、開業マニュアルを読んでみると、どうやら簿記というものによって取引を帳簿に記入しなければならないことがわかりました。

簿記ってどんなもの?

会社やお店は1年に一度、会社やお店のもうけ（利益）や財産がいくらあるのかを明らかにしなければなりません。

そこで、モノを買う、売る、お金を貸す、借りるなど、日々会社が行った活動（**取引**（とりひき））をメモ（記録）しておく必要があります。この日々の取引を記録する手段を**簿記**（ぼき）といい、簿記により最終的なもうけ（利益）や財産を計算することができます。

会社やお店の状況を取引先などに伝えるためとか、税金を計算する（税金は利益に対してかかります）ために、もうけ（利益）や財産を明らかにする必要があるんですね。

帳簿（ノート）に記録するから簿記！

取　引

損益計算書と貸借対照表

簿記によって計算したもうけ（利益）や財産は表にしてまとめます。

会社がいくら使っていくらもうけたのか（またはいくら損をしたのか）という利益（または損失）の状況を明らかにした表を**損益計算書**、現金や預金、借金などがいくらあるのかという会社の財産の状況を明らかにした表を**貸借対照表**といいます。

損益計算書、貸借対照表は簿記を学習するにあたってとても重要です。用語として早めに覚えてしまいましょう。

CASE 2 簿記の基礎

仕訳の基本

開業マニュアルには、「簿記によって日々の取引を記録する」とありましたが、日記を書くように「4月1日　サクラ不動産から建物（100円）を買った」と記録しておけばよいのでしょうか？

仕訳というもの

取引を記録するといっても、日記のように文章で記録していたら見づらいですし、わかりにくくなってしまいます。そこで、簿記では簡単な用語（**勘定科目**といいます）と金額を使って記録します。

家計簿にも「交際費」とか「光熱費」という欄がありますよね。この交際費や光熱費が勘定科目です。

この勘定科目と金額を使って取引を記録する手段を**仕訳**といいます。

仕訳のルール

たとえば、「建物100円を買い、お金（現金）を払った」という取引の仕訳は次のようになります。

（建　　　物）	100	（現　　　金）	100

ここで注目していただきたいのは、左側と右側に勘定科目（建物や現金）と金額が記入されているということです。

これは、仕訳には**1つの取引を2つに分けて記入する**というルールがあるからなんですね。

仕訳のルールその①です。これが仕訳でもっとも大切なことです。

建物を買った場合、建物は手に入ります（建物は増えます）が、お金を払っているので、現金は手許からなくなります（現金は減ります）。

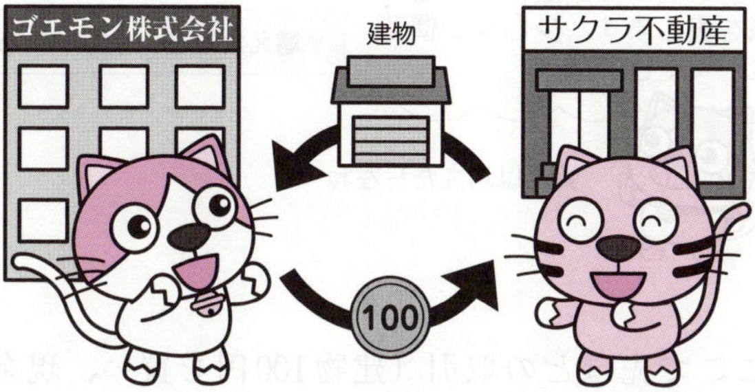

ですから、仕訳をするときには、「建物を買った」という1つの取引を「建物が増えた」と「現金が減った」という2つに分けて記録するのです。

では、なぜ仕訳の左側に建物、右側に現金が記入されるのでしょうか。仕訳のルールその②についてみていきましょう。

5つの要素と左側、右側

勘定科目は、**資産**（しさん）・**負債**（ふさい）・**資本**（しほん）（**純資産**（じゅんしさん））・**収益**（しゅうえき）・**費用**（ひよう）の5つの要素（グループ）に分類されます。そして、その要素の勘定科目が増えたら左右どちらかに記入し、減ったらその反対側に記入するというルールがあります。

仕訳のルールその②です。このルールにしたがって左側か右側かが決まります。

イメージ的には「資産＝あるとうれしいもの」とおさえておきましょう。

①資産

現金、預金、土地、建物など、一般的に財産といわれるものは簿記上、**資産**に分類されます。

そして、資産が**増えたら**仕訳の**左側**に、**減ったら**仕訳の**右側**に記入します。

簿記では左側か右側かはとても大切です。このテキストでは、左側を●──で、右側を──●で表していきます。

（資産の増加）　××（資産の減少）　××

簿記ではこのようなボックス図を使って勘定科目の増減を表します。少しずつ慣れてくださいね。

資　産

↑増えたら左	↓減ったら右

ここで先ほどの取引（建物100円を買い、現金を払った）をみると、**①建物が増えて、②現金が減って**いますよね。

建物も現金も会社の資産です。したがって、**増えた資産（建物）**を仕訳の左側に、**減った資産（現金）**を右側に記入します。

なぜ建物が左側で現金が右側なのかのナゾが解けましたね。

（建　　物）　100（現　　金）　100

建物を買った →資産の増加↑

現金で支払った →資産の減少↓

②負債

借金を思い浮かべて！ 返す義務があると思うと気が重い…ですからイメージ的には「負債＝あると気が重いもの」

銀行からの借入金（いわゆる借金）のような、後日お金を支払わなければならない義務は簿記上、**負債**に分類されます。なお、負債は資産とは逆の要素なので、**負債が増えたら**仕訳の右側**に、減ったら**仕訳の左側に記入します。

（負債の減少）　××（負債の増加）　××

負　債

↓減ったら左	↑増えたら右

③資本（純資産）

会社を開業するにあたって、株主から会社が活動するためのお金（元手）として出資してもらいます。この会社の元手となるものは、簿記上、**資本（純資産）**に分類されます。

先立つものがないと会社は活動できません。いわゆる軍資金ですね。

資本（純資産）は、増えたら仕訳の右側に、**減ったら**仕訳の左側に記入します。

（資本の減少）　××（資本の増加）　××

資本（純資産）

↓減ったら左	↑増えたら右

資本（純資産）は増えたら右！

なお、**資本（純資産）は資産と負債の差**でもあります。

資本（純資産）＝資産（　）－負債（　）

④収益

銀行にお金を預けていると利息がついて預金が増えますし、商品をお客さんに売ると現金を受け取るので現金が増えます。

通帳の入金欄に記載される「利息10円」というものです。

利息（受取利息）や売上げのように資産が増える原因となるものは、簿記上、**収益**に分類されます。

預金（資産）が増えたのは利息を受け取った（原因）から、現金（資産）が増えたのは商品を売った（原因）から。

収益は、増えたら（発生したら）仕訳の右側に、**減ったら（なくなったら）**仕訳の左側に記入します。

（収益の消滅）　××（収益の発生）　××

収益が減る（なくなる）ケースはほとんどありません。

収　　益

↓なくなったら左	↑発生したら右

収益は発生したら右ね。資産の増加原因だから資産と逆なのね～

会社は費用を使って収益を得るので、水（費用）をあげて花（収益）が咲くイメージで！

⑤費用

商売をしていると、電気代や電話代など会社が活動するためにどうしても必要な支出があります。この会社が活動するために必要な支出は、簿記上、**費用**に分類されます。

そして、**費用が増えたら（発生したら）**仕訳の**左側**に、**減ったら（なくなったら）**仕訳の**右側**に記入します。

費用が減る（なくなる）ケースはほとんどありません。

（費 用 の 発 生）　××（費 用 の 消 滅）　××

費	用
⬆発生したら左	⬇なくなったら右

費用は発生したら左ね

なお、**収益から費用を差し引いて、会社のもうけ（利益）を計算する**ことができます。

> 収益（ ）－費用（ ）＝利益*
> ＊マイナスの場合は損失

これらの要素が減ったら反対のポジションに記入します。

以上より、5つの要素が増加したときのポジションをまとめると次のとおりです。

とても重要

5つの要素が増加したときのポジションをおさえましょう。細かい仕訳のつくり方は仕訳編で学習していきます。

[資産・負債・資本(純資産)の関係]　　[収益・費用の関係]

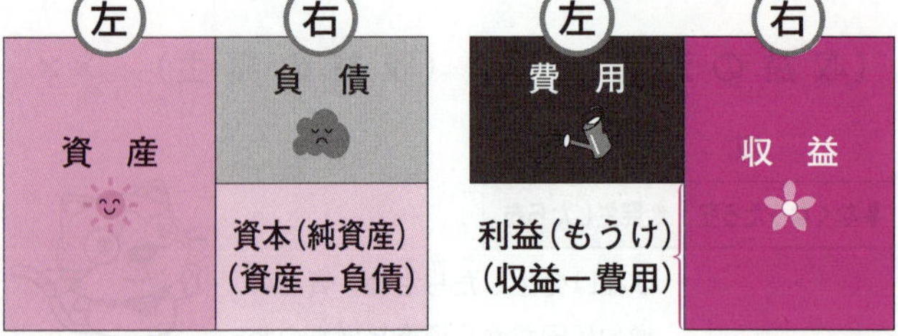

仕訳の左側合計と右側合計は必ず一致する！

仕訳のルールに**左側の合計金額と右側の合計金額は必ず一致する**というルールがあります。

> 仕訳のルールその③です。

たとえば次のような仕訳は、左側の記入は1つ、右側の記入は2つですが、それぞれの合計金額は一致しています。

（現　　金）	150	（建　　物）	100
		（固定資産売却益）	50

合計150

一致

> この仕訳はあとでできます。いまは左側と右側の金額合計が一致することだけおさえてください。

借方と貸方

いままで「左側に記入」とか「右側に記入」など、左側、右側という表現で説明してきましたが、簿記では左側のことを**借方**（かりかた）、右側のことを**貸方**（かしかた）といいます。

借方、貸方には特に意味がありませんので、「かりかた」の「り」が左に向かってのびているので左側、「かしかた」の「し」が右に向かってのびているので右側という感じで覚えておきましょう。

（借　　方）	××	（貸　　方）	××
かりかた		かしかた	

勘定と転記

仕訳をしたら、勘定科目ごとに次のような表に金額を集計します。

勘定科目ごとに設置

現　　金	
借方	貸方

> ボックス図も同じで
>
> 勘定科目
>
> | 借　方 | 貸　方 |
> |---|---|
>
> を表しています。

この勘定科目ごとに金額を集計する表を**勘定口座**といい、仕訳から勘定口座に記入することを**転記**（てんき）といいます。

> ローマ字のTに形が似ているので、T勘定とかTフォームともいいます。

たとえば、次の仕訳を転記する場合、**借方**の勘定科目が「**建物**」なので、**建物勘定**の**借方**に100（円）と記入します。

また、**貸方**の勘定科目が「**現金**」なので、**現金勘定**の**貸方**に100（円）と記入します。

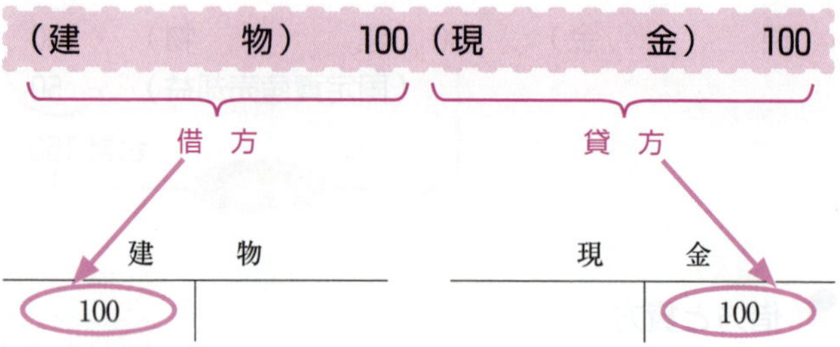

勘定口座への詳しい転記方法はCASE 87で学習しますので、ここでは基本的な転記のルールだけ説明しています。

問題編
問題1

仕訳編

第2章

商品売買

会社をつくって、さあもうけるぞ!
だけど、売り物がなければ始まらない…。

ここでは、品物を買ってきて、
そしてお客さんに売ったときの
処理についてみていきましょう。

商品を買ってきたときの仕訳（三分法）

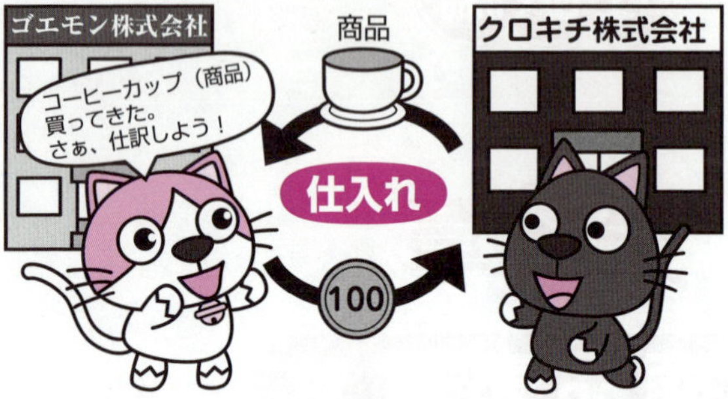

雑貨を販売しているゴエモン㈱は、売り物の雑貨をクロキチ㈱から買っています。
今日はコーヒーカップ（商品）を買い、100円を支払いました。
このときの仕訳を考えましょう。

取引 ゴエモン㈱は、仕入先クロキチ㈱から商品100円を仕入れ、代金は現金で支払った。

用語 **商　品**…会社の売り物　**仕入れる**…商品を買ってくること
仕入先…商品を仕入れてくる会社やお店、問屋や市場など

商品を仕入れたときの仕訳をつくろう！

雑貨屋さんにおける雑貨など、会社の売り物のことを**商品**（しょうひん）といいます。また、自分の会社で売る商品を買ってくることを「商品を仕入れる」といいます。

もうけを得るために商品を仕入れてくるので、仕入は費用となります。費用が発生したときは借方に記入します。

費　用	収　益
利　益	

三分法では、商品を仕入れたときは、**仕入**という**費用**の勘定科目で処理します。したがって、**借方**に**仕入**と記入します。

（仕　　　入）　100（　　　　　）

費用の発生↑

資産は増えたら借方に、減ったら貸方に記入します。

また、現金で支払っているので会社の**現金（資産）が減ります。**したがって、**貸方**に**現金**と記入します。

CASE3の仕訳

(仕入)	100	(現金)	100

資産の減少↓

CASE 4 商品売買

商品を売ったときの仕訳（三分法）

買った金額と同じ金額で商品を売っていたのでは商売になりません。そこで、会社は買ってきた金額よりも高い金額で商品を売ります。

ここでは、100円で買った商品を150円で売ったときの仕訳を考えましょう。

取引 ゴエモン㈱は、先日100円で仕入れてきた商品を得意先シロミ㈱に150円で売り上げ、現金150円を受け取った。

用語 **売り上げる**…商品をお客さんに売ること
得意先…商品を買ってくれている会社やお店。お客さんのこと。継続的にたくさん買ってくれる人を「お得意様」といいますよね

商品を売り上げたときの仕訳をつくろう！

商品をお客さんに売ることを「商品を売り上げる」といいます。

ゴエモン㈱はシロミ㈱に商品を売り上げて、代わりに現金150円を受け取っているので、会社の**現金（資産）が増えます**。したがって、**借方**に**現金**と記入します。

仕訳はわかるところからうめていきます。

（現　　　金）　150（　　　　　）

資産の増加↑

商品を売り上げたときは、**売上**という**収益**の勘定科目で処理します。したがって、**貸方**に**売上**と記入します。なお、150円で売り上げているので、金額は150(円)と記入します。

収益が発生したときは貸方に記入します。

費用	収益
利益	

CASE4の仕訳

(現金)	150	(売上)	150

収益の発生↑

3つの勘定科目で処理するから三分法!

CASE3、CASE4でみたように、商品売買について、**仕入(費用)**、**売上(収益)**、**繰越商品(資産)**の3つの勘定科目によって処理する方法を**三分法**といいます。

繰越商品について詳しくはCASE111で説明します。

CASE 5 商品売買

掛けで仕入れたときの仕訳

ゴエモン㈱は、クロキチ㈱から頻繁に商品を仕入れるようになったため、仕入れのつど現金で支払うことが面倒になってきました。そこで、今後は1か月分の仕入代金をまとめてあとで支払うことにしました。

取引 ゴエモン㈱は、仕入先クロキチ㈱より商品100円を仕入れ、代金は掛けとした。

用語 **掛　け**…（仕入れの場合）商品の代金をあとで支払うこと

ここまでの知識で仕訳をうめると…

（仕　　　　　入）	100	（　　　　　）

商品を仕入れた →費用の発生↑

掛けとは？

頻繁に商品を仕入れている場合、一定期間（1か月など）に仕入れた代金をまとめてあとで支払うことがあります。このように商品の代金をあとで支払う（売上げの場合は代金をあとで受け取る）ことを**掛け**（か）といいます。

「あとで支払わなければならない」と思うと気が重いですよね。ですから買掛金は負債です。

掛けで仕入れたときの仕訳

商品を仕入れて、代金を掛けとした場合、仕入側（ゴエモン㈱）はあとで代金を支払わなければなりません。この**あとで代金を支払わなければならないとい**

う義務を**買掛金**（**負債**）といいます。

したがって、掛けで仕入れたときは**買掛金**（**負債**）が増えるので、**貸方**に**買掛金**と記入します。

負債の増加は貸方！

資　産	負　債
	資　本

CASE5の仕訳

（仕　　　入）	100	（買　掛　金）	100

負債の増加⬆

買掛金を支払ったときの仕訳

また、買掛金を支払ったときは、「あとで代金を支払わなければならない義務」がなくなるので、**買掛金**（**負債**）**が減ります**。

買掛金を支払うことを「買掛金を決済する」といいます。

したがって、仮にゴエモン㈱がCASE5の買掛金を現金で支払ったとすると、仕訳の**借方**に**買掛金**と記入し、**貸方**には**現金**と記入します。

（買　掛　金）	100	（現　　　金）	100

負債の減少⬇

問題編
問題2

CASE 6 商品売買

掛けで売り上げたときの仕訳

いままでゴエモン㈱は、得意先のシロミ㈱に対して商品を売るごとに現金で支払ってもらっていましたが、取引回数も増えてきたので、今後は1か月間の売上代金をあとでまとめて受け取ることにしました。

取引 ゴエモン㈱は、商品150円を得意先シロミ㈱に売り上げ、代金は掛けとした。

用語 **掛　け**…（売上げの場合）代金をあとで受け取ること

ここまでの知識で仕訳をうめると…

（　　　　）		（売　　上）	150

商品を売り上げた→収益の発生↑

掛けで売り上げたときの仕訳

商品を売り上げて、代金を掛け（あとで受け取る）としたとき、売上側（ゴエモン㈱）はあとで代金を受け取ることができます。この**あとで代金を受け取ることができる権利**を**売掛金**（うりかけきん）**（資産）**といいます。

したがって、掛けで売り上げたときは**売掛金（資産）が増える**ので、借方に**売掛金**と記入します。

「あとでお金がもらえる」と思うとうれしいですよね。ですから売掛金は資産です。

資　産	負　債
	資　本

CASE6の仕訳

(売掛金)	150	(売上)	150

資産の増加↑

売掛金を回収したときの仕訳

また、売掛金を回収したときは、「あとで代金を受け取れる権利」がなくなるので、**売掛金（資産）が減ります。**

したがって、仮にゴエモン㈱がCASE6の売掛金を現金で回収したとすると、仕訳の**貸方**に**売掛金**と記入し、**借方**には**現金**と記入します。

(現金)	150	(売掛金)	150

資産の減少↓

問題編
問題3

CASE 7 商品売買

クレジット払いで商品を売り上げたときの仕訳

ゴエモン㈱では、一般のお客さんに商品を販売するさい、現金払いだけでなく、クレジット払いにも対応できるようにしました。

クレジット払いで商品を売り上げたとき、ふつうに売掛金（資産）で処理してよいのでしょうか?

取引 商品100円をクレジット払いの条件で販売した。なお、信販会社への手数料（販売代金の2%）は販売時に計上する。

ここまでの知識で仕訳をうめると…

（ ）		（売 上）	100

商品を売り上げた
→収益の発生↑

クレジット売掛金とは

商品を売り上げ、代金の支払いがクレジット・カードで行われたときは、（クレジットによる）あとで代金を受け取れる権利が発生します。この（クレジットによる）あとで代金を受け取れる権利を**クレジット売掛金（資産）**といいます。

売掛金の仲間なので、資産です。

資　産	負　債
	資　本

クレジット払いで商品を売り上げたときの仕訳

商品を売り上げ、代金の支払いがクレジット・カードで行われたときは、（クレジットによる）あとで代金を受け取れる権利を**クレジット売掛金（資産）**で処理します。

（クレジット売掛金）		（売　　　上）	100

資産の増加↑

なお、代金の支払いがクレジット・カードで行われる場合、会社は信販会社に決済手数料を支払います。この決済手数料は**支払手数料（費用）**で処理します。

「支払〜」は費用の勘定科目！

費　用	収　益
利　益	

CASE7で計上する支払手数料

・100円 × 2% = 2円

CASE7の仕訳

（クレジット売掛金）	98	（売　　　上）	100
（支 払 手 数 料）	2		

費用の発生↑

手数料が差し引かれた残額をあとで受け取ることができるので、クレジット売掛金の金額は販売代金から手数料を差し引いた金額となります。

代金が入金されたときの仕訳

後日、信販会社から商品代金が入金されたときには、**クレジット売掛金（資産）**を減少させます。

仮に、CASE7について、商品代金が入金されたとした場合の仕訳は次のようになります。

（現　金　な　ど）	98	（クレジット売掛金）	98

問題編
問題4

CASE 8

商品売買

商品の返品があったときの仕訳

ゴエモン㈱は先日、クロキチ㈱から掛けで商品を仕入れました。
ところが、このうち10円分について注文した商品と違うものが届いていたため、それをクロキチ㈱に返品しました。

取引 ゴエモン㈱は、クロキチ㈱より掛けで仕入れた商品100円のうち10円を品違いのため、返品した。

用語 **返　品**…商品を返すこと

仕入れた商品を返品したときの仕訳

注文した商品と違う商品が送られてきたときは、商品を返品します。このように、いったん仕入れた商品を仕入先に返品することを**仕入戻し**（しいれもどし）といいます。

仕入戻しをしたときは、返品分の商品の仕入れがなかったことになるため、**返品分の仕入を取り消します。**

◆仕入れたときの仕訳

（仕　　　入）　100（買　掛　金）　100

仕入の取り消し

CASE8の仕訳

（買　掛　金）　10（仕　　　入）　10

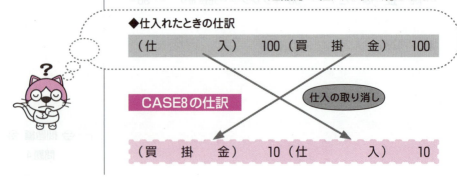

売り上げた商品が返品されたときの仕訳

CASE8をクロキチ㈱の立場からみると、いったん売り上げた商品が得意先（ゴエモン㈱）から返品されたことになります。

このように、いったん売り上げた商品が得意先から返品されることを**売上戻り**（うりあげもどり）といいます。

売上戻りがあったときには、返品分の商品の売上げがなかったことになるため、**返品分の売上を取り消します。**

考え方は仕入戻しと同じです。

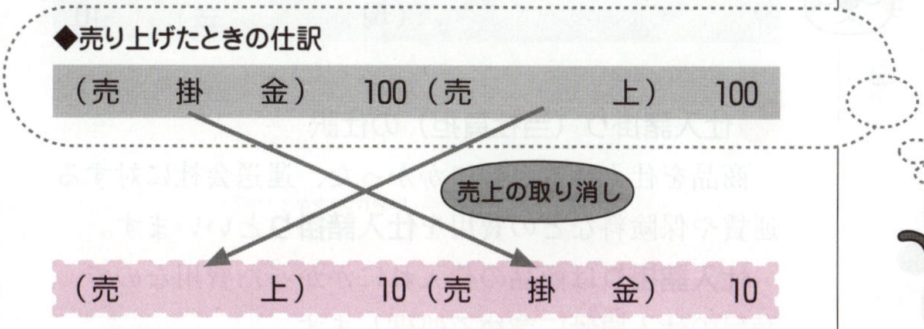

問題編
問題5

CASE 9 商品売買

仕入諸掛り（当社負担）の仕訳

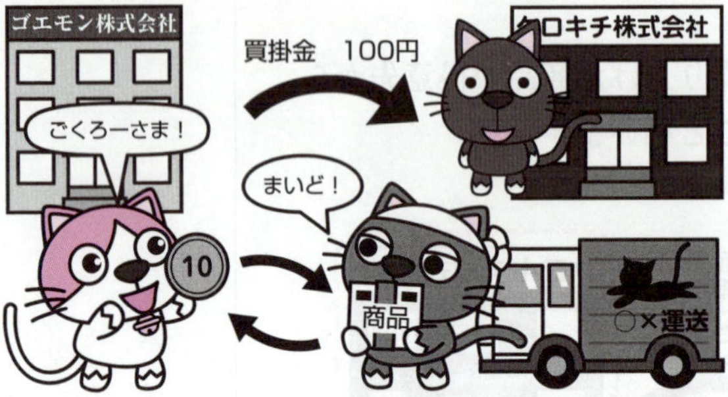

ゴエモン㈱は、クロキチ㈱で買った商品（100円）を会社まで配送してもらうことにしました。そして、この配送にかかる費用（10円）は現金で支払いました。

取引 クロキチ㈱より商品100円を仕入れ、代金は掛けとした。なお、引取運賃（当社負担）10円を現金で支払った。

用語 **引取運賃**…商品を仕入れる（配送してもらう）際にかかった運賃
当社負担…当社（ゴエモン㈱）の費用として処理すること

ここまでの知識で仕訳をうめると…

（仕　　入）		（買　掛　金）	100
		（現　　金）	10

仕入諸掛り（当社負担）の仕訳

商品を仕入れるときにかかった、運送会社に対する運賃や保険料などの費用を**仕入諸掛り**（しいれしょがかり）といいます。

仕入諸掛りは商品の仕入れにかかった費用なので、**商品の仕入原価に含めて処理**します。

とても重要

CASE9の仕訳

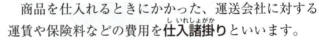

（仕　　入）	110	（買　掛　金）	100
		（現　　金）	10

仕入諸掛りを含める

売上諸掛りの仕訳

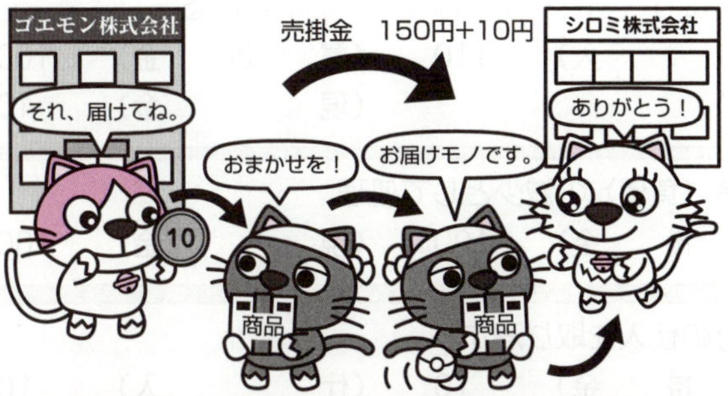

こんどは商品を売り上げたときにかかった送料の処理をみてみましょう。

取引 シロミ㈱へ商品150円に送料10円を加えた合計額で販売し、代金は掛けとした。なお、送料10円を現金で支払った。

ここまでの知識で仕訳をうめると…

(売　掛　金)	160	(売　　上)	160
(　　　　　)		(現　　金)	10

売上諸掛りの仕訳

商品を発送する際にかかった運送会社に対する運賃などの費用を**売上諸掛り**（うりあげしょがかり）といい、**売上諸掛りを支払ったときは、発送費（費用）として処理**します。なお、3級では発送サービス等の提供料として売上諸掛りを**売上（収益）に含めて処理**します。

とても重要

発送にかかった費用なので、「発送費」ですね。

CASE10の仕訳

売上諸掛りを含める

(売　掛　金)	160	(売　　上)	160
(発　送　費)	10	(現　　金)	10

費用の発生↑

問題編
問題6

三分法による商品売買（仕入）のまとめ 《一連の流れ》

CASE3、5、9 商品の仕入時

・仕入（費用）で処理
・仕入諸掛り（当社負担）は仕入原価に含める

（仕　　　　入）	110	（買　掛　金）	100
		（現　　　金）	10

CASE5 買掛金の支払時

・買掛金（負債）の減少として処理

（買　掛　金）	100	（現　　　金）	100

CASE8 返品時

・返品分の仕入を取り消す

（買　掛　金）	10	（仕　　　入）	10

三分法による商品売買（売上）のまとめ 《一連の流れ》

CASE4、6、10 商品の売上時

・売上（収益）で処理
・売上諸掛りは発送費（費用）で処理

（売　掛　金）	160	（売　　　上）	160
（発　送　費）	10	（現　　　金）	10

CASE6 売掛金の回収時

・売掛金（資産）の減少として処理

（現　　　金）	150	（売　掛　金）	150

CASE8 返品時

・返品分の売上を取り消す

（売　　　上）	10	（売　掛　金）	10

クレジット売掛金のまとめ《一連の流れ》

CASE7 商品の売上時

・クレジット売掛金（資産）で処理

（クレジット売掛金）	98	（売　　上）	100
（支 払 手 数 料）	2		

CASE7 代金の入金時

・クレジット売掛金（資産）の減少
・商品代金と入金額との差額は支払手数料（費用）で処理

（現　金　な　ど）	98	（クレジット売掛金）	98

この章で新たにでてきた勘定科目

資　産	負　債
現　金 売 掛 金 クレジット売掛金	買 掛 金
	資本（純資産）
	—

費　用	収　益
仕　入 発 送 費 支払手数料	売　上

その他
—

仕訳編

第3章

現　金

お財布の中にある百円玉、千円札、壱万円札…。
これらの硬貨や紙幣は現金で処理する…。
でも、硬貨や紙幣以外にも、
簿記では現金として処理するものがあるんだって。びっくり!

ここでは現金の処理についてみていきましょう。

CASE 11 現　金

他人振出小切手を受け取ったときの仕訳

ドラマでお金持ちが、小切手に金額を記入して相手に渡すシーンを見たことがありませんか？　ゴエモン㈱は今日、初めてシロミ㈱から小切手というものを受け取りました。このときの仕訳を考えてみましょう。

取引　ゴエモン㈱は、シロミ㈱に商品150円を売り上げ、代金は同社振出の小切手で受け取った。

用語　**小　切　手**…現金に代わる支払手段
振り出す…小切手に金額などを記入して相手に渡すこと

ここまでの知識で仕訳をうめると…

（　　　　　）	150	（売　　　　上）	150

商品を売り上げた

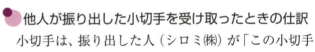

他人が振り出した小切手を受け取ったときの仕訳

小切手は、振り出した人（シロミ㈱）が「この小切手を持ってきた人（ゴエモン㈱）に、この金額を支払ってください」と銀行にお願いするための証券です。

ですから、ゴエモン㈱がその小切手を銀行に持っていけば、現金に換えることができます。

そこで、**他人（シロミ㈱）が振り出した小切手は、現金と同様に扱います。**したがって、他人振出の小切手（**他人振出小切手**（たにんふりだしこぎって））を受け取ったときは、**現金（資産）が増えた**として処理します。

とても重要

当社（ゴエモン㈱）が振り出した小切手の処理はCASE18で説明します。

CASE11の仕訳

（現　　　金）	150	（売　　　上）	150

資産の増加↑

他人が振り出した小切手で支払ったときの仕訳

他人振出小切手は現金と同様に扱うので、持っている他人振出小切手で仕入代金などを支払うことができます。

他人振出小切手で仕入代金などを支払った場合は、**現金（資産）が減った**として処理します。したがって、仮にゴエモン㈱が仕入先から商品150円を仕入れ、シロミ㈱から受け取った小切手で代金を支払ったとすると、次のような仕訳になります。

（仕　　　入）	150	（現　　　金）	150

資産の減少↓

小切手のほかにも現金として扱うものがある！

他人振出小切手のように、一般的には現金（紙幣や硬貨）ではないけれども、簿記上、現金として扱うものを**通貨代用証券**といいます。

通貨代用証券は、他人振出小切手のほか、**送金小切手**（送金手段として銀行が振り出す小切手）や**郵便為替証書**（送金手段として郵便局で取り扱うもの）などがあります。

簿記上、現金として扱うもの

- 他人振出小切手
- 送金小切手
- 郵便為替証書　など

問題編
問題7

CASE 12 現金過不足

現金の帳簿残高と実際有高が異なるときの仕訳

帳簿上、120円あるはずなのに
実際は100円しかないニャ。
帳簿
100

家計簿をつけていて、家計簿上あるべき現金の金額と、実際にお財布の中にある現金の金額が違っていることがありますよね。

これと同じことが会社で起こった場合の仕訳を考えてみましょう。

取引 5月10日　現金の帳簿残高は120円であるが、実際有高を調べたところ100円であった。

用語 **帳簿残高**…帳簿（会社の日々の活動を記録するノート）において、計算上、あるべき現金の金額

実際有高…会社の金庫やお財布に実際にある現金の金額

実際にある現金の金額が帳簿の金額と違うとき

会社では、定期的に帳簿上の現金の残高（ざんだか）（帳簿残高）と実際に会社の金庫やお財布の中にある現金の金額（実際有高（じっさいありだか））が一致しているかどうかをチェックします。そして、もし金額が一致していなかったら、**帳簿残高が実際有高に一致するように修正**します。

とても重要

現金の実際有高が帳簿残高よりも少ない場合の仕訳

帳簿残高>実際有高の場合ですね。

CASE12では、現金の帳簿残高が120円、実際有高が100円なので、帳簿上の現金20円（120円－100円）を減らすことにより、現金の実際有高に一致させます。

（　　　　）	（現　　金）	20

これで帳簿上の現金残高が120円－20円＝100円になりました。

修正前　現　金
帳簿上の金額 120円

▶

修正後　現　金
帳簿上の金額 120円 → 20円減らす
100円（120円－20円）実際有高に一致！

なお、借方（相手科目）は、**現金過不足**（げんきんかぶそく）という勘定科目で処理します。

過大と不足をあわせて「過不足」ですね。

CASE12の仕訳

（現金過不足）	20	（現　　金）	20

現金の実際有高が帳簿残高よりも多い場合の仕訳

一方、現金の実際有高が帳簿残高よりも多いときは、帳簿上の現金を増やすことにより、帳簿残高と実際有高を一致させます。

したがって、CASE12の現金の帳簿残高が100円で、実際有高が120円だった場合の仕訳は、次のようになります。

帳簿残高＜実際有高の場合ですね。

（現　　金）	20	（現金過不足）	20

考え方

①実際有高のほうが20円（120円－100円）多い
→ 帳簿残高を20円増やす → 借方

②貸方 → 現金過不足

修正前　現　金
帳簿上の金額 100円

▶

修正後　現　金
帳簿上の金額 100円
20円増やす
120円（100円＋20円）実際有高に一致！

CASE 13 現金過不足

現金過不足の原因が判明したときの仕訳

ゴエモン㈱は、先日見つけた現金過不足の原因を調べました。
すると、電話代（通信費）を支払ったときに、帳簿に計上するのを忘れていたことがわかりました。

取引 5月25日　5月10日に生じていた現金の不足額20円の原因を調べたところ、10円は通信費の計上漏れであることがわかった。
なお、5月10日に次の仕訳をしている。

（現 金 過 不 足）　20（現　　金）　20

用語 **通信費**…電話代や郵便切手代など

原因が判明したときの仕訳（借方の場合）

現金過不足が生じた原因がわかったら、正しい勘定科目で処理します。

CASE13では、本来計上すべき通信費が計上されていない（現金過不足が借方に生じている）ので、**通信費（費用）**を計上します。

費用の発生は借方！

費用	収益
利益	

（通　　信　　費）　10（　　　　　　）

費用の発生⬆

これで、現金過不足が解消したので、**借方**に計上している現金過不足を減らします（**貸方**に記入します）。

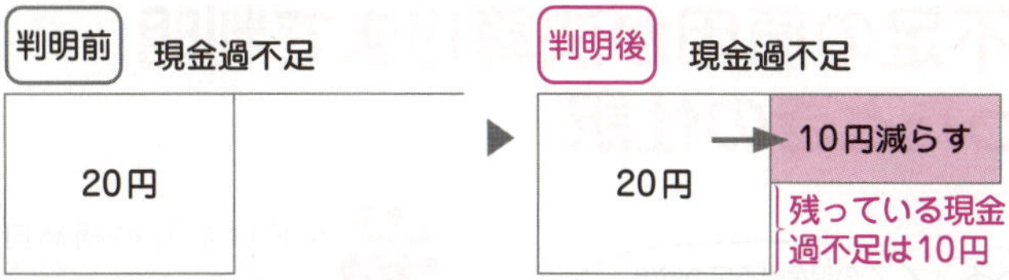

CASE13の仕訳

（通　信　費）　10（現 金 過 不 足）　10

原因が判明した分（10円）だけ現金過不足を減らします。

原因が判明したときの仕訳（貸方の場合）

なお、現金過不足が**貸方**に生じていた（実際の現金のほうが多かった）ときは、正しい勘定科目で処理するとともに、**貸方**に計上している現金過不足を減らします（**借方**に記入します）。

したがって、現金過不足20円が貸方に生じていて、そのうち10円の原因が売掛金の回収の記帳漏れだった場合の仕訳は、次のようになります。

（現 金 過 不 足）　10（売　掛　金）　10

考え方

① 売掛金の回収 → 売掛金を減らす → 貸方
② 現金過不足の解消 → 現金過不足を減らす(借方に記入)

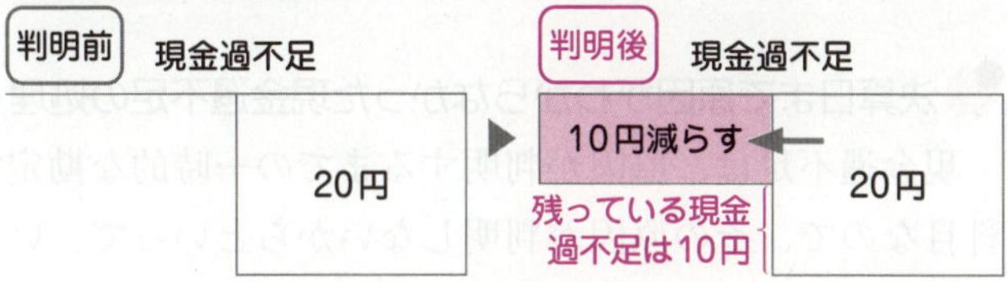

CASE 14　現金過不足

現金過不足の原因が決算日まで判明しなかったときの仕訳

この現金過不足の原因、
やっぱりわからないニャ。
帳簿

今日は会社の締め日（決算日）です。でも、ゴエモン㈱の帳簿には、いまだに原因がわからない現金過不足が10円（借方）あります。

この現金過不足はこのまま帳簿に計上しておいてよいのでしょうか。

取引　3月31日　決算日において現金過不足（借方）が10円あるが、原因が不明なので、雑損として処理する。

用語　**決算日**…会社のもうけを計算するための締め日
雑　損…特定の勘定科目に該当しない費用（損失）

決算整理　決算編で再登場！

決算とは

会社は一定期間（通常は1年）に一度、締め日（**決算日**）を設けて、1年間のもうけや資産・負債の状況をまとめる必要があります。このとき行う手続きを**決算**とか**決算手続**といい、決算において行う仕訳を**決算整理（仕訳）**といいます。

決算については決算編でも学習します。

決算日まで原因がわからなかった現金過不足の処理

3級で学習する決算手続きは9つあります。そのうちの1つが現金過不足の処理です。

現金過不足は、原因が判明するまでの一時的な勘定科目なので、その原因が判明しないからといって、いつまでも帳簿に残しておくことはできません。そこで、**決算日において原因が判明しないものは、雑損（費用）または雑益（収益）として処理**します。

とても重要

決算日における現金過不足（借方）の仕訳

CASE14では、**借方**に現金過不足が残っているので、決算日においてこれを減らします（**貸方**に記入します）。

決算整理前 現金過不足			決算整理後 現金過不足	
10円		▶	10円 →	10円減らす

（　　　　　）（現 金 過 不 足） 10

ここで仕訳を見ると**借方**があいているので、**費用**の勘定科目を記入することがわかります。したがって、借方に**雑損（費用）**と記入します。

CASE14では「雑損とする」と指示がありますが、実際の問題では、雑損か雑益かは自分で判断しなければなりません。

CASE14の仕訳

（雑　　　損） 10（現 金 過 不 足） 10

費用の発生↑

「～損」は費用の勘定科目です。

費用	収益
利益	

決算日における現金過不足（貸方）の仕訳

なお、決算日において、**貸方**に現金過不足が残っているときは、これを減らし（**借方**に記入し）、**貸方**に**雑益（収益）**と記入します。

したがって、CASE14の現金過不足が貸方に残っている場合の仕訳は次のようになります。

（現 金 過 不 足） 10（雑　　　益） 10

「～益」は収益の勘定科目です。

費用	収益
利益	

考え方

① 現金過不足を減らす（借方に記入）
② 貸方があいている → 収益の勘定科目 → 雑益

決算整理前 現金過不足			決算整理後 現金過不足	
	10円	▶	10円減らす	← 10円

問題編
問題8、9

現金過不足のまとめ《一連の流れ》

CASE12 現金過不足の発生時

・現金の帳簿残高が実際有高に一致するように帳簿上の現金を調整

・相手科目は現金過不足で処理

帳簿残高＞実際有高のとき		帳簿残高＜実際有高のとき	
（現金過不足） 20	（現　　　金） 20	（現　　　金） 20	（現金過不足） 20

CASE13 原因判明時

・正しい勘定科目で処理するとともに、現金過不足を減らす

帳簿残高＞実際有高のとき		帳簿残高＜実際有高のとき	
（通信費など） 10	（現金過不足） 10	（現金過不足） 10	（売掛金など） 10

CASE14 決算日（原因不明）

・現金過不足を減らすとともに、雑損または雑益として処理

帳簿残高＞実際有高のとき		帳簿残高＜実際有高のとき	
（雑　　　損） 10	（現金過不足） 10	（現金過不足） 10	（雑　　　益） 10

この章で新たにでてきた勘定科目

資　産	負　債
―	―
	資本（純資産）
	―

費　用	収　益
通信費 雑　損	雑　益

その他
現金過不足

仕訳編

第4章

普通預金、定期預金、当座預金、当座借越

普通預金や定期預金は、私たち個人の生活でよく利用するものだけど、
商売用の預金には当座預金というものがあるらしい…。

ここでは普通預金、定期預金、当座預金の処理のほか、
当座借越の処理についてもみていきましょう。

CASE 15 普通預金

普通預金口座に預け入れたときの仕訳

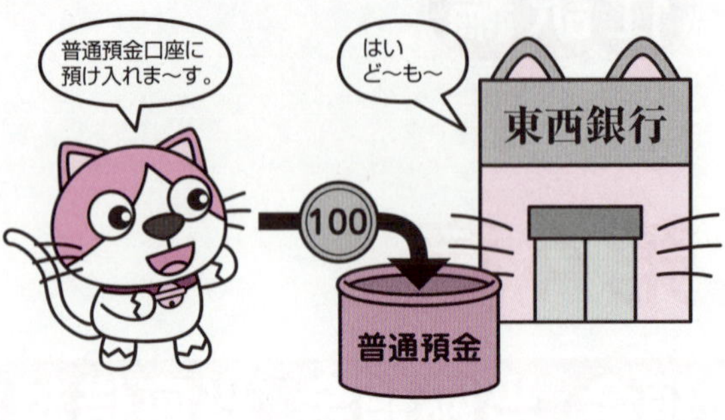

普通預金口座に
預け入れま〜す。
はい
ど〜も〜
東西銀行
100
普通預金

ゴエモン㈱は、手許にある現金100円を東西銀行の普通預金口座に預け入れました。
この場合、どのような処理をしたらよいのでしょうか？

取引 ゴエモン㈱は現金100円を東西銀行の普通預金口座に預け入れた。

?

ここまでの知識で仕訳をうめると…

（　　　　）		（現　　金）	100

手許の現金が減る⬇

資産の増加は借方！
もう覚えましたか？

資　産	負　債
	資　本

現金を普通預金口座に預け入れたときの仕訳

普通預金はたくさんあるとうれしいもの＝資産です。

したがって、現金を普通預金口座に預け入れたときは、**手許**（てもと）**の現金（資産）が減り、普通預金（資産）が増える**ことになります。

CASE15の仕訳

（普　通　預　金）	100	（現　　金）	100

普通預金が増える⬆

CASE 16

定期預金

定期預金口座に預け入れたときの仕訳

普通預金口座から
定期預金口座へ！
はいは〜い！
東西銀行
100
普通預金
定期預金

ゴエモン㈱は、東西銀行の普通預金口座から100円を引き出し、定期預金口座に預け入れました。
この場合、どのような処理をしたらよいのでしょうか？

取引 ゴエモン㈱は東西銀行の普通預金口座から定期預金口座へ100円を預け入れた。

定期預金ってどんな預金？

普通預金は、いつでも預け入れ、引き出しができますが、**定期預金**は原則として満期時のみ引き出しが可能な預金です（預け入れはいつでもできます）。

預入期間は１か月、３か月、６か月、１年、２年、５年などがあります。

定期預金口座に預け入れたときの仕訳

定期預金は預金の一種なので、たくさんあるとうれしいもの＝資産です。

したがって、普通預金口座から定期預金口座に預け入れた場合には、**普通預金（資産）が減り、定期預金（資産）が増える**ことになります。

ひとつの会社が複数の銀行に普通預金口座や定期預金口座を開設している場合は、勘定科目に銀行名を入れて、「普通預金－東西銀行」、「定期預金－東西銀行」などとすることもあります。

CASE16の仕訳

（定　期　預　金）	100	（普　通　預　金）	100

定期預金が増える↑　普通預金が減る↓

問題編
問題10

CASE 17

当座預金

当座預金口座に預け入れたときの仕訳

当座預金口座を開設したいんですけど〜。
小切手帳
小切手帳をお渡しします。
東西銀行
100

ゴエモン㈱は、取引先への支払いが増えてきました。
そこで、現金による支払いだけでなく、今後は小切手による支払いができるようにしようと、当座預金口座を開くことにしました。

取引 ゴエモン㈱は、東西銀行と当座取引契約を結び、現金100円を当座預金口座に預け入れた。

用語 **当座預金**…預金の一種で、預金を引き出す際に小切手を用いることが特徴

当座預金ってどんな預金？

当座預金（とうざよきん）とは、預金の一種で、預金を引き出すときに小切手を用いることが特徴です。

ほかに「利息がつかない」という特徴もあります。

現金を当座預金口座に預け入れたときの仕訳

当座預金は預金の一種なので、たくさんあるとうれしいもの＝資産です。

したがって、現金を当座預金口座に預け入れたときは、**手許の現金（資産）が減り、当座預金（資産）が増える**ことになります。

CASE17の仕訳

（当　座　預　金）	100	（現　　　金）	100
当座預金が増える↑		手許の現金が減る↓	

CASE 18 当座預金

小切手を振り出したときの仕訳

当座預金口座を開設したゴエモン㈱は、クロキチ㈱に対する買掛金の支払いを小切手で行うことにしました。
そこで、さっそく銀行からもらった小切手帳に金額とサインを記入して、クロキチ㈱に渡しました。

取引 ゴエモン㈱はクロキチ㈱に対する買掛金100円を支払うため、小切手を振り出して渡した。

ここまでの知識で仕訳をうめると…

（買　掛　金）　100（　　　　　　）

↑買掛金の支払い↓

小切手を振り出したときの仕訳

小切手を受け取った人（クロキチ㈱）は、銀行にその小切手を持っていくと、現金を受け取ることができます。そして、その現金は小切手を振り出した人（ゴエモン㈱）の当座預金口座から引き出されます。

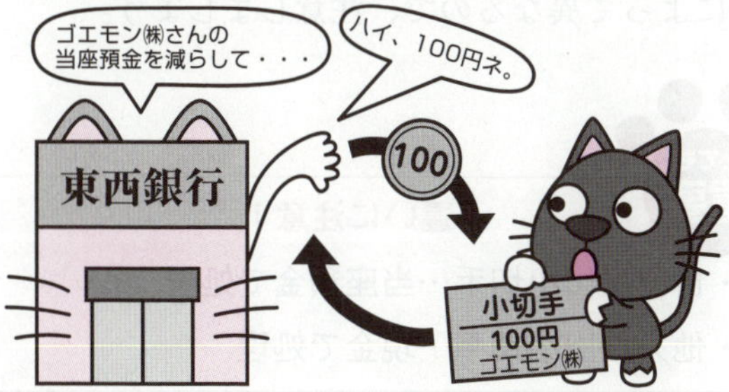

したがって、小切手を振り出した人（ゴエモン㈱）は、小切手を振り出したときに**当座預金が引き出されたとして、当座預金（資産）**を減らします。

CASE18の仕訳

（買　掛　金）　100（当　座　預　金）　100

資産の減少↓

自己振出小切手を受け取ったときの仕訳

なお、自分が振り出した小切手（**自己振出小切手**（じこふりだしこぎって））を受け取ったときは、当座預金（資産）が増えたとして処理します。したがって、売掛金100円の回収にあたって、以前に自分が振り出した小切手を受け取ったという場合の仕訳は、次のようになります。

小切手を振り出したとき、当座預金の減少で処理しているので、その反対です。

（当　座　預　金）　100（売　　掛　　金）　100

考え方

①売掛金の回収 → 売掛金の減少↓ → 貸方
②自己振出小切手を受け取った
　→ 当座預金の増加↑→ 借方

だれが振り出したかで小切手の処理が異なる！

以上のように、**自己振出小切手**は**当座預金**で処理しますが、**他人振出小切手**は**現金**で処理します。

このように、小切手の処理は「だれが振り出したか」によって異なるので、注意しましょう。

他人振出小切手はCASE11で学習しました。

ただし、受け取った他人振出小切手をただちに当座預金口座に預け入れた場合などは、当座預金の増加で処理します。

とても重要

違いに注意！

・自己振出小切手…当座預金で処理
・他人振出小切手…現金で処理

問題編
問題11

CASE 19

当座借越

当座預金の残高を超えて引き出したときの仕訳

「普通は当座預金の残高を超える引き出しはできませんが、当座借越契約を結んでおけば当座預金の残高を超える引き出しができますよ」と銀行の担当者が言うので、ゴエモン㈱はさっそく、そのサービスを利用することにしました。

取引 ゴエモン㈱は買掛金120円を小切手を振り出して支払った。なお、当座預金の残高は100円であったが、ゴエモン㈱は東西銀行と借越限度額300円の当座借越契約を結んでいる。

用語 **当座借越**…当座預金の残高を超えて当座預金を引き出すこと

ここまでの知識で仕訳をうめると…

(買　掛　金)	120	(　　　　　　)

買掛金の支払い

当座借越とは

通常、当座預金の残高を超えて当座預金を引き出すことはできませんが、銀行と当座借越契約（とうざかりこしけいやく）という契約を結んでおくと、一定額（CASE19では300円）までは、当座預金の残高を超えて当座預金を引き出すことができます。

このように、当座預金の残高を超えて当座預金を引き出すことを、**当座借越**（とうざかりこし）といいます。

当座預金残高を超えて引き出したときの仕訳

当座預金の残高を超えて引き出したときでも、**当座預金（資産）の減少**で処理します。

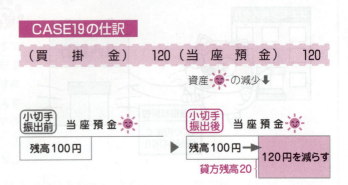

CASE19の仕訳

（買　掛　金）	120	（当　座　預　金）	120

資産の減少↓

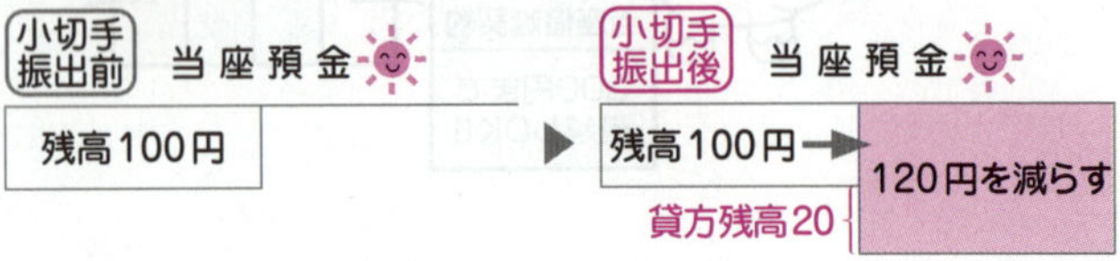

CASE 20

当座借越

決算日において、当座預金が貸方残高のときの仕訳

今日は会社の決算日です。

ゴエモン㈱では、当座預金口座の残高を超えて小切手を振り出しているので、当座預金がマイナスの状態（貸方残高）です。

この場合、決算日にどのような処理をするのでしょうか？

取引 3月31日　決算日において当座預金が20円の貸方残高であるため、当座借越に振り替える。

決算整理
決算編で再登場!

決算日において当座借越が生じているときの仕訳

決算日において当座借越が生じている（当座預金が貸方残高である）ときは、貸方の当座預金を**当座借越（負債）**に振り替えます。

具体的には、貸方に残っている当座預金を借方に記入します。

当座借越は銀行から借り入れているのと同じなので、負債です。

資　産	負　債
	資　本

「振り替える」とは、ある勘定科目の金額を、別の勘定科目に移す処理のことをいいます。

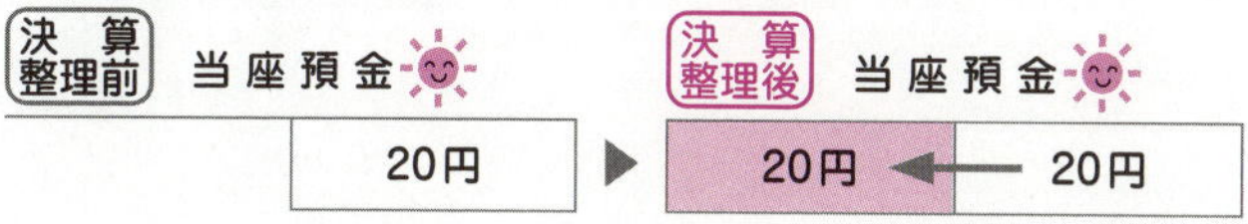

（当　座　預　金）　20（　　　　　　）

そして、貸方に**当座借越（負債）**を記入します。

当座借越（負債）で処理するか、借入金（負債）で処理するかは、問題文の指示にしたがってください。

CASE20の仕訳

（当座預金）	20	（当座借越）	20

負債の増加⬆

なお、当座借越は、銀行から資金を借り入れている状態なので、**借入金（負債）**で処理することもあります。

再振替仕訳

決算日において、貸方の当座預金を**当座借越（負債）**に振り替えたときは、翌期首（翌期の期首）に前期の決算日に行った仕訳の逆仕訳をして振り戻します。この仕訳を**再振替仕訳**（さいふりかえしわけ）といいます。

◆決算日の仕訳

（当座預金）	20	（当座借越）	20

逆の仕訳

再振替仕訳

（当座借越）	20	（当座預金）	20

問題編
問題12

普通預金、定期預金のまとめ

CASE15 普通預金口座への預入時

・普通預金（資産）の増加として処理

（普 通 預 金）	100	（現 金）	100

CASE16 定期預金口座への預入時

・定期預金（資産）の増加として処理

（定 期 預 金）	100	（普通預金など）	100

当座預金のまとめ《一連の流れ》

CASE17 当座預金口座への預入時

・当座預金（資産）の増加として処理

（当 座 預 金）	100	（現 金）	100

CASE18 小切手の振出時

・当座預金（資産）の減少として処理

（買 掛 金 な ど）	100	（当 座 預 金）	100

当座借越のまとめ《一連の流れ》

CASE19 当座預金の引出時

（買 掛 金 な ど）	120	（当 座 預 金）	120

CASE20 決算時

・決算において当座預金が貸方残高のときは当座借越（負債）または借入金（負債）に振り替える

（当 座 預 金）	20	（当 座 借 越） または借入金	20

CASE20 翌期首

・再振替仕訳（前期の決算日に行った仕訳の逆仕訳）

（当 座 借 越） または借入金	20	（当 座 預 金）	20

この章で新たにでてきた勘定科目

資産	負債	費用	収益	その他
普通預金 定期預金 当座預金	当座借越 借入金	—	—	—
	資本（純資産）			
	—			

仕訳編

第5章

小口現金

バス代や文房具代など、こまごまとした支払いは日々生じる…。
だから少額の現金（小口現金）を手許においておく必要があるんだ。

ここでは小口現金の処理についてみていきましょう。

CASE 21

小口現金を前渡ししたときの仕訳

ゴエモン㈱では、盗難防止のため、受け取った現金は当座預金口座に預け入れています。しかし、電車代や文房具代などの細かい支払いは日々生じるため、少額の現金を手許に残し、小口現金として管理することにしました。

取引 6月1日　ゴエモン㈱では定額資金前渡法を採用し、小口現金500円を、小切手を振り出して小口現金係に渡した。

用語 **定額資金前渡法**…一定の金額の現金を小口現金係に前渡ししておく方法
小口現金…日々の細かい支払いのために手許においておく少額の現金

ここまでの知識で仕訳をうめると…

（　　　　）		（当　座　預　金）	500

小切手を振り出した
→当座預金の減少⬇

小口現金ってどんな現金？

企業の規模が大きくなると、経理部や営業部などの部署が設けられます。お金の管理は経理部で行いますが、営業部の社員が取引先に行くための電車代を支払ったり、事務で必要な文房具を買うために、いちいち経理部に現金をもらいにいくのは面倒です。

そこで、通常、日々生じる細かい支払いに備えて、各部署や各課に少額の現金を手渡しておきます。この少額の現金のことを**小口現金**（こぐちげんきん）といいます。

また、各部署や各課で小口現金を管理する人を**小口現金係**といいます。

会社全体のお金を管理して取引を仕訳する人は会計係といいます。部署でいうなら経理部ですね。

会計係は、一定期間（1週間や1か月）後に小口現金係から何にいくら使ったかの報告を受け、使った分だけ小口現金を補給します。このように一定の小口現金を前渡ししておくシステムを、**定額資金前渡法**（インプレスト・システム）といいます。

小口現金を前渡ししたときの仕訳

小口現金は現金の一種なので、資産です。したがって、小口現金として前渡ししたときは、**小口現金（資産）の増加**として処理します。

CASE21の仕訳

（小 口 現 金）	500	（当 座 預 金）	500

資産の増加↑

CASE 22

小口現金

小口現金係が小口現金で支払ったときの仕訳

ゴエモン㈱で小口現金の管理を任されている小口現金係のミケ君は、今日、文房具100円とお客さん用のお茶菓子200円を買い、小口現金で支払いました。

取引 6月4日　小口現金係が文房具代（消耗品費）100円とお茶菓子代（雑費）200円を小口現金で支払った。

用語 **消耗品費**…ボールペンやコピー用紙など、一度使うとなくなってしまうもの（消耗品）の代金

雑　　費…どの勘定科目にもあてはまらない、少額で重要性の低い費用

小口現金係が小口現金で支払ったときの仕訳

小口現金係が小口現金で支払いをしたとしても、小口現金係が帳簿に仕訳をするわけではありません。

したがって、小口現金係が小口現金で支払ったときには**なんの仕訳もしません。**

帳簿に記録するのは、あくまでも会計係（経理部）で、小口現金係はメモに残しておき、あとで会計係に報告します。

CASE22の仕訳

仕　訳　な　し

CASE 23 会計係が小口現金係から支払報告を受けたときの仕訳

ゴエモン㈱ではゴエモン君が会計係として会社の帳簿をつけています。
今日、小口現金係のミケ君から今週の小口現金の支払報告を受けました。

取引 6月5日 小口現金係より、文房具代（消耗品費）100円とお茶菓子代（雑費）200円を小口現金で支払ったという報告を受けた。なお、小口現金係に前渡ししている金額は500円である。

会計係が支払報告を受けたときの仕訳

会計係は、小口現金係から一定期間（1週間や1か月）に使った小口現金の金額とその内容の報告を受け、仕訳をします。

CASE23では、消耗品費100円と雑費200円に小口現金を使っているので、小口現金300円（100円＋200円）を減らすとともに、**消耗品費**と**雑費**を計上します。

この時点で会計係に支払いの内容が伝わるので、会計係が仕訳します。

CASE23の仕訳

（消 耗 品 費）	100	（小 口 現 金）	300
（雑 費）	200		

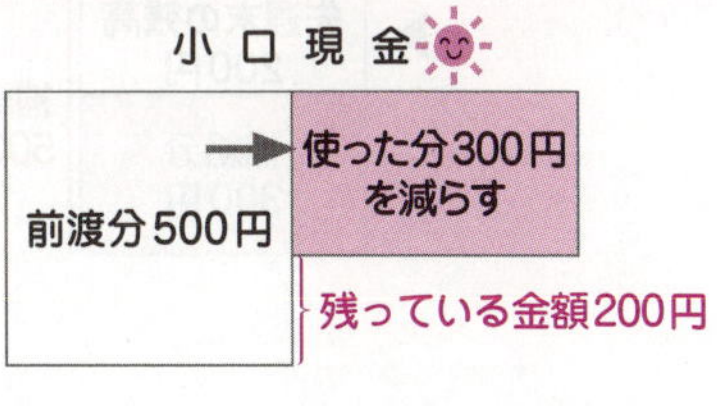

○○費とつくのは費用の勘定科目です。

費 用	収 益
利 益	

会計係が小口現金を補給したときの仕訳

今日は月曜日。ゴエモン㈱では金曜日に小口現金の支払報告を受け、次週の月曜日に使った分だけ補給するようにしています。
そこで、先週使った分(300円)の小切手を振り出し、小口現金を補給しました。

取引 6月8日　先週の小口現金係の支払報告に基づいて、小口現金300円を小切手を振り出して補給した。なお、ゴエモン㈱では定額資金前渡法を採用しており、小口現金として500円を前渡ししている。

会計係が小口現金を補給したときの仕訳

定額資金前渡法では、使った分（300円）だけ小口現金を補給します。したがって、補給分だけ**小口現金（資産）の増加**として処理します。

使った分（300円）だけ補給することにより、定額（500円）に戻ります。

CASE24の仕訳

（小　口　現　金）　300（当　座　預　金）　300

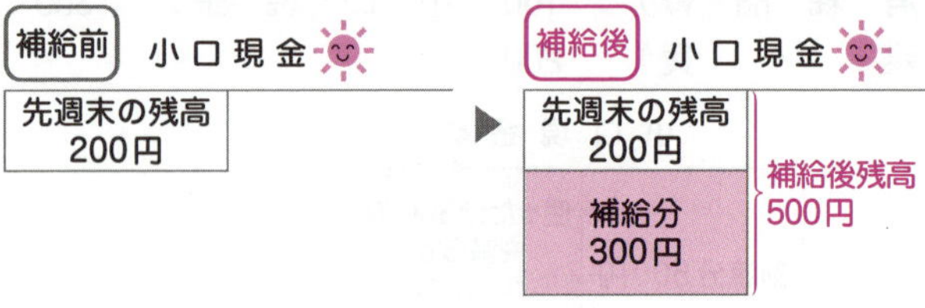

支払報告と小口現金の補給が同時のときの仕訳

小口現金の補給は、支払報告を受けたときに、ただちに行うこともあります。

金曜日に報告を受けて、金曜日に補給するケースですね。

このように支払報告と小口現金の補給が同時のときは、**①支払報告時の仕訳**（CASE23）と**②補給時の仕訳**（CASE24）をまとめて行います。

①支払報告時の仕訳（CASE23）

（消 耗 品 費）	100	~~（小 口 現 金）~~	~~300~~
（雑 費）	200		

＋

②補給時の仕訳（CASE24）

~~（小 口 現 金）~~	~~300~~	（当 座 預 金）	300

↓

③支払報告と補給が同時の場合の仕訳

（消 耗 品 費）	100	（当 座 預 金）	300
（雑 費）	200		

①の貸方の小口現金と②の借方の小口現金が相殺されて消えます。

問題編
問題13、14

小口現金のまとめ《一連の流れ》

CASE21 小口現金の前渡時

・小口現金（資産）の増加として処理

（小　口　現　金）　500　（当座預金など）　500

CASE22 小口現金の支払時

・小口現金係が小口現金で支払ったときにはなんの処理もしない

仕訳なし

CASE23 支払報告時

・使った分だけ小口現金の減少として処理

（雑　費　な　ど）300
（小　口　現　金）300

CASE24 小口現金の補給時

・使った分だけ小口現金の増加として処理

（小　口　現　金）300
（当座預金など）300

CASE24 支払報告時＝補給時

・支払報告時の仕訳＋補給時の仕訳

（雑　費　な　ど）300
（当座預金など）300

この章で新たにでてきた勘定科目

資　産	負　債
小口現金	―
	資本（純資産）
	―

費　用	収　益
消耗品費 雑　　費	―

その他
―

仕訳編

第6章

手形と電子記録債権（債務）

今月はちょっと資金繰りが苦しいから、
代金の支払期日をなるべく延ばしたい…。
そんなときは、手形というものを使うといいらしい。
また、なにやら最近では、手形に代わる
決済手段があるらしい…。

ここでは手形と電子記録債権（債務）の処理についてみていきましょう。

CASE 25 約束手形

約束手形を振り出したときの仕訳

今月は資金繰りが少し苦しい状態です。そこで、代金の支払期日を遅らせる手段がないかと調べてみたところ、約束手形を使うとよさそうなことがわかったので、さっそく使ってみることにしました。

取引 ゴエモン㈱は、クロキチ㈱から商品100円を仕入れ、代金は約束手形を振り出して渡した。

用語 **約束手形**…「いつまでにいくらを支払う」ということを書いた証券

ここまでの知識で仕訳をうめると…

(仕　　入)	100	(	)

商品を仕入れた

約束手形とは？

約束手形（やくそくてがた）とは、一定の日にいくらを支払うという約束を記載した証券をいいます。

No. 12　約　束　手　形

クロキチ株式会社　殿

金額　¥100※

支払期日	×1年 9月30日
支払地	東京都港区
支払場所	東西銀行港支店

上記金額をあなたまたはあなたの指図人へこの約束手形と引き換えにお支払いいたします。

×1年 7月10日

振出地 住所　東京都港区××

振出人　ゴエモン株式会社　（ゴエモン株式会社）

- 支払期日：代金支払いの期限
- 約束手形の代金を受け取る人
- 振出人：約束手形を振り出した人

掛け取引の場合の支払期日は取引の日から約1か月後ですが、約束手形の支払期日は、取引の日から2、3か月後に設定することができます。

したがって、代金を掛けとするよりも約束手形を振り出すほうが、支払いを先に延ばすことができるのです。

約束手形を振り出したときの仕訳

約束手形を振り出したときは、あとで代金を支払わなければならないという義務が生じます。

この約束手形による代金の支払義務は、**支払手形（負債）**として処理します。

支払手形は負債なので、増えたら貸方！

資　産	負　債
	資　本

CASE25の仕訳

（仕　　　入）	100	（支　払　手　形）	100

負債の増加↑

約束手形の代金を支払ったときの仕訳

また、約束手形の支払期日に手形代金を支払ったときは、代金の支払義務がなくなるので、**支払手形（負債）の減少**として処理します。

したがって、CASE25の約束手形の代金を、仮に当座預金口座から支払ったとした場合の仕訳は、次のようになります。

（支　払　手　形）	100	（当　座　預　金）	100

負債の減少↓

問題編
問題15

CASE 26 約束手形

約束手形を受け取ったときの仕訳

今日、ゴエモン㈱はシロミ㈱に商品200円を売り上げました。
通常、シロミ㈱とは掛けで取引をしているのですが、今日はシロミ㈱から約束手形を受け取りました。

取引 ゴエモン㈱は、シロミ㈱に商品200円を売り上げ、約束手形を受け取った。

ここまででの知識で仕訳をうめると…

(　　　　　)		(売　　　上)	200

↑商品を売り上げた

約束手形を受け取ったときの仕訳

約束手形を受け取ったときは、あとで代金を受け取ることができるという権利が生じます。この約束手形による代金を受け取る権利は、**受取手形（資産）**として処理します。

受取手形は資産なので、増えたら借方！

資　産	負　債
	資　本

CASE26の仕訳

(受　取　手　形)	200	(売　　　上)	200

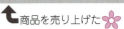

資産の増加↑

約束手形の代金を受け取ったときの仕訳

また、約束手形の支払期日に手形代金を受け取ったときは、代金を受け取る権利がなくなるので、**受取手形（資産）の減少**として処理します。

したがって、CASE26の約束手形の代金が、仮に当座預金口座に振り込まれたとした場合の仕訳は、次のようになります。

（当座預金）	200	（受取手形）	200

資産の減少⬇

約束手形を取りまく登場人物の呼び名

約束手形の取引において、約束手形を振り出した人を**振出人**（ふりだしにん）、約束手形を受け取った人を**受取人**（うけとりにん）または**名宛人**（なあてにん）といいます。

名前は覚えなくても、振り出した側か受け取った側かがわかれば仕訳はつくれます。

問題編
問題16

CASE 27

電子記録債権とは

おっ？
あれはなんだろう？
でんさい
電子記録債権
がいいかもよ
手形

これまで手形を用いてきたゴエモン㈱ですが、手形だと紛失のリスクがあり、心配です。なにかいい方法がないかと調べてみたところ、電子記録債権というものを見つけました。

> 手形の問題点とは…
> ・紛失等のリスクがある
> ・手形振出しの事務処理の手間がかかる
> ・印紙を添付しなければならないので、印紙代がかかる　など
>
> 電子記録債権は、ペーパーレスなので紛失等のリスクはありませんし、事務処理の手間も大幅に省けます。また、印紙の添付も不要です。そのため、近年は手形に代わり電子記録債権が普及しています。

電子記録債権とは

電子記録債権は、手形（や売掛金）の問題点を克服した新しい金銭債権です。

電子記録債権は、電子債権記録機関が管理する記録原簿（登記簿のようなもの）に必要事項を登録することによって権利が発生します。

電子記録債権の発生方式

> 細かい内容までおさえておかなくてもOKです。

電子記録債権の発生方式には、**(1)債務者請求方式**と**(2)債権者請求方式**の２つがありますが、本書では**(1)債務者請求方式**にもとづいて説明していきます。

(1) 債務者請求方式…債務者側（買掛金等がある側）が発生記録の請求を行うことによって電子記録債権が発生する方式

(2) 債権者請求方式…債権者側（売掛金等がある側）が発生記録の請求を行うことによって電子記録債権が発生する方式。この場合には、一定期間内に債務者の承諾が必要

CASE 28

電子記録債権（債務）

電子記録債権（債務）が発生したときの仕訳

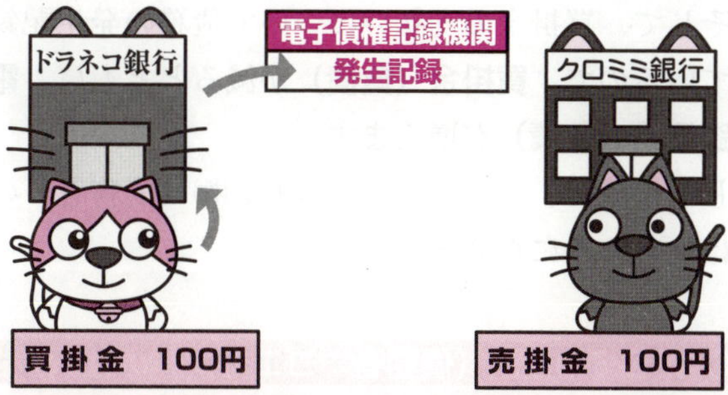

ゴエモン㈱はクロキチ㈱から商品を仕入れており、クロキチ㈱に対する買掛金100円があります。この買掛金の支払いに電子記録債務を用いてみることにしました。

取引　ゴエモン㈱はクロキチ㈱に対する買掛金100円の支払いを電子債権記録機関で行うため、取引銀行を通じて債務の発生記録を行った。

ここまででの知識で仕訳をうめると…

（買　　掛　　金）　100（　　　　　　）

買掛金の支払いのため
負債の減少↓

電子記録債権（債務）が発生したときの仕訳

発生記録を行うことにより、債権者（クロキチ㈱）には**電子記録債権（資産）**が、債務者（ゴエモン㈱）には**電子記録債務（負債）**が発生します。

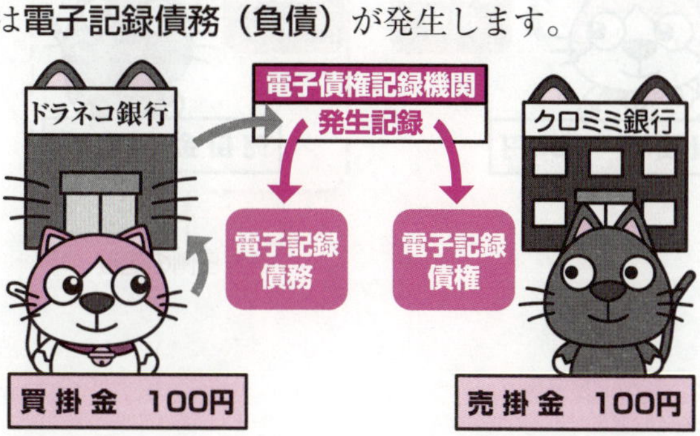

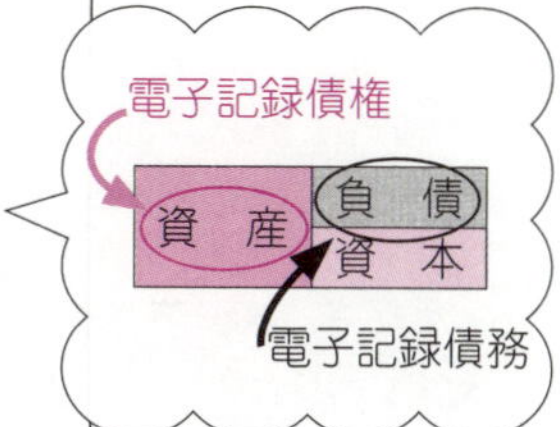

債務者（ゴエモン㈱）の仕訳

CASE28のゴエモン㈱は、クロキチ㈱に対する**買掛金（負債）**があるので、**債務者**です。

そして、買掛金の支払いについて債務の発生記録をしているので、**買掛金（負債）**が減るとともに、**電子記録債務（負債）**が増えます。

したがって、CASE28のゴエモン㈱（債務者）の仕訳は次のようになります。

CASE28の仕訳（債務者：ゴエモン㈱の仕訳）

（買　掛　金）	100	（電子記録債務）	100

負債の増加↑

債権者（クロキチ㈱）の仕訳

CASE28のクロキチ㈱は、ゴエモン㈱に対する**売掛金（資産）**があるので、**債権者**です。

そして、売掛金について債権の発生記録がされたので、ゴエモン㈱に対する**売掛金（資産）**が減るとともに、**電子記録債権（資産）**が増えます。

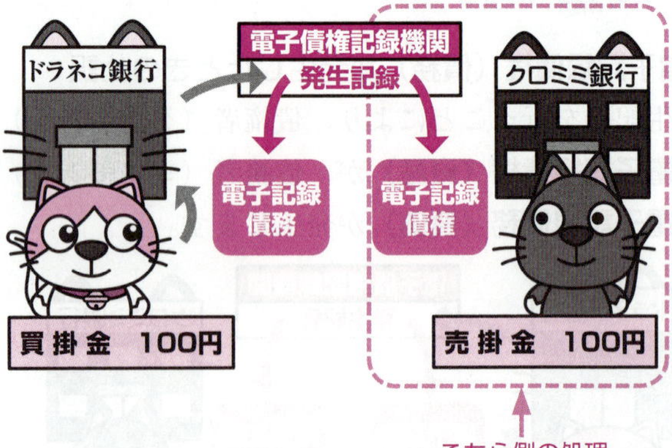

したがって、CASE28の取引をクロキチ㈱（債権者）の立場からみた場合の仕訳は次のようになります。

CASE28の仕訳（債権者：クロキチ㈱の仕訳）

（電子記録債権）	100	（売　掛　金）	100
資産の増加↑		資産の減少↓	

CASE 29

電子記録債権（債務）

電子記録債権（債務）が消滅したときの仕訳

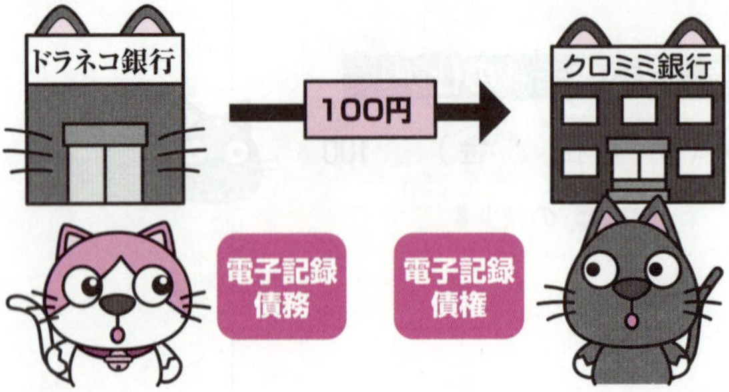

CASE28の電子記録債務について、ゴエモン㈱の口座からクロキチ㈱の口座に払い込みがされました。

取引 ゴエモン㈱はCASE28の電子記録債務100円について、取引銀行の当座預金口座からクロキチ㈱の取引銀行の当座預金口座に払い込みを行った。

ここまでの知識で仕訳をうめると…

（　　　　　）		（当座預金）	100

当座預金口座から…払い込みを行った→資産の減少

電子記録債権（債務）が消滅したときの仕訳

債務者（ゴエモン㈱）の口座から債権者（クロキチ㈱）の口座に払い込み（支払い）が行われると、債権者の**電子記録債権（資産）**および債務者の**電子記録債務（負債）**が消滅します。

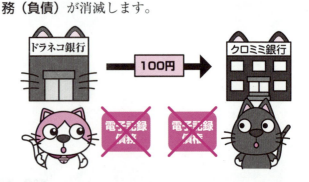

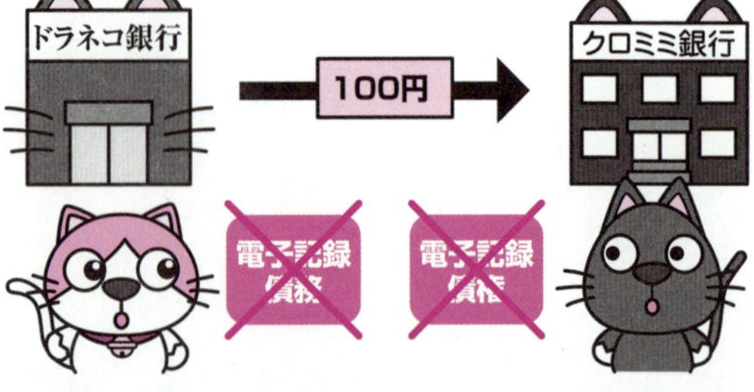

債務者（ゴエモン㈱）の仕訳

債務者であるゴエモン㈱の口座から払い込みが行われたので、ゴエモン㈱の**電子記録債務（負債）**がなくなります。

したがって、CASE29のゴエモン㈱（債務者）の仕訳は次のようになります。

CASE29の仕訳（債務者：ゴエモン㈱の仕訳）

（電子記録債務）	100	（当座預金）	100

負債の減少⬇

債権者（クロキチ㈱）の仕訳

CASE29の取引を債権者であるクロキチ㈱からみると、電子記録債権について当座預金口座に入金があったため、**当座預金（資産）**が増えるとともに**電子記録債権（資産）**が減ります。

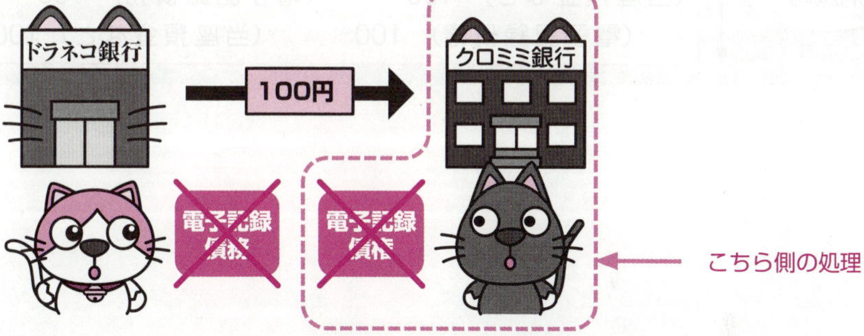

したがって、CASE29の取引をクロキチ㈱（債権者）の立場からみた場合の仕訳は次のようになります。

問題編
問題17

CASE29の仕訳（債権者：クロキチ㈱の仕訳）

（当座預金）	100	（電子記録債権）	100

資産の増加⬆　　資産の減少⬇

約束手形のまとめ《一連の流れ》

CASE25、26 約束手形の振出時(受取時)

振り出した人(振出人)の仕訳		受け取った人(名宛人)の仕訳	
(仕　入　な　ど) 100	(支　払　手　形) 100	(受　取　手　形) 100	(売　上　な　ど) 100

CASE25、26 手形代金の支払時(受取時)

振り出した人(振出人)の仕訳		受け取った人(名宛人)の仕訳	
(支　払　手　形) 100	(当座預金など) 100	(当座預金など) 100	(受　取　手　形) 100

電子記録債権(債務)のまとめ

CASE28 発生時

債権者の仕訳		債務者の仕訳	
(電子記録債権) 100	(売　掛　金) 100	(買　掛　金) 100	(電子記録債務) 100

CASE29 消滅時

債権者の仕訳		債務者の仕訳	
(当座預金など) 100	(電子記録債権) 100	(電子記録債務) 100	(当座預金など) 100

この章で新たにでてきた勘定科目

資　産	負　債
受取手形 電子記録債権	支払手形 電子記録債務
	資本(純資産)
	―

費　用	収　益	その他
―	―	―

仕訳編

第7章

貸付金・借入金、手形貸付金・手形借入金

だれかにお金を貸したり、銀行からお金を借りたり…。
通常はお金を借りると借用証書を渡すけど、
手形を渡すこともあるんだって。

ここでは、お金を貸し借りしたときの処理についてみていきましょう。

CASE 30 貸付金と借入金

お金を貸し付けたときの仕訳

ゴエモン㈱はクロキチ㈱から「お金を貸してほしい」と頼まれたので、借用証書を書いてもらい、現金100円を貸しました。

取引 ゴエモン㈱は、クロキチ㈱に現金100円を貸し付けた。

用語 **貸付け**…お金を貸すこと

お金を貸し付けたときの仕訳

CASE30では、ゴエモン㈱はクロキチ㈱に現金100円を渡しているので、**現金（資産）が減っています。**

（　　　）		（現　　金）	100

資産の減少↓

また、貸し付けたお金はあとで返してもらうことができます。この、あとでお金を返してもらえる権利は、**貸付金**（かしつけきん）**（資産）**として処理します。

貸付金は資産なので、増えたら借方！

資　産	負　債
	資　本

従業員に対する貸付金は従業員貸付金（資産）、取締役など役員に対する貸付金は役員貸付金（資産）という勘定科目で処理することもあります。

CASE30の仕訳

（貸　付　金）	100	（現　　金）	100

資産の増加↑

CASE 31

貸付金と借入金

貸付金を返してもらったときの仕訳

ゴエモン㈱はクロキチ㈱から貸付金100円を返してもらい、貸付けにかかる利息10円とともに現金で受け取りました。

取引 ゴエモン㈱は、クロキチ㈱から貸付金100円の返済を受け、利息10円とともに現金で受け取った。

ここまでの知識で仕訳をうめると…

（現　　　金）		（　　　）	

現金で受け取った↑

貸付金を返してもらったときの仕訳

貸付金を返してもらったときは、あとでお金を返してもらえる権利がなくなるので、**貸付金（資産）の減少**として処理します。

また、貸付金にかかる利息は、**受取利息**（うけとりりそく）**（収益）**として処理します。

「受取～」は収益の勘定科目！

費　用	収　益
利　益	

CASE31の仕訳

（現　　　金）	110	（貸　付　金）	100
		（受 取 利 息）	10

貸付金と利息の合計

収益の発生↑

問題編
問題18

CASE 32 貸付金と借入金

お金を借り入れたときの仕訳

ゴエモン㈱は会社を大きくするため、資金が必要になりました。
そこで、取引銀行からお金を借りてくることにしました。

取引 ゴエモン㈱は、取引銀行から現金600円を借り入れた。

用語 **借入れ**…お金を借りてくること

ここまでの知識で仕訳をうめると…

（現　　　　金）	600	（　　　　　）	

現金を借り入れた↑

お金を借り入れたときの仕訳

銀行などから借りたお金はあとで返さなければなりません。このあとでお金を返さなければならない義務は、**借入金**（かりいれきん）**（負債）**として処理します。

借入金は負債なので、増えたら貸方！

資　産	負　債
	資　本

取締役など役員からの借入金は役員借入金（負債）という勘定科目で処理することもあります。

CASE32の仕訳

（現　　　　金）	600	（借　入　金）	600

負債の増加↑

CASE 33 貸付金と借入金

借入金を返したときの仕訳

銀行からお金を借りて10か月後、当初の約束どおりゴエモン㈱は取引銀行からの借入金を返済しました。
また、借り入れていた10か月分の利息もあわせて支払いました。

取引 ゴエモン㈱は、取引銀行に借入金600円を返済し、利息とともに現金で支払った。なお、利息の年利率は2%で借入期間は10か月である。

借入金を返したときの仕訳

借入金を返したときは、あとでお金を返さなければならない義務がなくなるので、**借入金（負債）の減少**として処理します。

また、借入金にかかる利息は、次の計算式によって**月割りで計算**し、**支払利息**（しはらいりそく）**（費用）**として処理します。

「支払～」は費用の勘定科目！

費用	収益
利益	

$$\text{利息}=\text{借入（貸付）金額}\times\text{年利率}\times\frac{\text{借入（貸付）期間}}{12\text{か月}}$$

貸付金の受取利息を計算するときもこの式で計算します。

CASE33の支払利息

$$\cdot\ 600\text{円}\times 2\%\times\frac{10\text{か月}}{12\text{か月}}=10\text{円}$$

CASE33の仕訳

借入金と利息の合計

（借　入　金）	600	（現　　金）	610
（支払利息）	10		

費用の発生↑

問題編 問題19

CASE 34 手形貸付金と手形借入金

お金を貸し付け、手形を受け取ったときの仕訳

ゴエモン㈱は、クロキチ㈱に現金を貸しました。
そしてこのとき、借用証書ではなく、約束手形を受け取りました。

取引 ゴエモン㈱は、クロキチ㈱に現金100円を貸し付け、約束手形を受け取った。

ここまでの知識で仕訳をうめると…

（　　　　　）		（現　　金）	100

現金を貸し付けた⬇

お金を貸し付け、手形を受け取ったときの仕訳

お金を貸し付けたときは、通常は借用証書を受け取りますが、借用証書の代わりに約束手形を受け取ることもあります。この場合は、通常の貸付金と区別するために**手形貸付金**（てがたかしつけきん）**（資産）**として処理します。

手形による貸付金だから「手形貸付金」。そのままですね。

CASE34の仕訳

（手形貸付金）	100	（現　　金）	100

資産の増加⬆

問題編
問題20

CASE 35

手形貸付金と手形借入金

お金を借り入れ、手形を渡したときの仕訳

CASE34（手形貸付金）の取引を、クロキチ㈱の立場からみてみましょう。

こちら側の処理

取引 クロキチ㈱は、ゴエモン㈱から現金100円を借り入れ、約束手形を渡した。

ここまでの知識で仕訳をうめると…

（現　　　　金）　100（　　　　　　）

現金を借り入れた↑

お金を借り入れ、手形を渡したときの仕訳

お金を借り入れて、借用証書の代わりに手形を渡したときは、通常の借用証書による借入金と区別するために**手形借入金**（てがたかりいれきん）**（負債）**として処理します。

手形による借入金だから「手形借入金」ですね。

CASE35の仕訳

（現　　　　金）　100（手 形 借 入 金）　100

負債の増加↑

問題編
問題21、22

貸付金（手形貸付金）のまとめ《一連の流れ》

CASE30、34 貸付時

・通常の貸付けは貸付金（資産）、手形による貸付けは手形貸付金（資産）の増加として処理

通常の貸付けの場合				手形による貸付けの場合			
（貸付金）	100	（現金）	100	（手形貸付金）	100	（現金）	100

CASE31 返済時（利息の受取時）

・利息を受け取ったときは受取利息（収益）として処理

通常の貸付けの場合				手形による貸付けの場合			
（現金）	110	（貸付金）	100	（現金）	110	（手形貸付金）	100
		（受取利息）	10			（受取利息）	10

借入金（手形借入金）のまとめ《一連の流れ》

CASE32、35 借入時

・通常の借入れは借入金（負債）、手形による借入れは手形借入金（負債）の増加として処理

通常の借入れの場合				手形による借入れの場合			
（現金）	600	（借入金）	600	（現金）	100	（手形借入金）	100

CASE33 返済時（利息の支払時）

・利息を支払ったときは支払利息（費用）として処理

通常の借入れの場合				手形による借入れの場合			
（借入金）	600	（現金）	610	（手形借入金）	100	（現金）	110
（支払利息）	10			（支払利息）	10		

この章で新たにでてきた勘定科目

資産	負債
貸付金 手形貸付金	手形借入金
	資本（純資産）
	―

費用	収益
支払利息	受取利息

その他
―

仕訳編

第8章

その他の債権債務

3級で学習する債権債務のうち、
売掛金(クレジット売掛金)・買掛金、受取手形・支払手形、
電子記録債権(債務)、貸付金・借入金、手形貸付金・手形借入金
についてはわかったけど…。

ここでは、それ以外の債権・債務の処理についてみていきましょう。

CASE 36 末払金と未収入金

商品以外のものを後払いで買ったときの仕訳

ゴエモン㈱は、シロミ㈱から倉庫（建物）を買い、代金は月末に支払うことにしました。
「代金後払いということは買掛金？」と思い、仕訳をしようとしましたが、どうやら「買掛金」で処理するのではないようです。

取引 ゴエモン㈱は、シロミ㈱から倉庫（建物）を100円で購入し、代金は月末に支払うこととした。

商品以外のものを後払いで買ったときの仕訳

CASE36では建物（資産）を買っているので、**建物（資産）**が増えます。

（建　　物）　100（　　　　）

資産の増加↑

また、建物や土地、備品など商品以外のものを代金後払いで買ったときの、あとで代金を支払わなければならない義務は**未払金**（みばらいきん）**（負債）**で処理します。

建物や土地などのことを固定資産（こていしさん）といいます。固定資産の種類や詳しい処理方法は第11章で学習します。

未払金は負債なので、増えたら貸方！

資　産	負　債
	資　本

CASE36の仕訳

（建　　物）　100（未　払　金）　100

負債の増加↑

つまり、商品を買った（仕入れた）ときの未払額は**買掛金**で、商品以外のものを買った（購入した）ときの未払額は**未払金**で処理するのです。

まちがえやすいので要注意！

とても重要

買掛金と未払金の違い

何を買った？	文末のことば	勘定科目
商　　品	～を仕入れた。	買掛金（負債）
商品以外のもの（建物や備品など）	～を購入した。	未払金（負債）

未払金を支払ったときの仕訳

なお、後日未払金を支払ったときは、**未払金（負債）の減少**として処理します。

したがって、仮に、CASE36の未払金を現金で支払ったとした場合の仕訳は次のようになります。

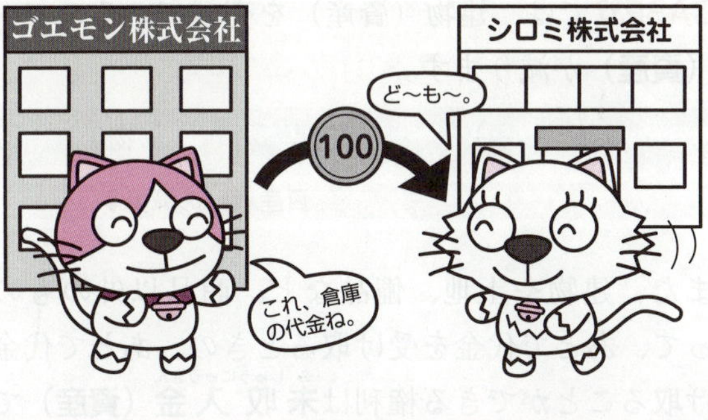

（未　払　金）	100	（現　　　金）	100

負債の減少↓

問題編
問題23

CASE 37

未払金と未収入金

商品以外のものを売って代金はあとで受け取るときの仕訳

こちら側の処理

CASE36の取引（建物の売買）をシロミ㈱の立場からみてみましょう。シロミ㈱はゴエモン㈱に対して倉庫（建物）を100円で売り、代金は月末に受け取ることにしました。

取引 シロミ㈱は、ゴエモン㈱に倉庫（建物）を100円で売却し、代金は月末に受け取ることとした。

商品以外のものを売ったときの仕訳

CASE37では、建物（資産）を売っているので、**建物（資産）**が減ります。

（　　　　　）		（建　　　物）	100

資産の減少⬇

また、建物や土地、備品など、商品以外のものを売って、あとで代金を受け取るときの、あとで代金を受け取ることができる権利は**未収入金**（みしゅうにゅうきん）**（資産）**で処理します。

「未払金の逆だから、未収入金かな？」って想像できましたか？

資　産	負　債
	資　本

CASE37の仕訳

（未　収　入　金）	100	（建　　　物）	100

資産の増加⬆

未収入金は未収金とすることもあります。

つまり、商品を売った（売り上げた）ときの未収額は**売掛金**で、商品以外のものを売った（売却した）ときの未収額は**未収入金**で処理するのです。

とても重要

売掛金と未収入金の違い

何を売った？	文末のことば	勘定科目
商　　品	～を売り上げた。	売掛金（資産）
商品以外のもの（建物や備品など）	～を売却した。	未収入金（資産）

未収入金を回収したときの仕訳

なお、後日、未収入金を回収したときは、**未収入金（資産）の減少**として処理します。

したがって、CASE37の未収入金を現金で回収した場合の仕訳は、次のようになります。

こちら側の処理

(現　　　金)	100	(未　収　入　金)	100

資産の減少

問題編
問題24

CASE 38

前払金と前受金

商品の注文時に内金を支払ったときの仕訳

ゴエモン株式会社
クロキチ株式会社
じゃ、注文するから入荷したら届けて。
いま、在庫切れなんだ。
20
内金

ゴエモン㈱は、クロキチ㈱にキャンドル（商品）100円を注文しました。しかし、このキャンドルは、いま在庫が切れていて10日後に入荷されるそうです。そこで、キャンドルの注文をするとともに、内金として20円を支払いました。

取引 ゴエモン㈱はクロキチ㈱に商品100円を注文し、内金として20円を、現金で支払った。

用語 内　金…商品の代金の一部を前払いしたときのお金

ここまでの知識で仕訳をうめると…

（　　　　　）		（現　　　金）	20

現金 で支払った↓

> 手付金（てつけきん）ということもあります。

> この時点ではまだ商品を受け取っていない（注文しただけ）ので、仕入れの仕訳はしません。

商品の注文時に内金を支払ったときの仕訳

商品を注文したときに代金の一部を内金（うちきん）として前払いすることがあります。内金を支払うことにより、買主（ゴエモン㈱）は、あとで商品を受け取ることができるため、このあとで商品を受け取ることができる権利を**前払金（まえばらいきん）（資産）**として処理します。

CASE38の仕訳

（前　払　金）	20	（現　　　金）	20

資産 の増加↑

CASE 39

前払金と前受金

内金を支払って商品を仕入れたときの仕訳

内金を支払って10日後。
ゴエモン㈱はクロキチ㈱からキャンドル（商品）を受け取りました。
代金100円のうち、20円は内金として支払っている分を充て、残りは掛けとしました。

取引 ゴエモン㈱はクロキチ㈱から商品100円を受け取り、代金のうち20円は注文時に支払った内金と相殺し、残額は掛けとした。

商品を受け取ったときの仕訳

商品を受け取ったときに仕入れの処理をします。

（仕　　入）	100	（　　　　）	

また、商品を受け取ると、あとで商品を受け取る権利がなくなるので、**前払金（資産）の減少**として処理します。

なお、内金を相殺（そうさい）した残額は掛けとしているため、その残額は**買掛金**で処理します。

CASE39の仕訳

（仕　　入）	100	（前　払　金）	20
		（買　掛　金）	80

差額 100円－20円

CASE 40 前払金と前受金

商品の注文時に内金を受け取ったときの仕訳

ゴエモン株式会社
クロキチ株式会社
じゃ、注文するから入荷したら届けて。
いま、在庫切れなんだ。
20
内金
こちら側の処理

CASE38の取引（内金の支払い）を、クロキチ㈱の立場からみてみましょう。

クロキチ㈱はゴエモン㈱からキャンドル（商品）の注文を受け、このとき内金20円を現金で受け取りました。

取引 クロキチ㈱は、ゴエモン㈱から商品100円の注文を受け、内金として20円を現金で受け取った。

ここまでの知識で仕訳をうめると…

（現　　　金）	20	（　　　　　）	

現金で受け取った↑

商品の注文時に内金を受け取ったときの仕訳

商品の注文時に内金を受け取ったことにより、売主（クロキチ㈱）は、あとで商品を渡さなければならない義務が生じます。

この、あとで商品を渡さなければならない義務は、**前受金（負債）**（まえうけきん）として処理します。

この時点ではまだ商品を渡していないため、売上げの仕訳はしません。

CASE40の仕訳

（現　　　金）	20	（前　受　金）	20

負債の増加↑

CASE 41 前払金と前受金

内金を受け取って商品を売り上げたときの仕訳

CASE39の取引(商品の仕入れ)を、クロキチ㈱の立場からみてみましょう。クロキチ㈱は、ゴエモン㈱にキャンドル(商品)を渡し、代金100円のうち、20円は内金として受け取っている分を充て、残りは掛けとしました。

取引 クロキチ㈱は、ゴエモン㈱に商品100円を渡し、代金のうち20円は注文時に受け取った内金と相殺し、残額は掛けとした。

商品を渡したときの仕訳

商品を渡したときに売上げの処理をします。

(　　　　)		(売　　上)	100

また、商品を渡すことにより、あとで商品を渡さなければならない義務がなくなるので、**前受金(負債)の減少**として処理します。

なお、内金を相殺した残額は掛けとしているため、その残額は**売掛金**で処理します。

CASE41の仕訳

(前　受　金)	20	(売　　上)	100
(売　掛　金)	80		

差額
100円－20円

問題編
問題25、26

旅費の概算額を前渡ししたときの仕訳

ゴエモン株式会社
とりあえず、
100円渡しとくね。
100
行ってきます。

従業員のトラ君が名古屋に出張に行くことになりました。旅費としていくらかかるかわからないので、概算額として100円をトラ君に渡しました。
この場合は、旅費として処理してよいのでしょうか？

取引 従業員の出張のため、旅費交通費の概算額100円を現金で前渡しした。

用語 **旅費交通費**…バス代、タクシー代、電車代、宿泊費など

ここまでの知識で仕訳をうめると…

(　　　　　)		(現　　金)	100

現金で前渡しした↓

旅費の概算額を前渡ししたときの仕訳

支払いの内容と金額が確定するまでは、旅費交通費などの勘定科目で処理してはいけません。

従業員の出張にかかる電車代やバス代、宿泊費などの概算額を前渡ししたときには、**仮払金**（かりばらいきん）という**資産**の勘定科目で処理しておきます。

CASE42の仕訳

(仮　払　金)	100	(現　　金)	100

資産の増加↑

仮払金は資産なので、増えたら借方！

資　産	負　債
	資　本

CASE 43 仮払金と仮受金

仮払金の内容と金額が確定したときの仕訳

ゴエモン株式会社
うんうん。
80円使って、
20円残りました。
20
おみやげ

名古屋に出張に行っていたトラ君が帰ってきました。
名古屋までの電車代や宿泊費の合計（旅費）は80円だったという報告があり、20円については現金で戻されました。

取引 従業員が出張から戻り、概算払額100円のうち、旅費交通費として80円を支払ったと報告を受け、残金20円は現金で受け取った。

ここまでの知識で仕訳をうめると…

（現　　　金）	20	（　　　　　）	

↑残金は現金で受け取った↑

?

仮払金の内容と金額が確定したときの仕訳

仮払いとして前渡ししていた金額について、支払いの内容と金額が確定したときは、**仮払金（資産）を該当する勘定科目に振り替えます。**

CASE43では、旅費交通費として80円を使い、残金20円を現金で受け取っているため、**仮払金（資産）100円**を**旅費交通費（費用）80円**と**現金20円**に振り替えます。

CASE43の仕訳

（旅費交通費）	80	（仮　払　金）	100
（現　　　金）	20		

CASE 44

仮払金と仮受金

内容不明の入金があったときの仕訳

名古屋に出張中のトラ君から当座預金口座に入金がありましたが、なんのお金なのかはトラ君が戻ってこないとわかりません。
この場合の処理はどうしたらよいのでしょう？

取引 出張中の従業員から当座預金口座に100円の入金があったが、その内容は不明である。

ここまでの知識で仕訳をうめると…

(当　座　預　金)　100 (　　　　　)

当座預金口座 に入金があった↑

入金自体は当座預金の増加として処理します。

内容不明の入金があったときの仕訳

内容不明の入金があったときは、その内容が明らかになるまで**仮受金**（かりうけきん）という**負債**の勘定科目で処理しておきます。

仮受金は負債なので、増えたら貸方！

資　産	負　債
	資　本

CASE44の仕訳

(当　座　預　金)　100 (仮　　受　　金)　100

負債 の増加↑

CASE 45

仮払金と仮受金

仮受金の内容が明らかになったときの仕訳

ゴエモン株式会社
あ、そうなんだ。
あれは、売掛金を回収したんです。
報告

名古屋に出張に行っていたトラ君が帰ってきたので、先の入金100円の内容を聞いたところ、「名古屋の得意先の売掛金を回収した金額」ということがわかりました。

取引 従業員が出張から戻り、先の当座預金口座への入金100円は、得意先から売掛金を回収した金額であることが判明した。

ここまでの知識で仕訳をうめると…

( )		(売 掛 金)	100

売掛金の回収⬇

仮受金の内容が明らかになったときの仕訳

仮受金の内容が明らかになったときは、**仮受金（負債）を該当する勘定科目に振り替えます。**

CASE45では、仮受金の内容が売掛金の回収と判明したので、**仮受金（負債）を売掛金（資産）に振り替えます。**

CASE45の仕訳

(仮 受 金)	100	(売 掛 金)	100

負債の減少⬇

問題編
問題27、28

CASE 46 立替金

先方負担の仕入諸掛りを立て替えたときの仕訳

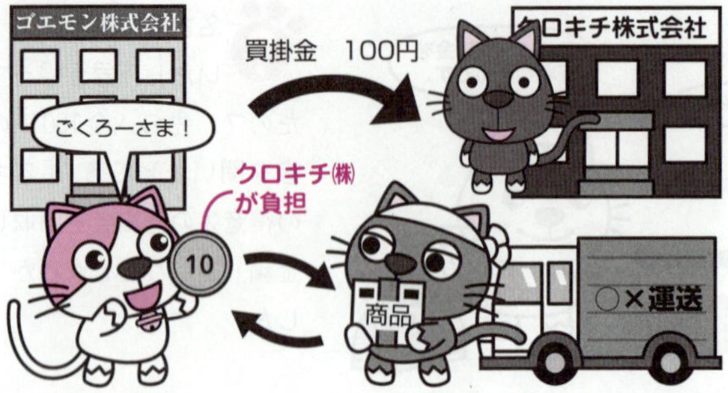

ゴエモン㈱は、クロキチ㈱で買った商品（100円）を会社まで配送してもらうことにしました。このときにかかった配送費用10円はクロキチ㈱が負担する約束ですが、ゴエモン㈱が一時的に立て替えておきました。

取引 ゴエモン㈱は、クロキチ㈱より商品100円を仕入れ、代金は掛けとした。なお、引取運賃（先方負担）10円を現金で支払った。

用語 **先方負担**…先方（クロキチ㈱）が負担する費用

ここまでの知識で仕訳をうめると…

（仕　　入）		（買　掛　金）	100
		（現　　金）	10

仕入諸掛り（先方負担）があるときの仕訳

商品を仕入れるときにかかった**仕入諸掛り**を当社（ゴエモン㈱）が負担する場合は、仕入原価に含めて処理しますが、先方（クロキチ㈱）が負担すべき仕入諸掛りを当社が立て替えた場合は、**立替金**（たてかえきん）**（資産）**として処理します。

当社負担の仕入諸掛りの処理はCASE9で学習しましたね。

立て替えた金額はあとでクロキチ㈱に返してもらえます。「あとで返してもらえる権利」なので、立替金は資産です。

CASE46の仕訳

（仕　　　　入）	100	（買　掛　金）	100
（立　替　金）	10	（現　　　金）	10

資産の増加↑

なお、立替金で処理しないで、**買掛金を減額**することもあります。

試験では、この方法はあまり出題されません。

（仕　　　　入）	100	（買　掛　金）	90
		（現　　　金）	10

100円－10円

仕入諸掛りの処理をまとめると、次のようになります。

とても重要

仕入諸掛りの処理（まとめ）

だれが負担する？	処　理
当社（仕入側）負担	仕入原価に含める
先方（売上側）負担	立替金（資産） （または買掛金と相殺）

試験で出題されるのは、ほとんどの場合当社負担です。なお、だれが負担するかの指示がないときは、すべて当社負担と考えて処理してください。

CASE 47

立替金

従業員が支払うべき金額を会社が立て替えたときの仕訳

ゴエモン㈱は、本来従業員のミケ君が支払うべき個人の生命保険料を、現金で立て替えてあげました。

取引 ゴエモン㈱は、従業員が負担すべき生命保険料40円を現金で立て替えた。

ここまでの知識で仕訳をうめると…

（　　　　）		（現　　金）	40

現金で立て替えた
会社の現金の減少⬇

従業員が支払うべき金額を会社が立て替えたときの仕訳

本来従業員が支払うべき金額を会社が立て替えたときは、あとで従業員からその金額を返してもらう権利が生じます。したがって、**従業員立替金（資産）**として処理します。

単に立替金（資産）という勘定科目で処理することもあります。

CASE47の仕訳

（従業員立替金）	40	（現　　金）	40

資産の増加⬆

従業員に給料を支払ったときの仕訳①

ゴエモン株式会社
今月もごくろうさま。
立て替えた分は、差し
引いたから。
40
給料

今日は給料日。
従業員のミケ君に支払うべき給料は500円ですが、先にミケ君のために立て替えた金額が40円あるので、それを差し引いた残額を現金で支払いました。

取引 従業員に支払う給料500円のうち、先に立て替えた40円を差し引いた残額を現金で支払った。

従業員に給料を支払ったときの仕訳

従業員に給料を支払ったときは、**給料（費用）**として処理します。

（給　　料）	500	（　　　）	

費用の発生↑

> 従業員が働いてくれるおかげで売上げが上がるので、給料は収益を上げるために必要な支出＝費用ですね。
>
> | | |
> |---|---|
> | 費用 | 収益 |
> | 利益 | |

また、CASE48では従業員に対する立替金分を差し引いているため、**従業員立替金（資産）を減らし**、残額460円（500円－40円）を**現金（資産）の減少**として処理します。

CASE48の仕訳

資産の減少↓

（給　　料）	500	（従業員立替金）	40
		（現　　金）	460

CASE 49 預り金

従業員に給料を支払ったときの仕訳②

ゴエモン株式会社
源泉徴収税額は預かっておくね。
わかりました。
給料
50

従業員が受け取る給料のうち、一部は所得税として国に納めなければなりません。ゴエモン㈱では、従業員が納めるべき所得税を給料の支払時に会社で預かり、あとで従業員に代わって国に納めることにしています。

取引 給料500円のうち、源泉徴収税額50円を差し引いた残額を従業員に現金で支払った。

用語 **源泉徴収税額**…給料から天引きされた所得税額

ここまでの知識で仕訳をうめると…

（給　　料）	500	（現　　金）	

↑給料の支払い　↑現金で支払った↓

預り金は、預かったお金をあとで返さなければならない（国に納めなければならない）義務なので、負債です。

資　産	負　債
	資　本

なお、従業員預り金（負債）や所得税預り金（負債）で処理することもあります。また、社会保険料を預かっている場合には社会保険料預り金（負債）で処理することもあります。

従業員に給料を支払ったときの仕訳

給料の支払時に給料から天引きした源泉徴収税額は、あとで従業員に代わって会社が国に納めなければなりません。つまり、源泉徴収税額は一時的に従業員から預かっているお金なので、**預り金（負債）**として処理します。

CASE49の仕訳

負債の増加↑

（給　　料）	500	（預　り　金）	50
		（現　　金）	450

貸借差額

預り金を支払ったときの仕訳

ゴエモン㈱は、従業員から預かっていた所得税（源泉徴収税額）50円を、今日、現金で納付しました。

取引 預り金として処理していた源泉徴収税額50円を、税務署に現金で納付した。

ここまでの知識で仕訳をうめると…

（　　　　）		（現　　　金）	50

現金で納付した↓

預り金を支払ったときの仕訳

預かっていた源泉徴収税額を現金で納付したときは、預かったお金をあとで返さなければならない義務がなくなるので、**預り金（負債）の減少**として処理します。

CASE50の仕訳

（預　り　金）	50	（現　　　金）	50

負債の減少↓

問題編
問題29、30

CASE 51 受取商品券

商品を売り上げ、商品券を受け取ったときの仕訳

今日、ゴエモン㈱はお客さんに商品を売り上げ、代金は自治体が発行した商品券（100円）と現金（50円）で受け取りました。

取引 ゴエモン㈱は商品150円を売り上げ、自治体が発行した商品券100円と現金50円を受け取った。

ここまでの知識で仕訳をうめると…

（現　　　　金）	50	（売　　　　上）	150

自治体等が発行した商品券を受け取ったときの仕訳

CASE51のように、自治体や商店街などが発行した商品券を受け取った場合、この商品券はあとで発行者に買い取ってもらうことができます。

このときの、自治体や商店街などに商品券を買い取ってもらえる権利は、**受取商品券（資産）**として処理します。

受取商品券→あとで買い取ってもらえる権利→資産。

資　産	負　債
	資　本

CASE51の仕訳

資産の増加

（受取商品券）	100	（売　　　　上）	150
（現　　　　金）	50		

CASE 52 受取商品券

商品券を買い取ってもらったときの仕訳

ゴエモン㈱は商品券を発行した自治体に商品券を買い取ってもらいました。

取引 ゴエモン㈱は所有している自治体発行の商品券100円を買い取ってもらい、代金は現金で受け取った。

商品券を買い取ってもらったときの仕訳

商品券の発行者に、所有している商品券を買い取ってもらったときは、**受取商品券（資産）の減少**として処理します。

CASE52の仕訳

（現　　　金）	100	（受 取 商 品 券）	100

問題編
問題31

CASE 53 差入保証金

店舗を借り入れる際に敷金や保証金を支払ったときの仕訳

ゴエモン㈱では、新規に店舗を借りることにしました。
賃借契約にあたって、敷金1か月分を支払いました。この敷金は、退去時に返してもらえるものですが、この場合、なにか処理をする必要があるのでしょうか？

取引 ゴエモン㈱は、店舗の賃借にあたって、敷金100円を現金で支払った。

ここまでの知識で仕訳をうめると…

（　　　　）		（現　　金）	100

現金で支払った⬇

> 大家さん（貸主）に敷金や保証金を渡すことを「差し入れる」といいます。

> 一般的には、借主が負担すべき修繕費用や未払いの家賃を差し引いた残額が返還されます。

敷金や保証金を支払ったときの仕訳

会社が事務所や店舗物件を借りるとき、敷金や保証金を差し入れることがあります。

敷金や保証金は退去時に返してもらうことができます。この場合の、差し入れた敷金や保証金（退去時に返してもらえる権利）は、**差入保証金（資産）**（さしいれほしょうきん）として処理します。

CASE53の仕訳

（差 入 保 証 金）	100	（現　　金）	100

資産の増加⬆

退去時に敷金や保証金が返還されたときの仕訳

借りていた事務所や店舗物件の退去時に、差し入れていた敷金や保証金が返還されたときは、**差入保証金（資産）の減少**として処理します。

したがって、仮にCASE53で借りていた店舗の退去時に、敷金100円が返還された（普通預金口座に入金された）場合の仕訳は、次のようになります。

（普通預金）	100	（差入保証金）	100

資産の減少↓

参考　修繕費用が差し引かれた場合

退去時において、差し入れた敷金や保証金から修繕費用（借主が負担すべきもの）が差し引かれた場合には、差し引かれた修繕費用は**修繕費（費用）**として処理します。

例　店舗の賃借の終了にあたり、敷金100円から修繕費用10円が差し引かれた残額（90円）が普通預金口座に入金された。

費用の発生↑

（修繕費）	10	（差入保証金）	100
（普通預金）	90		

問題編　問題32

未払金と未収入金のまとめ《一連の流れ》

CASE36、37 建物などの購入時(売却時)

①商品以外のものを買ったときの未払額は、未払金（負債）で処理

②商品以外のものを売ったときの未収額は、未収入金（資産）で処理

①買った側の仕訳		②売った側の仕訳	
（建物など）100	（未払金）100	（未収入金）100	（建物など）100

CASE36、37 代金の支払時(回収時)

・未払金（負債）または未収入金（資産）を減らす

①買った側の仕訳		②売った側の仕訳	
（未払金）100	（現金など）100	（現金など）100	（未収入金）100

前払金と前受金のまとめ《一連の流れ》

CASE38、40 内金の支払時(受取時)

①内金を支払ったときは、前払金（資産）で処理

②内金を受け取ったときは、前受金（負債）で処理

①内金を支払った側の仕訳		②内金を受け取った側の仕訳	
（前払金）20	（現金など）20	（現金など）20	（前受金）20

CASE39、41 仕入時(売上時)

・前払金（資産）または前受金（負債）を減らす

①内金を支払った側の仕訳		②内金を受け取った側の仕訳	
（仕入）100	（前払金）20	（前受金）20	（売上）100
	（買掛金など）80	（売掛金など）80	

仮払金のまとめ《一連の流れ》

CASE42 仮払時

・仮払金（資産）で処理

（仮払金）100　（現金など）100

CASE43 内容・金額の確定時

・仮払金（資産）を該当する勘定科目に振り替える

（旅費交通費など）80	（仮払金）100
（現金など）20	

仮受金のまとめ《一連の流れ》

CASE44 仮受時

・仮受金（負債）で処理

（当座預金など）	100	（仮　受　金）	100

CASE45 内容判明時

・仮受金（負債）を該当する勘定科目に振り替える

（仮　受　金）	100	（売掛金など）	100

立替金のまとめ《仕入諸掛り》

CASE46

・当社負担の仕入諸掛りは仕入原価に含める
・先方負担の仕入諸掛りは立替金（資産）で処理
（または買掛金と相殺）

（従業員）立替金・預り金のまとめ《一連の流れ》

CASE47 立替時

・従業員立替金（資産）で処理

（従業員立替金）	40	（現金など）	40

CASE48、49 給料支払時

・従業員立替金（資産）を減らす
・源泉徴収税額があるときは、預り金（負債）で処理

（給　料）	500	（従業員立替金）	40
		（預　り　金）	50
		（現金など）	410

CASE50 源泉徴収税額の納付時

・預り金（負債）を減らす

（預　り　金）	50	（現金など）	50

受取商品券のまとめ《一連の流れ》

CASE51 商品の売上時

・受取商品券（資産）で処理

（受 取 商 品 券）	100	（売 上）	150
（現 金 な ど）	50		

CASE52 商品券の精算時

・受取商品券（資産）を減らす

（現 金 な ど）	100	（受 取 商 品 券）	100

差入保証金のまとめ

CASE53 敷金、保証金の差入時

・差入保証金（資産）で処理

（差 入 保 証 金）	100	（現 金 な ど）	100

CASE53 敷金、保証金の返還時

・差入保証金（資産）を減らす

（普 通 預 金 な ど）	100	（差 入 保 証 金）	100

この章で新たにでてきた勘定科目

資 産	負 債
未収入金 前払金 仮払金 立替金 従業員立替金 受取商品券 差入保証金 建物	未払金 前受金 仮受金 預り金 従業員預り金 所得税預り金 社会保険料預り金
	資本（純資産）
	—

費 用	収 益
旅費交通費 給料	—

その他
—

仕訳編

第9章

その他の費用

文房具や切手、収入印紙を購入したとき、
事務所の固定資産税を支払ったとき、
従業員の健康保険料や厚生年金保険料を
支払ったときは、どんな勘定科目で
処理すればいいんだろう？
また、決算日において、使っていない切手や
収入印紙があるんだけど、
これってなにか処理をするのかな…？

ここでは、その他の費用についてみていきましょう。

CASE 54

消耗品費

消耗品を買ったときの仕訳

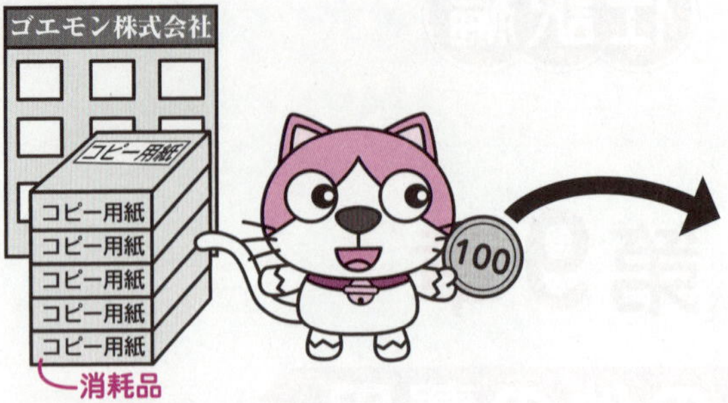

ゴエモン㈱ではティッシュペーパーやコピー用紙などの消耗品は、買ったときに消耗品費（費用）として処理しています。
今日は、プリンターやファックスで使うコピー用紙を買ってきました。

取引 ゴエモン㈱はコピー用紙（消耗品）100円を購入し、現金で支払った。

ここまでの知識で仕訳をうめると…

（　　　　　　）		（現　　　金）	100

現金で支払った↓

消耗品を買ってきたときの仕訳

ティッシュペーパーやコピー用紙など、すぐに使ってなくなってしまうものを**消耗品**といいます。

消耗品を買ってきたときは**消耗品費（費用）**として処理します。

CASE54の仕訳

（消　耗　品　費）	100	（現　　　金）	100

費用の発生↑

問題編
問題33

CASE 55 通信費

切手やはがきを買ってきたときの仕訳

今日、郵便局に行って、郵便切手を買ってきました。
郵便切手や郵便はがきは、どんな勘定科目で処理するのでしょうか？

取引 ゴエモン㈱は、郵便切手150円分を購入し、現金で支払った。

ここまでの知識で仕訳をうめると…

（　　　　）		（現　　　金）	150

現金が減った（現金で支払った↓）

切手やはがきを買ってきたときの仕訳

郵便切手や郵便はがきを買ってきたときは、**通信費（費用）**で処理します。

なお、収入印紙を買ってきたときは、租税公課（費用）で処理します。租税公課についてはCASE56で説明します。

CASE55の仕訳

（通　信　費）	150	（現　　　金）	150

費用の発生↑

CASE 56 租税公課

固定資産税などを支払ったときの仕訳

ゴエモン㈱は、建物にかかる固定資産税の納税通知書（40円）を受け取ったので、現金で支払いました。

取引 ゴエモン㈱は、会社の建物の固定資産税40円を現金で支払った。

用語 **固定資産税**…建物や土地などの固定資産にかかる税金

ここまでの知識で仕訳をうめると…

（　　　　）		（現　　　金）	40

現金で支払った⬇

固定資産税などを支払ったときの仕訳

建物や土地などの固定資産を所有していると**固定資産税**がかかりますし、自動車を所有していると**自動車税**がかかります。

固定資産税、自動車税などの税金で、会社にかかるものは費用として計上します。このように、費用として計上する税金を**租税公課**（そぜいこうか）といい、租税公課を支払ったときは**租税公課（費用）**として処理します。

印紙税（一定の文書にかかる税金で、収入印紙を文書に貼付して消印することによって納付します）も租税公課で処理します。

費用	収益
利益	

CASE56の仕訳

（租　税　公　課）	40	（現　　　金）	40

費用の発生⬆

CASE 57 貯蔵品

決算日に切手やはがき、収入印紙が残っているときの仕訳

今日は決算日。
当期に購入した郵便切手50円分と、収入印紙70円分が残っています。
この場合、決算日にどんな処理をすればよいのでしょうか？

取引 3月31日　決算日において郵便切手50円分と収入印紙70円分が残っている。いずれも当期に購入したもので、購入時に郵便切手は通信費、収入印紙は租税公課で処理している。

決算日に切手やはがき、収入印紙が残っているときの仕訳

郵便切手や郵便はがき、収入印紙が決算日において残っている場合には、残っている分だけ、**通信費（費用）**や**租税公課（費用）**から**貯蔵品（資産）**に振り替えます。

◆郵便切手の購入時の仕訳

（通　信　費）	××	（現　金　な　ど）	××

◆収入印紙の購入時の仕訳

（租　税　公　課）	××	（現　金　な　ど）	××

CASE57の仕訳

（貯　蔵　品）	120	（通　信　費）	50
		（租 税 公 課）	70

資産の増加⬆　　費用の取り消し⬇

再振替仕訳

決算日において、**貯蔵品（資産）**に振り替えた費用は、翌期首（次期の期首）に前期の決算日に行った仕訳の逆仕訳をして振り戻します（再振替仕訳）。

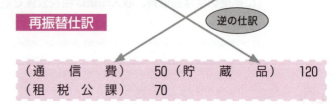

◆決算日の仕訳

（貯　蔵　品）	120	（通　信　費）	50
		（租 税 公 課）	70

再振替仕訳

逆の仕訳

（通　信　費）	50	（貯　蔵　品）	120
（租 税 公 課）	70		

問題編
問題34

CASE 58 法定福利費

従業員の社会保険料（会社負担分）を納付したときの仕訳

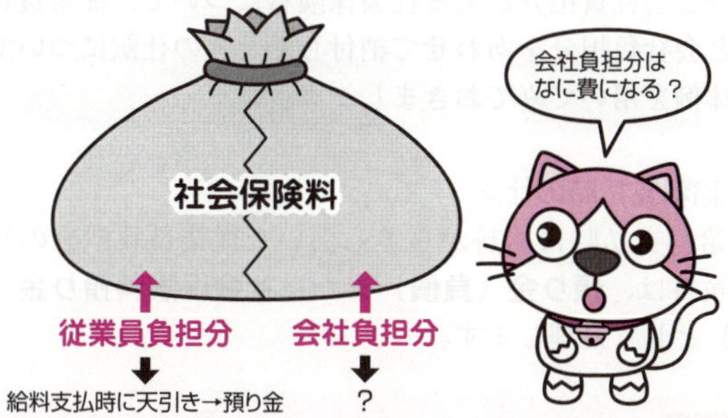

従業員の健康保険料や厚生年金保険料は、会社と従業員で折半します。
今日、健康保険料と厚生年金保険料の会社負担分を納付しました。
会社負担分の社会保険料はどのように処理するのでしょうか？

取引 ゴエモン㈱は、従業員の健康保険料と厚生年金保険料について、会社負担分である100円を現金で納付した。

ここまでの知識で仕訳をうめると…

（　　　）		（現　　金）	100

現金で納付した⬇

社会保険料（会社負担分）を納付したときの仕訳

健康保険料や厚生年金保険料などの社会保険料は、基本的には会社と従業員で折半して納付します。

このうち、会社負担分の社会保険料については、**法定福利費（費用）**で処理します。

> 従業員負担分については、一般的には会社が給料から天引きして、会社負担分とあわせて納付します。
> その場合の処理については次ページの参考で説明します。

CASE58の仕訳

（法定福利費）	100	（現　　金）	100

費用の発生⬆

参考 従業員負担分と会社負担分をあわせて納付したとき

従業員の健康保険料や厚生年金保険料など、従業員負担分と会社負担分がある社会保険料について、従業員負担分と会社負担分をあわせて納付したときの仕訳について、具体例を用いてみておきましょう。

(1) 給料支払時の仕訳

給料支払時に給料から差し引いた従業員負担分の社会保険料は、**預り金（負債）**または**社会保険料預り金（負債）**として処理します。

例1 給料1,000円について、従業員負担の健康保険料100円および厚生年金保険料150円を控除した残額を普通預金口座から振り込んだ。

（給　　　　料）	1,000	（社会保険料預り金）	250
		（普　通　預　金）	750

社会保険料預り金 250：100円＋150円
普通預金 750：1,000円－250円

(2) 社会保険料の納付時の仕訳

従業員負担分の社会保険料と会社負担分の社会保険料をあわせて納付したときは、従業員負担分については、**預り金（負債）**または**社会保険料預り金（負債）**の減少で処理し、会社負担分については、**法定福利費（費用）**で処理します。

例2 健康保険料と厚生年金保険料について、**例1**の従業員負担額に会社負担額（従業員負担額と同額）を加えて普通預金口座から支払った。

（社会保険料預り金）	250	（普　通　預　金）	500
（法　定　福　利　費）	250		

普通預金 500：借方合計

問題編 問題35

参考　ICカードに入金したときの仕訳

電車代やバス代などの交通費を支払ったときは、**旅費交通費（費用）**で処理します。なお、最近はICカードを利用して電車やバスを利用することも多くなっていますが、電車やバスを利用するため、あらかじめICカードに入金したとき（チャージしたとき）は、入金時に、入金額を**旅費交通費（費用）**として処理します。

入金時に仮払金で処理する場合もありますので、問題文の指示にしたがってください。

消耗品のまとめ

CASE54
消耗品の購入時

・消耗品費（費用）で処理

（消耗品費）	100	（現金など）	100

通信費、租税公課、貯蔵品のまとめ

CASE55
通信費の支払時

・郵便切手や郵便はがきの購入時は、通信費（費用）で処理

（通信費）	150	（現金など）	150

CASE56
租税公課の支払時

・固定資産税や自動車税、印紙税（収入印紙）などの税金の支払時は、租税公課（費用）で処理

（租税公課）	40	（現金など）	40

CASE57
決算時

・郵便切手や郵便はがきが残っているときは、通信費（費用）から貯蔵品（資産）に振り替える
・収入印紙が残っているときは、租税公課（費用）から貯蔵品（資産）に振り替える

（貯蔵品）	120	（通信費）	50
		（租税公課）	70

CASE57
翌期首

・再振替仕訳（前期の決算日に行った仕訳の逆仕訳）

（通信費）	50	（貯蔵品）	120
（租税公課）	70		

法定福利費のまとめ

CASE58
社会保険料（会社負担分）の納付時

・会社負担分の社会保険料は、法定福利費（費用）で処理

（法定福利費）	100	（現金など）	100

この章で新たにでてきた勘定科目

資　産	負　債
貯　蔵　品	—
	資本（純資産）
	—

費　用	収　益
租税公課 法定福利費	—

その他
—

仕訳編

第10章

貸倒れと貸倒引当金

先が読めない世の中だから、得意先が倒産してしまうことだってある。
そうなると売掛金や受取手形が回収できなくなるかもしれないから、
心の準備とともに簿記上でもこれに備えておこう。

ここでは、貸倒れと貸倒引当金についてみていきましょう。

当期に発生した売掛金が貸し倒れたとき

ゴエモン株式会社
ガ〜ン
この売掛金、どーするの〜？
売掛金 100円 シャム㈱
ないソデはふれません。
シャム株式会社
倒産

当期からお付き合いしている得意先のシャム㈱が倒産してしまい、当期に掛けで売り上げた代金100円が回収できなくなってしまいました。

取引 ×1年10月20日　得意先シャム㈱が倒産し、売掛金100円（当期に発生）が貸し倒れた。

用語 **当　期**…（会社の）今年度のこと
貸倒れ…得意先の倒産などによって、売掛金や受取手形が回収できなくなること

貸倒れとは

得意先の倒産などにより、得意先に対する売掛金や受取手形が回収できなくなることを**貸倒れ**（かしだおれ）といいます。

売掛金が貸し倒れたときは、もはやその売掛金を回収することはできないので、**売掛金を減少**させます。

回収できない売掛金を残しておいてもしかたないので、売掛金を減少させます。

（　　　　）		（売　掛　金）	100

また、借方科目は、貸し倒れた売掛金や受取手形が**当期に発生したもの**なのか、それとも**前期以前に発生していたもの**なのかによって異なります。

当期（今年度）に売り上げたか、前期（前年度）以前に売り上げたのかの違いですね。

当期に発生した売掛金が貸し倒れたときの仕訳

CASE59では、当期に発生した売掛金が貸し倒れています。

このように、**当期に発生した売掛金が貸し倒れたときは、貸倒損失**（かしだおれそんしつ）**（費用）として処理**します。

> 前期以前に発生した売掛金が当期に貸し倒れた場合は、CASE61で学習します。

CASE59の仕訳

（貸　倒　損　失）	100	（売　　掛　　金）	100

費用の発生↑

CASE 60 貸倒れと貸倒引当金

売掛金や受取手形の決算日における仕訳

今日は決算日。シャム㈱の倒産によって、売掛金や受取手形は必ずしも回収できるわけではないことを痛感しました。
そこで、万一に備えて決算日時点の売掛金400円について、2%の貸倒れを見積ることにしました。

取引 3月31日　決算日において、売掛金の期末残高400円について、2%の貸倒引当金を設定する（差額補充法）。

用語 **期　　末**…（会社の）今年度（当期）の最後の日。決算日のこと
貸倒引当金…将来発生すると予想される売掛金や受取手形の貸倒れに備えて設定する勘定科目
差額補充法…当期末に見積った貸倒引当金と貸倒引当金の期末残高の差額だけ、貸倒引当金として処理する方法

決算整理 決算編で再登場！

貸倒引当金とは

CASE59のシャム㈱のように、売掛金や受取手形は貸し倒れてしまうおそれがあります。

そこで、決算日に残っている売掛金や受取手形が、将来どのくらいの割合で貸し倒れる可能性があるかを見積って、あらかじめ準備しておく必要があります。

この貸倒れに備えた金額を**貸倒引当金**（かしだおれひきあてきん）といいます。

> 貸倒額を見積って、貸倒引当金として処理することを「貸倒引当金を設定する」といいます。

決算日における貸倒引当金の設定①

CASE60では、売掛金の期末残高400円に対して2%の貸倒引当金を設定しようとしています。したがって、

設定する貸倒引当金は8円（400円×2%）となります。

なお、貸倒引当金の設定額は次の計算式によって求めます。

貸倒引当金の設定額 ＝ 売掛金、受取手形の期末残高 × 貸倒設定率

試験では、何%見積るか（貸倒設定率）は問題文に与えられます。

CASE60の貸倒引当金の設定額

・400円×2%＝8円

ここで、**貸倒引当金は資産（売掛金や受取手形）のマイナスを意味する勘定科目**なので、貸方に記入します。

（　　　）		（貸倒引当金）	8

また、借方は**貸倒引当金繰入**（かしだおれひきあてきんくりいれ）という**費用**の勘定科目で処理します。

貸倒引当金繰入…費用っぽくない勘定科目ですが、費用です。

費用	収益
利益	

したがって、CASE60の仕訳は次のようになります。

CASE60の仕訳

（貸倒引当金繰入）	8	（貸倒引当金）	8

費用の発生↑

決算日における貸倒引当金の設定②

仮に、ゴエモン㈱が前期より貸倒引当金を設定しており、貸倒引当金が期末において5円残ったとしましょう。このように、貸倒引当金の期末残高がある場合は、**当期の設定額と期末残高との差額だけ追加で貸倒引当金を計上**します。

この方法を差額補充法といいます。

貸倒引当金残高がある場合の設定額

①貸倒引当金の設定額：400円×2％＝8円

②貸倒引当金の期末残高：5円

③追加で計上する貸倒引当金：8円－5円＝3円

貸倒引当金残高がある場合の仕訳

（貸倒引当金繰入）	3	（貸 倒 引 当 金）	3

費用の発生↑

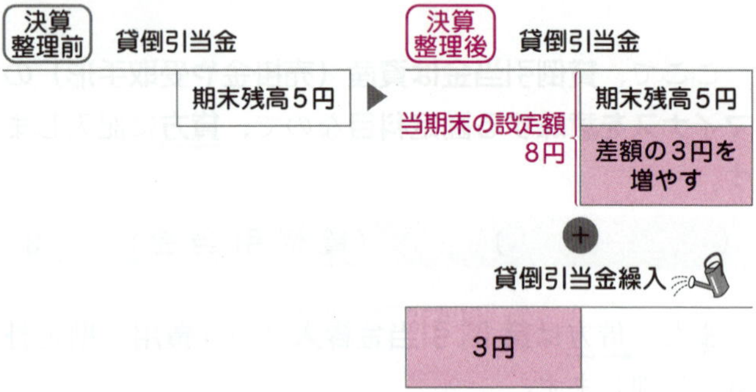

なお、**貸倒引当金の期末残高**（たとえば15円）**が当期設定額**（8円）**よりも多い場合**は、その**差額**（15円－8円＝7円）**だけ貸倒引当金を減らし**、**貸方**（かし）は**貸倒引当金戻入**（かしだおれひきあてきんもどしいれ）という**収益**の勘定科目で処理します。

CASE 61 貸倒れと貸倒引当金

前期以前に発生した売掛金が貸し倒れたときの仕訳

なんということでしょう！　得意先のシロミ㈱が倒産してしまいました。ゴエモン㈱は、泣く泣くシロミ㈱に対する売掛金50円（前期に売り上げた分）を貸倒れとして処理することにしました。

取引　×2年6月10日　得意先シロミ㈱が倒産し、売掛金（前期に発生）50円が貸し倒れた。なお、貸倒引当金の残高が8円ある。

ここまででの知識で仕訳をうめると…

（　　　　）		（売　掛　金）	50

売掛金が貸し倒れた

前期以前に発生した売掛金が貸し倒れたときの仕訳

CASE61のように前期に発生した売掛金には、前期の決算日（×2年3月31日）において、貸倒引当金が設定されています。

したがって、**前期（以前）に発生した売掛金が貸し倒れたときは、まず貸倒引当金の残高**（8円）**を取り崩し**ます。

（貸倒引当金）	8	（売　掛　金）	50

貸倒引当金は、決算日に設定されるので、当期に発生した売掛金には貸倒引当金が設定されていません。ですから、当期に発生した売掛金が貸し倒れたとき（CASE59）は全額、貸倒損失（費用）で処理するのです。

貸倒引当金は貸方の科目なので、取り崩すときは借方に記入します。

そして、**貸倒引当金を超える金額**（42円）（50円－8円）は**貸倒損失（費用）**として処理します。

CASE61の仕訳

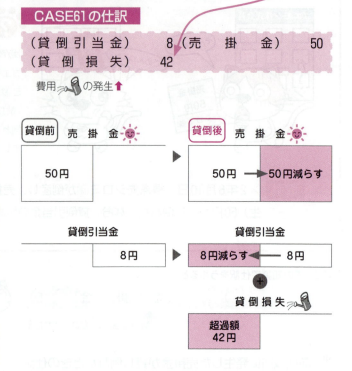

（貸倒引当金）	8	（売掛金）	50
（貸倒損失）	42		

費用の発生↑

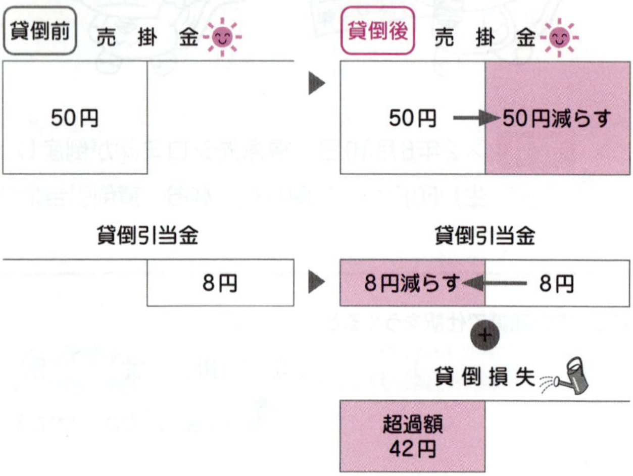

なお、貸倒れの処理をまとめると、次のようになります。

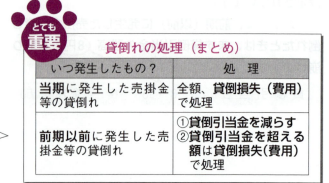

とても重要

貸倒れの処理（まとめ）

いつ発生したもの？	処理
当期に発生した売掛金等の貸倒れ	全額、**貸倒損失（費用）**で処理
前期以前に発生した売掛金等の貸倒れ	①**貸倒引当金を減らす** ②**貸倒引当金を超える額は貸倒損失（費用）**で処理

受取手形が貸し倒れたときも処理は同じです。

CASE 62

貸倒れと貸倒引当金

前期に貸倒処理した売掛金を当期に回収したときの仕訳

シロミ㈱が倒産した年の翌年4月20日。ゴエモン㈱は、前期に貸倒処理したシロミ㈱に対する売掛金50円を、運良く回収することができました。

取引 ×3年4月20日　前期（×2年度）に貸倒処理したシロミ㈱に対する売掛金50円を現金で回収した。

ここまでの知識で仕訳をうめると…

（現　　　　金）	50	（　　　　　）	

現金で回収した↑

前期に貸倒処理した売掛金を回収したときの仕訳

前期（以前）に貸倒処理した売掛金が当期に回収できたときは、貸倒引当金や売掛金などの勘定科目は用いず、**償却債権取立益**（しょうきゃくさいけんとりたてえき）**という収益の勘定科目で処理**します。

とても重要

償却（貸倒処理）した債権（売掛金や受取手形）を取り立てることができたということで、償却債権取立益ですね。

CASE62の仕訳

（現　　　　金）	50	（償却債権取立益）	50

収益の発生↑

問題編
問題36、37

貸倒れと貸倒引当金のまとめ《一連の流れ》

CASE59
売掛金等（当期発生）の貸倒時

・売掛金などを減らし、全額、貸倒損失（費用）で処理

（貸　倒　損　失）　100　（売 掛 金 な ど）　100

CASE60
決算日①
貸倒引当金の期末残高がないとき
決算日②
貸倒引当金の期末残高があるとき

・売掛金と受取手形の期末残高に対して貸倒引当金を設定
売掛金（受取手形）の期末残高×貸倒設定率

（貸倒引当金繰入）　8　（貸 倒 引 当 金）　8

・売掛金と受取手形の期末残高に対して貸倒引当金を設定
①貸倒引当金の設定額：
売掛金（受取手形）の期末残高×貸倒設定率
②貸倒引当金の期末残高
③当期計上額：①－②

（貸倒引当金繰入）　3　（貸 倒 引 当 金）　3

CASE61
売掛金等（前期以前に発生）の貸倒時

・設定してある貸倒引当金を取り崩す
・貸倒引当金を超える貸倒額は貸倒損失（費用）で処理

（貸 倒 引 当 金）　8　（売 掛 金 な ど）　50
（貸　倒　損　失）　42

CASE62
前期以前に貸倒処理した売掛金等の回収時

・回収額は償却債権取立益（収益）で処理

（現　金　な　ど）　50　（償却債権取立益）　50

この章で新たにでてきた勘定科目

資産	負債
—	—
	資本（純資産）
	—

費用	収益
貸倒損失 貸倒引当金繰入	貸倒引当金戻入 償却債権取立益

その他
貸倒引当金*

＊資産のマイナスを表す勘定科目

仕訳編

第11章

有形固定資産と減価償却

店舗や事務所、パソコン、トラックなどは長期的に使うものだけど、
価値はだんだん減っていく…。
この価値の減少は簿記ではどのように処理するのだろう?

ここでは、有形固定資産の処理についてみていきましょう。

固定資産を購入したときの仕訳

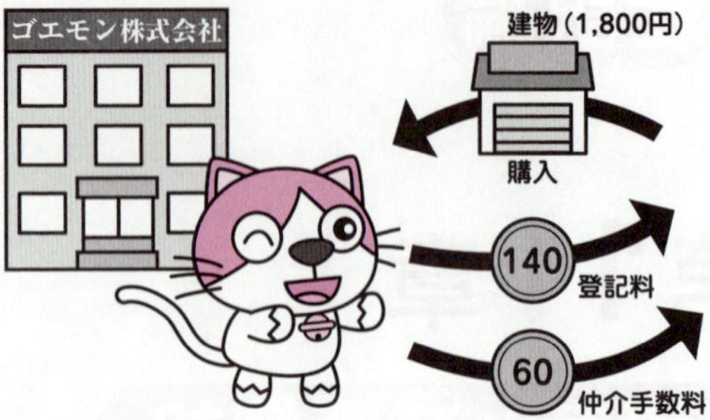

ゴエモン㈱は、今年（当期）から2号店を出店するため、店舗（建物）を購入しました。
店舗の価額は1,800円ですが、これ以外に登記料140円と不動産屋さんに対する仲介手数料60円がかかりました。

取引 ×2年4月1日　ゴエモン㈱は、建物1,800円を購入し、代金は月末に支払うこととした。なお、購入にあたっての登記料140円と仲介手数料60円は現金で支払った。

用語 登　記　料…登記（取得した建物や土地が自分のものだと公示するため、登記簿に記載すること）にかかる費用
仲介手数料…建物や土地を不動産屋を通じて売買したときに発生する、不動産屋に支払う手数料

ここまでの知識で仕訳をうめると…

商品以外のものを買ったときの未払額

（　　　　　）		（未　払　金）	1,800
		（現　　　金）	200

現金で支払った

固定資産のうち、具体的な形がないものは無形固定資産（むけいこていしさん）といいます。無形固定資産については2級で学習します。

建物や土地、車などを固定資産という

建物や土地などは、購入後、長期にわたって使用します。このように、会社が長期的に（1年を超えて）使用するために所有する資産を**固定資産**（こていしさん）といいます。

なお、固定資産のうち、建物や備品など、具体的な形のあるものを**有形固定資産**（ゆうけいこていしさん）といいます。

有形固定資産の勘定科目には、**建物**、**土地**、**備品**、**車両運搬具**などがあります。

取得したもの		勘定科目
事務所、店舗、倉庫など	→	建物
事務所や店舗などの敷地	→	土地
机やイス、商品棚、パソコンなど	→	備品
トラックや営業車など	→	車両運搬具

固定資産を購入したときの仕訳

固定資産を購入したときは、その固定資産を購入して使うまでにかかった金額（**取得原価**）で記入します。

CASE63では、建物本体の価額（1,800円）以外に登記料（140円）と仲介手数料（60円）がかかっているため、登記料と仲介手数料（**付随費用**）も建物の取得原価に含めて処理します。

とても重要

固定資産の取得原価 ＝ 固定資産本体の価額（購入代価） ＋ 仲介手数料など（付随費用）

CASE63の建物の取得原価

・1,800円＋140円＋60円＝2,000円

CASE63の仕訳

（建物）	2,000	（未払金）	1,800
資産の増加↑		（現金）	200

なお、各固定資産の付随費用には次のようなものがあります。

試験では、問題文に「○○（固定資産）の購入にあたって、××を支払った」とあったら、××は付随費用と考えてください。

勘定科目	付随費用
建　　　物	登記料、仲介手数料など
土　　　地	登記料、整地費用など
備　　　品	引取運賃など
車両運搬具	購入手数料など

参考　改良や修繕をしたとき

建物に非常階段を設置したり、建物の構造を防火・防音にするなど、有形固定資産の価値を高めるための工事（**改良**）にかかった支出を**資本的支出**（しほんてきししゅつ）といい、資本的支出は、**建物（資産）**など、該当する有形固定資産の勘定科目で処理します。

また、雨漏りを直したり、汚れを落とすなど、現在の状態を維持するための工事（**修繕**）にかかった支出を**収益的支出**（しゅうえきてきししゅつ）といい、収益的支出は、**修繕費（費用）**で処理します。

カベの防火加工に100円、
雨漏り修理に200円
かかった。

例 建物の改良と修繕を行い、300円を小切手を振り出して支払った。なお、このうち資本的支出は100円で、収益的支出は200円である。

（建　　　物）	100	（当　座　預　金）	300
（修　繕　費）	200		

問題編
問題38、39

CASE 64 有形固定資産と減価償却

固定資産の決算日における処理①

今日は決算日。
固定資産を持っていると、決算日に減価償却という手続きを行わないといけないようです。
そこでゴエモン㈱は、当期首に買った建物について減価償却を行うことにしました。

取引 ×3年3月31日　ゴエモン㈱は当期首（×2年4月1日）に購入した建物（取得原価2,000円）について減価償却を行う。なお、減価償却方法は定額法（耐用年数30年、残存価額は取得原価の10%）による。

用語
期　　首…（会社の）今年度（当期）の初めの日
減価償却…固定資産を使うことによって生じた価値の減少分を、費用として計上すること
定 額 法…固定資産の価値の減少が、毎年同額だけ生じるとして計算する減価償却の方法

決算整理
決算編で再登場!

価値が減った分だけ費用として計上！

固定資産は、長期的に会社で使われることによって、売上げを生み出すのに貢献しています。

また、固定資産を使うとその価値は年々減っていきます。

そこで、固定資産の価値の減少分を見積って、毎年、費用として計上していきます。この手続きを**減価償却**（げんかしょうきゃく）といい、減価償却によって費用として計上される金額を**減価償却費**（げんかしょうきゃくひ）といいます。

店舗があるから商品を売り上げることができますし、トラックがあるから商品を配送することができますよね。

取得原価…固定資産の購入にかかった金額。

耐用年数…固定資産の寿命。

残存価額…最後まで使ったときに残っている価値。

減価償却費の計算に必要な要素

減価償却費は、固定資産の**取得原価**、**耐用年数**、**残存価額**を使って計算します。

ここで**耐用年数**とは、その固定資産が、取得したときから何年使えるかという**固定資産の利用年数**のことをいいます。また、**残存価額**とは、その固定資産を耐用年数まで使ったときに**残っている価値**をいいます。

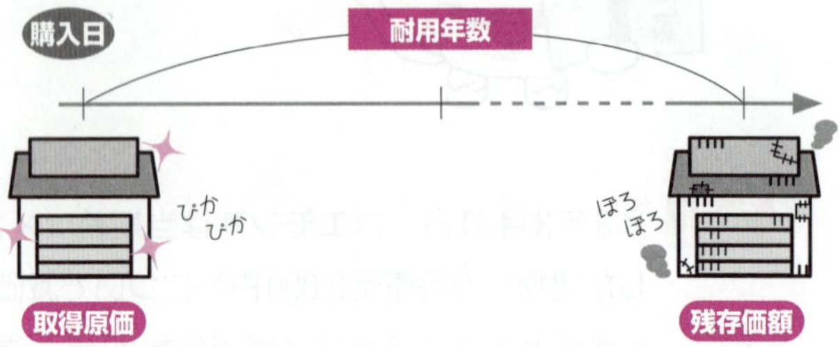

減価償却費の計算

減価償却費の計算方法にはいろいろありますが、3級で学習するのは**定額法**という方法です。

とても重要

定額法は、固定資産の価値の減少分は毎年同額であると仮定して計算する方法で、**取得原価から残存価額を差し引いた金額を、耐用年数で割って計算**します。

$$減価償却費（定額法）= \frac{取得原価－残存価額}{耐用年数}$$

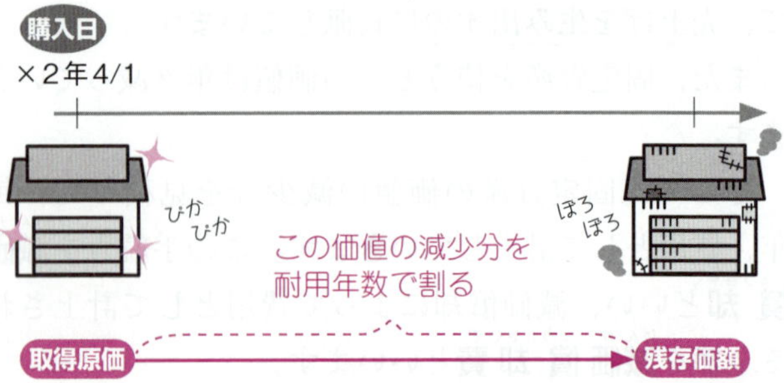

CASE64では、取得原価が2,000円、残存価額が取得原価の10%ですから、残存価額は200円（2,000円×10%）となります。

また、耐用年数が30年なので、1,800円（2,000円（取得原価）－200円（残存価額））を30年で割って減価償却費60円を求めます。

残存価額が0円なら、取得原価（2,000円）を耐用年数（30年）で割るだけですね。

CASE64の建物の減価償却費

200円

$$\frac{2{,}000円 - \boxed{2{,}000円 \times 10\%}}{30年} = 60円$$

（減価償却費）	60	（　　　　　）	

費用の発生↑

減価償却費は費用なので、借方に記入します。

費　用	収　益
利　益	

減価償却費の記帳方法

減価償却費の記帳方法（帳簿への記入方法）には、**直接法**と**間接法**がありますが、3級で学習するのは間接法です。

どちらの方法によるかで、貸方の勘定科目が変わります。

間接法は、固定資産の金額を直接減らさず、**減価償却累計額**という**資産のマイナスを表す勘定科目**で処理する方法です。したがって、仕訳の貸方には**減価償却累計額**を記入します。

アタマに固定資産名をつけて「建物減価償却累計額」や「備品減価償却累計額」とすることが多いです。

CASE64の仕訳

（減価償却費）	60	（減価償却累計額）	60

↑資産のマイナスを表す勘定科目

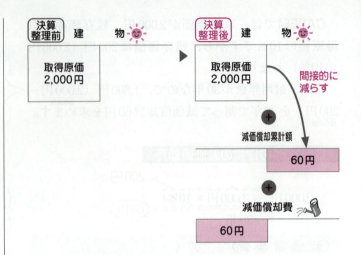

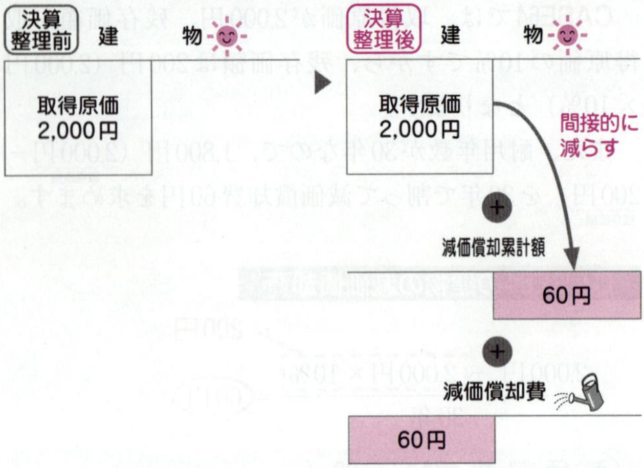
決算整理前
建物
取得原価
2,000円
決算整理後
建物
取得原価
2,000円
間接的に減らす
減価償却累計額
60円
減価償却費
60円

CASE 65 有形固定資産と減価償却

固定資産の決算日における処理②

今日は決算日（3月31日）。そこで、ゴエモン㈱は12月1日に買った建物について減価償却を行うことにしました。
ところで、使いはじめて4か月しかたっていない固定資産の減価償却費はどのように計算するのでしょう？

取引 ×3年3月31日　決算につき、×2年12月1日に購入した建物（取得原価2,000円）について減価償却を行う。なお、減価償却方法は定額法（耐用年数30年、残存価額は取得原価の10%）、記帳方法は間接法による。

決算整理 決算編で再登場！

ここまでの知識で仕訳をうめると…

（減 価 償 却 費）	（減価償却累計額）

期中に取得した固定資産の減価償却

先ほどのCASE64は期首に固定資産を取得していたので、1年分の減価償却費を計上しましたが、CASE65のように**期中**（期首と期末の間の期間。ここでは12月1日）**に取得した固定資産の減価償却費は、使った期間の分だけ月割りで計算**して計上します。

とても重要

CASE65では、当期の建物の使用期間は12月1日から3月31日までの4か月間なので、4か月分の減価償却費を計上します。

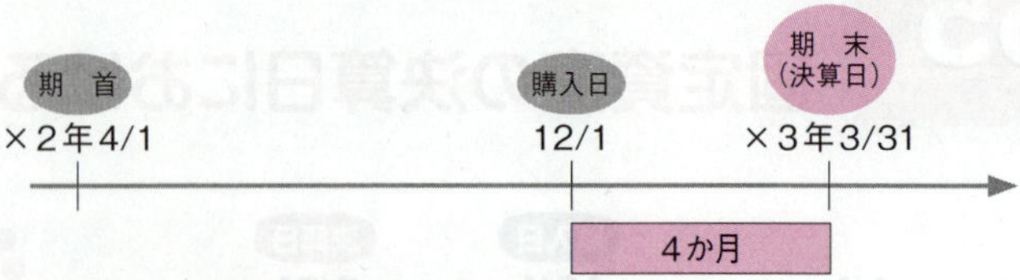

CASE65の建物の減価償却費

①1年分の減価償却費：$\dfrac{2{,}000\text{円}-2{,}000\text{円}\times 10\%}{30\text{年}}$（2,000円×10% → 200円）

= 60円

②当期分の減価償却費：$60\text{円}\times\dfrac{4\text{か月}}{12\text{か月}}=20\text{円}$

CASE65の仕訳

（減価償却費）	20	（減価償却累計額）	20

問題編
問題40

固定資産を売却したときの仕訳

ゴエモン㈱は、4年前に400円で購入した商品棚（備品）を250円で売ることにしました。
この商品棚の4年間の減価償却費合計額（減価償却累計額）は180円です。
この場合、どのような処理をしたらよいでしょう？

取引 ×5年4月1日　ゴエモン㈱は、備品（取得原価400円、減価償却累計額180円、間接法で記帳）を250円で売却し、代金は月末に受け取ることとした。なお、ゴエモン㈱の会計期間は4月1日から3月31日までの1年である。

ここまでの知識で仕訳をうめると…

（未 収 入 金）	250	（備　　品）	

代金は月末に受け取る　備品を売却した

固定資産を売却したときの仕訳

固定資産を売却したときは、その固定資産がなくなるので、**固定資産の取得原価**（400円）**と減価償却累計額**（180円）**をそれぞれ減らします。**

（未 収 入 金）	250	（備　　品）	400
（減価償却累計額）	180		

取得原価

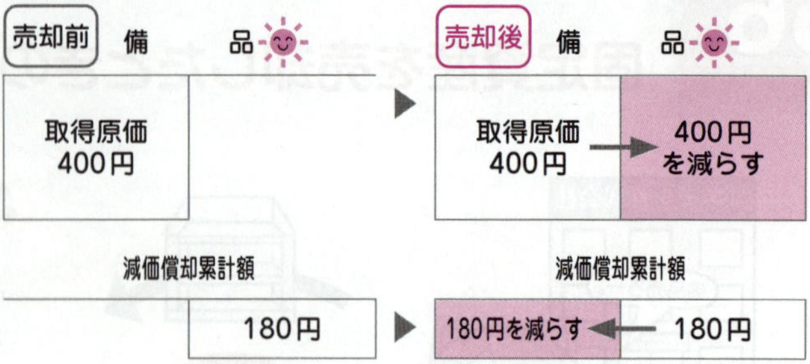

そして、売却価額と帳簿価額（取得原価－減価償却累計額）との差額は、**固定資産売却益（収益）**または**固定資産売却損（費用）**で処理します。

CASE66では、帳簿価額（400円－180円＝220円）よりも高い金額（250円）で売っているので、**もうけている状態**です。したがって、売却価額と帳簿価額との差額30円（250円－220円）は**固定資産売却益（収益）**で処理（仕訳の貸方に記入）します。

CASE66の仕訳

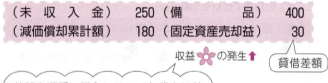

（未　収　入　金）	250	（備　　　　　品）	400
（減価償却累計額）	180	（固定資産売却益）	30

収益の発生↑

貸借差額

仕訳を順番に記入していくと貸方に差額が生じます。貸方に生じるので、収益の勘定科目（固定資産売却益）を記入すると判断します。

なお、仮にCASE66の売却価額が200円であったとした場合は、帳簿価額（400円－180円＝220円）よりも低い金額（200円）で売っているので、**損をしている状態**です。したがって、売却価額と帳簿価額との差額20円（220円－200円）は、**固定資産売却損（費**

用）で処理（仕訳の借方に記入）します。

（未　収　入　金）	200	（備　　　　　品）	400
（減価償却累計額）	180		
（固定資産売却損）	20		

費用の発生↑　　貸借差額

固定資産を売却したときの仕訳（期中・期末売却）

ゴエモン㈱は、当期の1月31日（期中）において、3年10か月前に900円で購入したトラック（車両運搬具）を200円で売ることにしました。

このように、期中で固定資産を売却したときは、どんな処理をするのでしょうか？

取引 ×6年1月31日　ゴエモン㈱は、×2年4月1日に購入したトラック（取得原価900円、期首の減価償却累計額540円、減価償却方法は定額法、残存価額は0円、耐用年数は5年、間接法で記帳）を200円で売却し、代金は月末に受け取ることとした。なお、ゴエモン㈱の会計期間は4月1日から3月31日までの1年である。

ここまでの知識で仕訳をうめると…

間接法　　トラックは車両運搬具で処理

（減価償却累計額）	540	（車両運搬具）	900
（未収入金）	200		

期中・期末に固定資産を売却したときの仕訳（間接法）

期中に固定資産を買ったときの減価償却費の計算も、月割計算をしましたよね。

固定資産を期中（ここでは1月31日）や期末（ここでは3月31日）に売却したときは、**当期に使った期間の分の減価償却費を月割りで計算**して計上します。

CASE67では、当期のトラック（車両運搬具）の使用期間は4月1日から1月31日までの10か月間なので、10か月分の減価償却費を計上します。

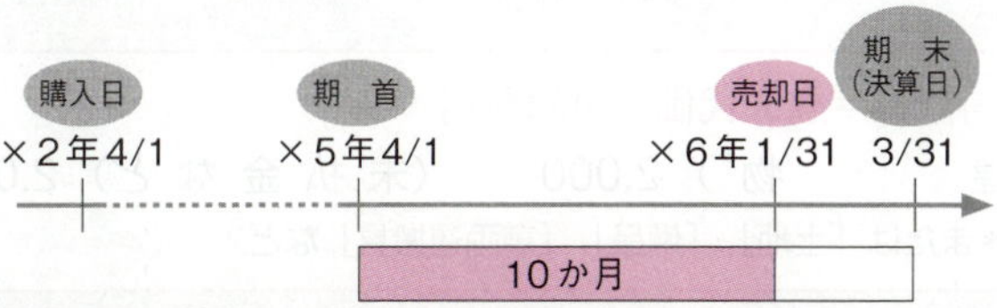

CASE67の当期分の減価償却費

①1年分の減価償却費：900円÷5年＝180円

②当期分の減価償却費：180円×$\frac{10か月}{12か月}$＝150円

（減価償却累計額）	540	（車　両　運　搬　具）	900
（未　収　入　金）	200		
（減　価　償　却　費）	150		

そして、貸借差額は**固定資産売却益（収益）**または**固定資産売却損（費用）**で処理します。

CASE67の仕訳

（減価償却累計額）	540	（車　両　運　搬　具）	900
（未　収　入　金）	200		
（減　価　償　却　費）	150		
（固定資産売却損）	10 ← 貸借差額		

借方に差額が生じるので、費用の勘定科目（固定資産売却損）を記入します。

問題編
問題41、42

有形固定資産と減価償却のまとめ《一連の流れ》

CASE63 固定資産の購入時

・取得原価＝購入代価＋付随費用

（建　　　物*）	2,000	（未 払 金 な ど）	2,000

＊または「土地」、「備品」、「車両運搬具」など

CASE64, 65 決算日

・減価償却費＝$\frac{\text{取得原価}-\text{残存価額}}{\text{耐用年数}}$

＊期中に購入した固定資産の減価償却費は月割計算

（減 価 償 却 費）	60	（減価償却累計額）	60

CASE66 固定資産の売却時（期首売却）

・売却価額と帳簿価額の差額は固定資産売却損（費用）または固定資産売却益（収益）で処理

（未 収 入 金 な ど）	250	（備　　　　品）	400
（減価償却累計額）	180	（固定資産売却益）	30

CASE67 固定資産の売却時（期中・期末売却）

・当期分の減価償却費を計上

（減価償却累計額）	540	（車 両 運 搬 具）	900
（未 収 入 金 な ど）	200		
（減 価 償 却 費）	150		
（固定資産売却損）	10		

この章で新たにでてきた勘定科目

資　産	負　債
土　地 備　品 車両運搬具	―
	資本（純資産）
	―

費　用	収　益
修　繕　費 減価償却費 固定資産売却損	固定資産売却益

その他
減価償却累計額*

＊資産のマイナスを表す勘定科目

仕訳編

第12章

株式の発行、剰余金の配当と処分

株式会社を設立しよう!
…と思い立ったら、
まずは、株式を発行するところからスタートだ。

ここでは、株式の発行、
剰余金の配当と処分についてみていきましょう。

株式会社とは

《これはゴエモン君が会社を設立したときのお話です》
去年まで個人商店（ゴエモン商店）を営んでいたゴエモン君。お店も大きくなってきたので、今年から株式会社にしたいと考えています。
そこで、株式会社について調べてみることにしました。

ここ（CASE68）は試験に出題されることはありませんので、さらっと読んでおいてください。

通常、店主個人の貯金をお店の元手（資本金）として開業します。

１株５万円の株式を2,000人に買ってもらえば１億円という大金を集めることができますよね。

株式会社とは？

お店と会社の違いに、規模の大きさがあります。

事業規模が小さいお店では、元手はそれほど必要ではありません。

ところが、事業規模が大きくなると、多くの元手が必要となります。そこで、必要な資金を集めるため、**株式という証券**を発行して多数の人から少しずつ出資してもらうのです。

このように、**株式**を発行することによって多額の資金を集めて営む企業形態を、**株式会社**といいます。

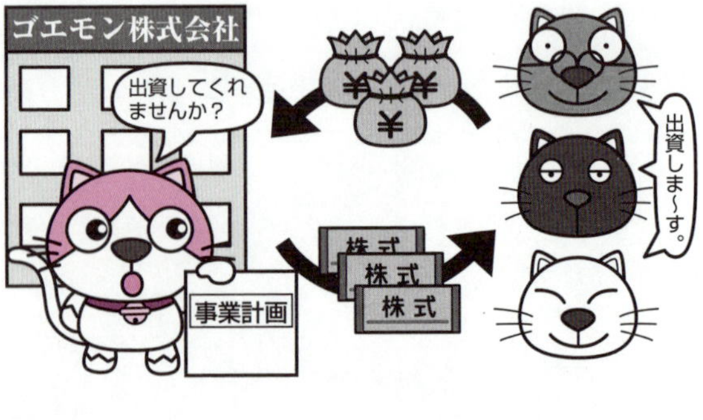

株主と取締役

株式会社では、出資してくれた人を**株主**（かぶぬし）といいます。株主からの出資があって会社が成り立っているので、株主は会社の所有者（オーナー）ともいわれます。したがって、株主は会社の方向性についても口を出せますし、究極的には会社を解散させることもできます。

しかし、株主は何万人といるわけですから、株主が直接、日々の会社の経営を行うことはできません。

そこで、株主は出資した資金を経営のプロである**取締役**に任せ、日々の会社の経営は取締役が行います。

これを所有（株主）と経営（取締役）の分離といいます。

また、株主からの出資があって、会社が活動し、利益を得ることができるので、会社が得た利益は株主に分配（**配当**といいます）されます。

利益が多ければ多いほど、株主への分配も多いわけですから、出資者も、もうける力のある会社、魅力的な会社に出資するわけですね。

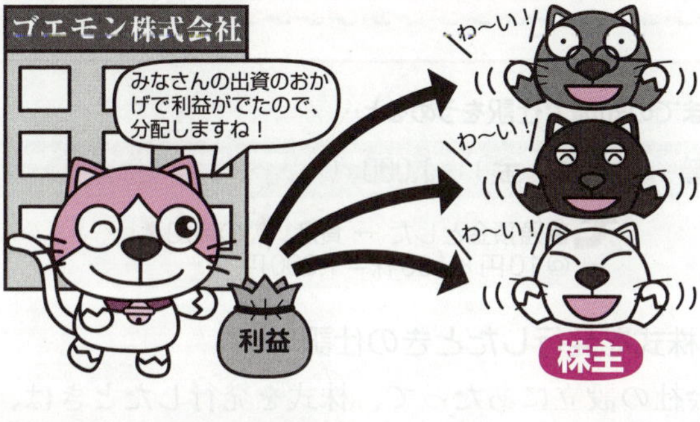

株主総会と取締役会

会社には何人かの取締役がいます。そして、取締役は**取締役会**（とりしまりやくかい）という会議を行い、会社の経営方針を決めていきます。

なお、会社の基本的な経営方針や利益の使い道（株主への配当など）は、株主が集まる**株主総会**で決定されます。

お店では出資者＝店主（経営者）なので、お店のもうけを店主が使うことができましたが、株式会社では出資者（株主）≠経営者（取締役）なので、経営者が会社のもうけを勝手に使うことはできません。

CASE 69

株式の発行

会社を設立して株式を発行したときの仕訳

株式会社を設立することを決めたゴエモン君。会社の設立にあたって、まずは株式を発行する必要があります。
そこで、1株@10円の株式を100株発行することにしました。

取引 ゴエモン㈱は、会社の設立にあたって株式100株を1株あたり10円で発行し、全株式の払い込みを受け、払込金額は普通預金とした。

ここまでの知識で仕訳をうめると…

（普通預金）	1,000	（　　　　）	

普通預金とした → 資産の増加↑
@10円×100株＝1,000円

資本金（資本）の増加なので、貸方に記入します。

資産	負債
	資本

株式を発行したときの仕訳

会社の設立にあたって、株式を発行したときは、**原則として払込金額の全額を資本金（資本）として処理**します。

CASE 69の仕訳

（普通預金）	1,000	（資本金）	1,000

資本の増加↑

増資をしたときの仕訳

ゴエモン株式会社
資本金を増やしたいので、追加で株式を発行します！
株式
株式
株式
出資するよ〜！

会社設立後、しばらくして、さらに事業を拡大するため、資金が必要となりました。
そこで資本金を増やすべく、株式を発行することにしました。

取引 増資のため、株式20株を１株あたり10円で発行し、全株式の払い込みを受け、払込金額は当座預金とした。

用語 **増　資**…資本金を増やすこと

増資をしたときの仕訳

会社の設立後に新株を発行して資本金を増やすことを**増資**（ぞうし）といいます。

増資で株式を発行したときも、設立のときと同様に、**原則として払込金額の全額を資本金（資本）として処理**します。

CASE 70の仕訳

（当座預金）	200	（資本金）	200

資本の増加⬆　@10円×20株

問題編
問題43

CASE 71 当期純利益を計上したときの仕訳

株式会社を設立して1年、おかげさまで当期は利益260円を計上することができました。
この利益って、最終的にどこにいくのでしょうか？

取引 ×2年3月31日　ゴエモン㈱は第1期の決算において当期純利益260円を計上した。

当期純利益を計上したときの処理

第18章で学習しますが、収益から費用を差し引いて、当期のもうけ（当期純利益）や損失（当期純損失）を計算します。

この、当期のもうけ（当期純利益）や損失（当期純損失）は損益勘定で計算されます。

CASE71では、当期純利益を計上していますが、利益（もうけ）が出たということは、会社が使える資本（元手）が増えたということなので、資本（純資産）の増加として処理します。

具体的には、**損益勘定から繰越利益剰余金という資本（純資産）の勘定の貸方に振り替えます。**

繰越利益剰余金は、利益（剰余金ともいいます）を集計しておくための勘定です。

当期純利益（または当期純損失）の振り替えについては、CASE118でくわしく学習します。

（損　　　　益）　260（繰越利益剰余金）　260

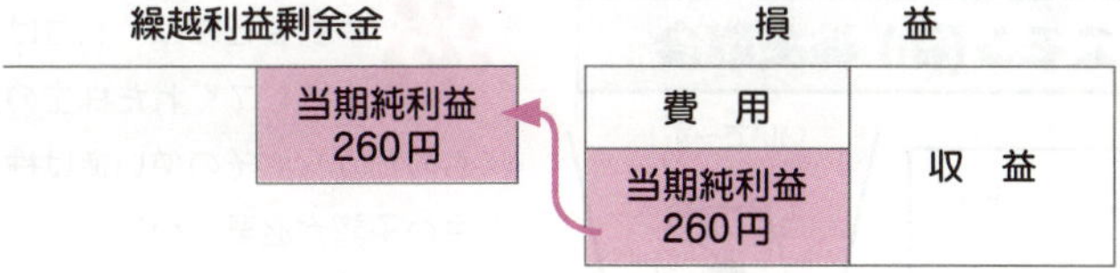

当期純利益→元手（資本）を増やす→繰越利益剰余金（資本）の貸方に振り替える。

当期純損失を計上したときの処理

一方、当期純損失を計上したときは、資本（元手）の減少として、**損益勘定から繰越利益剰余金勘定の借方**に振り替えます。

したがって、仮にゴエモン㈱が当期純損失200円を計上したとするならば、次のような仕訳になります。

（繰越利益剰余金）　200（損　　　　益）　200

当期純損失→元手（資本）を減らす→繰越利益剰余金（資本）の借方に振り替える。

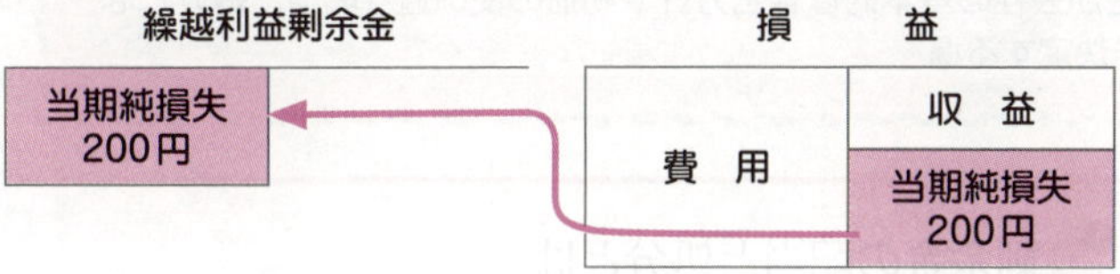

問題編
問題44

CASE 72 剰余金の配当、処分

剰余金を配当、処分したときの仕訳

第1期　ゴエモン(株) 株主総会
これでいいですか？
株主配当金　500円
⋮
いいで〜す！
株主

株式会社では、利益は出資してくれた株主のものだから、その使い道は株主の承認が必要とのこと。
そこで、ゴエモン㈱も株主総会を開いて、利益の使い道について株主から承認を得ました。

取引　×2年6月20日　ゴエモン㈱の第1期株主総会において、繰越利益剰余金1,000円を次のように配当、処分することが承認された。

株主配当金 500円　利益準備金50円

用語 **株主総会**…株主が会社の基本的な経営方針や利益の使い道（配当、処分）などを決定する場

剰余金の配当と処分とは

株式会社では、会社の利益（剰余金）は出資者である株主のものです。ですから、会社の利益は株主に配当として分配する必要があります。

しかし、すべての利益を配当として分配してしまうと、会社に利益が残らず、会社が成長することができません。そこで、利益のうち一部を社内に残しておくことができます。また、会社法の規定により、積み立てが強制されるものもあります。

このように利益の使い道を決めることを**剰余金の配当と処分**といいます。

剰余金の配当や処分は経営者が勝手に決めることはできず、株主総会の承認が必要です。

剰余金の配当と処分の項目には何がある？

剰余金の配当とは、株主に対する配当をいい、**剰余金の処分**とは、配当以外の利益の使い道をいいます。

なお、剰余金の処分項目には、会社法で積み立てが強制されている**利益準備金（資本）**などがあります。

剰余金の配当と処分の仕訳

株主総会で剰余金の配当や処分が決まったときには、繰越利益剰余金からそれぞれの勘定科目に振り替えます。ただし、株主配当金は株主総会の場では金額が決定するだけで、支払いは後日となるので、**未払配当金（負債）**で処理します。

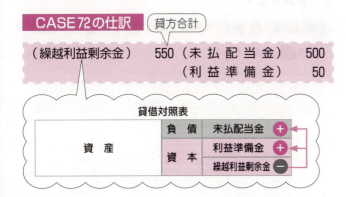

CASE72の仕訳　（貸方合計）

（繰越利益剰余金）	550	（未払配当金）	500
		（利益準備金）	50

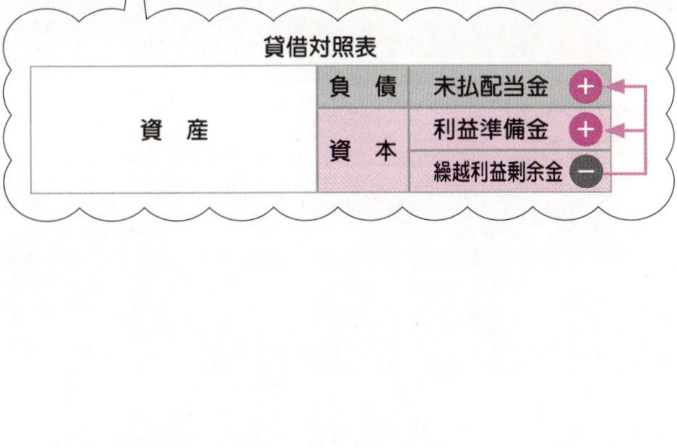

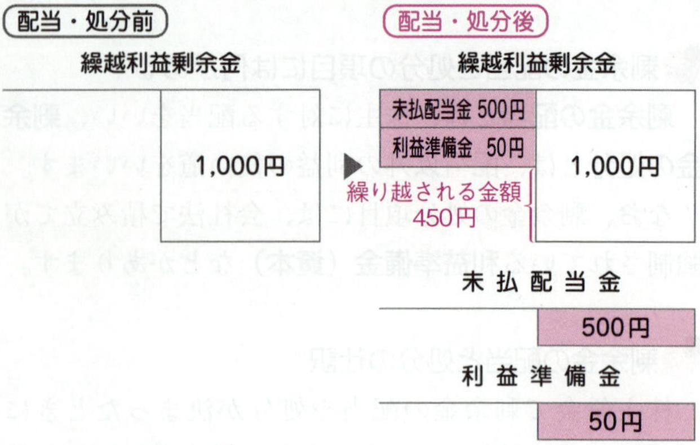

配当金を支払ったときの仕訳

株主総会後、株主に配当金を支払ったときは、未払配当金（負債）が減るとともに、現金や当座預金（資産）が減ります。

（未払配当金）	500	（現金など）	500

負債の減少⬇

問題編
問題45

株式の発行のまとめ

CASE69 設立時

・払込金額を資本金として処理

(普通預金)	1,000	(資本金)	1,000

CASE70 増資時

・払込金額を資本金として処理

(当座預金)	200	(資本金)	200

剰余金の配当と処分のまとめ《一連の流れ》

CASE71 決算時

・損益勘定から繰越利益剰余金勘定に振り替える

(損益)	260	(繰越利益剰余金)	260

CASE72 剰余金の配当、処分時

・繰越利益剰余金勘定から各勘定に振り替える

(繰越利益剰余金)	550	(未払配当金)	500
		(利益準備金)	50

この章で新たにでてきた勘定科目

資産	負債	費用	収益	その他
―	未払配当金	―	―	損益
	資本(純資産)			
	資本金 利益準備金 繰越利益剰余金			

仕訳編

第13章

法人税等と消費税

個人が所得税や住民税を納めるように、
会社だって法人税や住民税、
それに事業税も納めなければならないし、
モノを買ったり売ったりしたら消費税も発生する…。

ここでは、法人税等と消費税の処理についてみていきましょう。

CASE 73 法人税等

法人税等を中間申告、納付したときの仕訳

ゴエモン株式会社
半年分の法人税です。
は〜い。ど〜も〜。
税務署
小切手
100円

株式会社（法人）は、そのもうけに応じて法人税を納付しなければなりません。また、ゴエモン㈱のように会計期間が1年の会社では、期中において中間納付が必要とのこと。そこで、今日、法人税を中間納付しました。

取引 ゴエモン㈱（決算年1回、3月31日）は、法人税の中間納付を行い、税額100円を小切手を振り出して納付した。

用語 **法 人 税**…株式会社などの法人のもうけにかかる税金
中間納付…決算日が年1回の会社において、会計期間の途中で半年分の法人税等を仮払いすること

ここまでの知識で仕訳をうめると…

（　　　　　）	（当　座　預　金）	100

小切手を振り出した⬇

法人税・住民税・事業税の処理

株式会社などの法人には、利益に対して**法人税**が課されます。また、法人が支払うべき**住民税**や**事業税**も法人税と同じように課されます。

そこで、法人税・住民税・事業税は**法人税、住民税及び事業税**として処理します。

「法人税等」で処理することもあります。

法人税等を中間申告、納付したときの仕訳

法人税等は会社（法人）の利益に対して何％という形で課されるため、その金額は決算にならないと確定できません。

しかし、年１回の決算の会社では、会計期間の中途で半年分の概算額を申告（**中間申告**といいます）し、納付しなければならないことになっています。

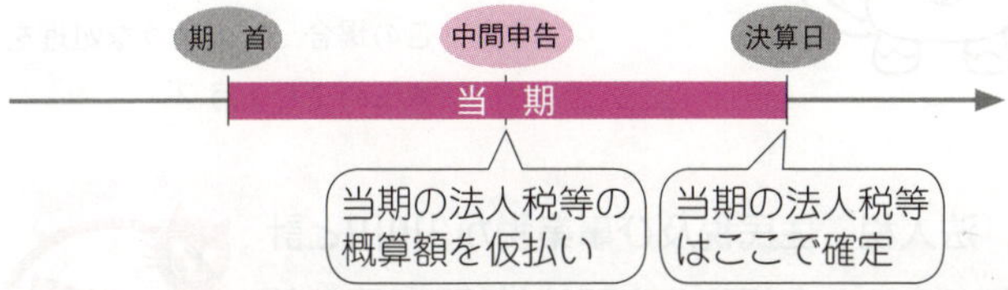

なお、法人税等の中間申告・納付額はあくまでも概算額である（確定したものではない）ため、**仮払法人税等（資産）**として処理します。

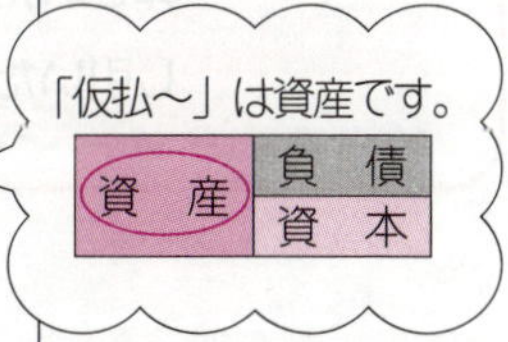

CASE73の仕訳

（仮払法人税等）　100（当　座　預　金）　100

資産の増加↑

CASE 74

法人税等

法人税等が確定したとき（決算時）の仕訳

210円のうち100円は納めた・・・。
差額110円はあとで払わなきゃね・・・。

ゴエモン㈱では、決算によって、当期の法人税等が210円と確定しました。
しかし、当期中に中間納付した法人税等が100円あります。
この場合、どのような処理をするのでしょう？

取引 決算の結果、法人税、住民税及び事業税が210円と計算された。なお、この金額から中間納付額100円を差し引いた金額を未払分として計上した。

法人税等が確定したとき（決算時）の仕訳

決算によって、当期の法人税等の金額が確定したときは、借方に**法人税、住民税及び事業税**を計上します。

（法人税、住民税及び事業税）	210	（	）

なお、法人税等の金額が確定したわけですから、中間申告・納付時に借方に計上した**仮払法人税等（資産）**を減らします（貸方に記入します）。

（法人税、住民税及び事業税）	210	（仮払法人税等）	100

資産の減少⬇

「未払～」は負債です。

資　産	負　債
	資　本

また、確定した金額と仮払法人税等の金額の差額は、これから納付しなければならない金額なので、**未払法人税等（負債）**として処理します。

CASE74の仕訳

（法人税、住民税及び事業税）	210	（仮払法人税等）	100
		（未払法人税等）	110

負債の増加⬆　貸借差額

未払法人税等を納付したとき（確定申告時）の仕訳

決算において確定した法人税等は、原則として決算日後2か月以内に申告（**確定申告**といいます）し、納付します。

なお、未払法人税等を納付したときは、**未払法人税等（負債）**を減らします。

したがって、仮にCASE74で生じた未払法人税等110円を現金で納付したとすると、このときの仕訳は次のようになります。

（未払法人税等）	110	（現　　　　金）	110

負債の減少⬇

問題編
問題46

CASE 75 消費税

消費税を支払ったときの仕訳

100円のコーヒーカップを買ったときに税込価額110円を支払うように、モノを買ったときには、消費税も支払っています。

今日、ゴエモン㈱は税込価額110円の商品を仕入れ、代金は現金で支払いました。このときの仕訳について考えてみましょう。

取引 ゴエモン㈱はクロキチ㈱より商品110円（税込価額）を仕入れ、代金は現金で支払った。なお、消費税率は10%である。

ここまでの知識で仕訳をうめると…

（仕　　入）		（現　　金）	110

↑商品を仕入れた　　↑現金😊で支払った↓

消費税とは

消費税はモノやサービスに対して課される税金で、モノを買った人やサービスを受けた人が負担する（支払う）税金です。

消費税のしくみ

たとえば、ゴエモン㈱がクロキチ㈱から商品を仕入れ、税込価額110円（うち消費税10円）を支払い、この商品をシロミ㈱に売り上げ、税込価額330円（うち消費税30円）を受け取ったとします。この場合、ゴエモン㈱は、受け取った消費税30円と支払った消費税10円の差額20円を税務署に納付することになります。

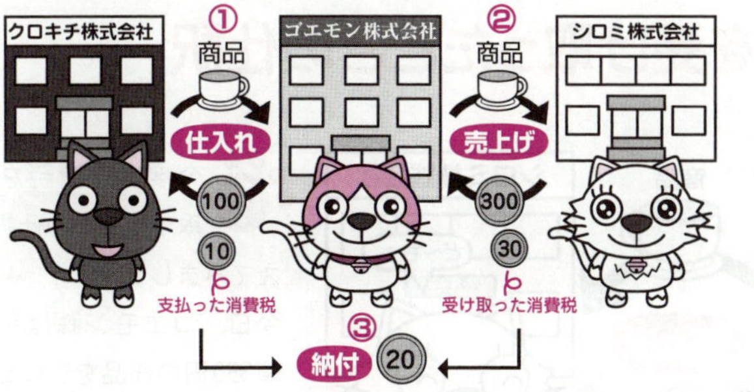

この流れをイメージしながら、実際の処理をみていきましょう。

消費税を支払ったときの仕訳

商品を仕入れて消費税を支払ったときは、支払った消費税額は仕入価額に含めず、**仮払消費税（資産）**として処理します。

この処理方法を税抜（ぜいぬき）方式（ほうしき）といいます。

CASE75の消費税額と仕入価額

①支払った消費税額：110円× $\frac{10\%}{100\% + 10\%}$ ＝10円

②仕入価額（税抜）：110円－10円＝100円

本書では消費税率10％で計算しています。
試験では、問題文に税率が指示されるので、それにしたがって解答してください。

CASE75の仕訳

（仕　　　入）	100	（現　　　金）	110
（仮払消費税）	10		

資産の増加⬆　　税抜価額

CASE 76 消費税

消費税を受け取ったときの仕訳

今度は消費税を受け取ったときの仕訳を考えてみましょう。

今日、ゴエモン㈱は税込価額330円の商品をシロミ㈱に売り上げ、代金は現金で受け取りました。

取引 商品330円（税込価額）を売り上げ、代金は現金で受け取った。なお、消費税率は10%である。

ここまでの知識で仕訳をうめると…

（現　　　　金）　330（売　　　　上）

現金で受け取った　　商品を売り上げた

消費税を受け取ったときの仕訳

商品を売り上げて消費税を受け取ったときは、受け取った消費税額は売上価額に含めず、**仮受消費税（負債）**として処理します。

CASE76の消費税額と売上価額

①受け取った消費税額：330円×$\frac{10\%}{100\%+10\%}$＝30円

②売上価額（税抜）：330円－30円＝300円

CASE76の仕訳

税抜価額

(現　　　　金)	330	(売　　　　上)	300
		(仮受消費税)	30

負債 の増加↑

消費税の決算時の仕訳

今日は決算日。
どうやら決算において、仮払消費税と仮受消費税は相殺するようです。
そこで、ゴエモン㈱は仮払消費税10円と仮受消費税30円を相殺することにしました。

取引 決算につき、仮払消費税10円と仮受消費税30円を相殺し、納付額を確定する。

決算整理 決算編で再登場！

消費税の決算時の仕訳

支払った消費税のほうが多かったら還付（税金が戻ること）されます。

会社は支払った消費税（仮払消費税）と受け取った消費税（仮受消費税）の差額を税務署に納付します。

そこで、決算において仮払消費税（資産）と仮受消費税（負債）を相殺します。なお、貸借差額は**未払消費税（負債）**として処理します。

CASE77の仕訳

（仮 受 消 費 税）	30	（仮 払 消 費 税）	10
		（未 払 消 費 税）	20

負債の増加↑　貸借差額

消費税を納付したときの仕訳

消費税の確定申告をして、納付したとき（未払消費税を支払ったとき）は、**未払消費税（負債）の減少**として処理します。

したがって、CASE77の未払消費税20円を現金で納付したときの仕訳は次のようになります。

（未払消費税）	20	（現　　金）	20

負債の減少⬇

問題編
問題47

法人税等のまとめ《一連の流れ》

CASE73 中間申告・納付時

(仮払法人税等)	100	(当座預金など)	100

CASE74 決算時

(法人税、住民税及び事業税)	210	(仮払法人税等)	100
		(未払法人税等)	110

CASE74 確定申告・納付時

(未払法人税等)	110	(現金など)	110

消費税のまとめ《一連の流れ》

CASE75 支払時

・支払った消費税額は仮払消費税（資産）で処理

(仕入)	100	(現金など)	110
(仮払消費税)	10		

CASE76 受取時

・受け取った消費税額は仮受消費税（負債）で処理

(現金など)	330	(売上)	300
		(仮受消費税)	30

CASE77 決算時

・仮払消費税と仮受消費税を相殺し、差額は未払消費税（負債）で処理

(仮受消費税)	30	(仮払消費税)	10
		(未払消費税)	20

CASE77 納付時

・未払消費税（負債）の減少として処理

(未払消費税)	20	(現金など)	20

この章で新たにでてきた勘定科目

資産	負債
仮払法人税等 仮払消費税	未払法人税等 仮受消費税 未払消費税
	資本（純資産）
	—

費用	収益
法人税、住民税及び事業税 （法人税等）	—

その他
—

仕訳編

第14章

費用・収益の前払い・前受けと未払い・未収、訂正仕訳

1年間の費用を前払いしたときや、1年間の収益を前受けしたときは、
当期分の費用や収益が正しく計上されるように
決算日に調整しなくてはいけないらしい…。
それに、まちがえて仕訳してしまったときも、
正しく修正しなければいけないよね。

ここでは、費用・収益の前払い・前受けと未払い・未収、
そして訂正仕訳についてみていきましょう。

CASE 78

費用の前払い

家賃を支払った（費用を前払いした）ときの仕訳

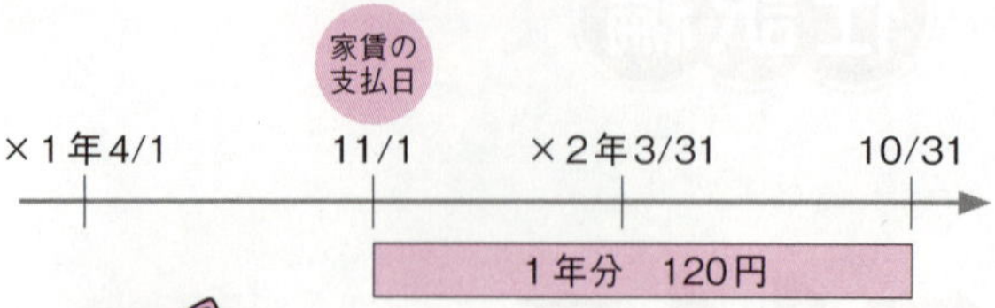

11月1日　ゴエモン㈱は、事務所用として建物の一部屋を借りることにしました。
そして、1年分の家賃120円を小切手を振り出して支払いました。

取引　×1年11月1日　事務所の家賃120円（1年分）を、小切手を振り出して支払った。

ここまでの知識で仕訳をうめると…

（　　　　）		（当座預金）	120

小切手を振り出した↓

家賃を支払った（費用を前払いした）ときの仕訳

事務所や店舗の家賃を支払ったときは、**支払家賃（費用）**として処理します。

1年分の家賃を支払っているので、1年分の金額で処理します。

CASE78の仕訳

（支払家賃）	120	（当座預金）	120

費用の発生↑

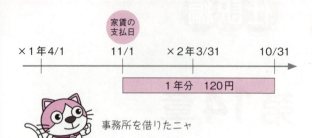

CASE 79 費用の前払い

決算日の処理（費用の前払い）

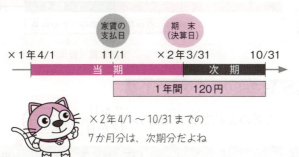

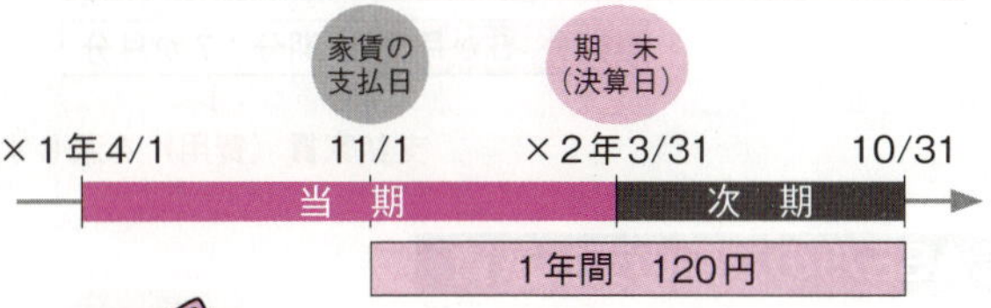

今日は決算日。ゴエモン㈱は、×1年11月1日に1年分の家賃（120円）を支払っています。このうち11月1日から3月31日までの分は当期の費用ですが、×2年4月1日から10月31日までの分は次期の費用です。この場合、どんな処理をしたらよいでしょう？

取引 ×2年3月31日　決算日（当期：×1年4月1日～×2年3月31日）につき次期の家賃を前払処理する。なお、ゴエモン㈱は11月1日に家賃120円（1年分）を支払っている。

費用の前払い

CASE78では、×1年11月1日（1年分の家賃を支払ったとき）に、支払家賃（費用）として処理しています。

◆1年分の家賃を支払ったときの仕訳

（支　払　家　賃）	120	（当　座　預　金）	120

このうち、×1年11月1日から×2年3月31日までの5か月分は当期の家賃ですが、×2年4月1日から10月31日までの7か月分は次期の家賃です。

したがって、いったん計上した1年分の支払家賃（費用）のうち、**7か月分を減らします。**

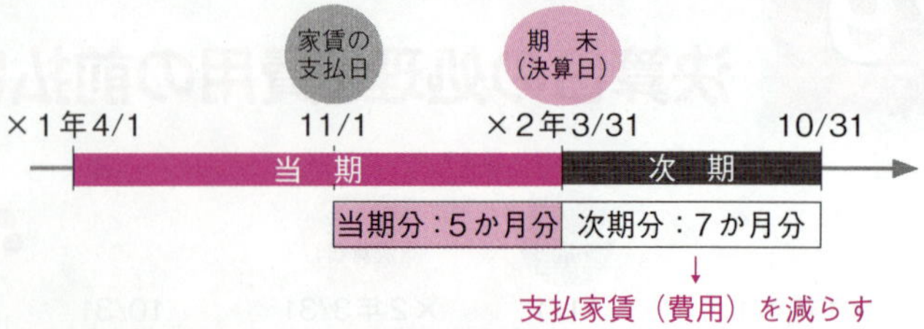

CASE79の次期の支払家賃

・次期の支払家賃：120円×$\frac{7か月}{12か月}$＝70円

（　　　　　　）		（支払家賃）	70

費用の取り消し↓

> 前払費用…先に支払っている→支払った分だけサービスを受けることができる権利→資産
>
> | 資産 | 負債 |
> |---|---|
> | | 資本 |

なお、CASE79は、次期分の費用を当期に前払いしているので、前払いしている金額だけ次期にサービスを受ける権利があります。そこで、借方は**前払費用（資産）**で処理します。

CASE79の仕訳

> 家賃の前払いなので、「前払家賃」で処理します。

（前払家賃）	70	（支払家賃）	70

資産の増加↑

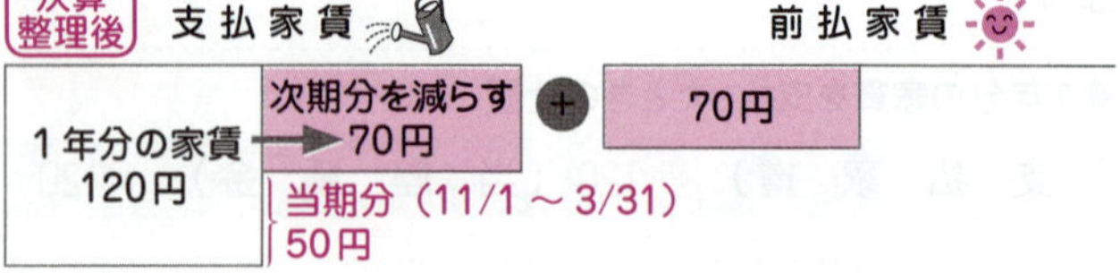

再振替仕訳

決算日（前期末）において、次期分として前払処理した費用は、翌期首（次期の期首）に逆の仕訳をして振り戻します（再振替仕訳）。

◆決算日の仕訳

（前　払　家　賃）	70	（支　払　家　賃）	70

逆の仕訳

再振替仕訳

（支　払　家　賃）	70	（前　払　家　賃）	70

再振替仕訳をすることによって、前期（×1年度）に前払処理した費用が当期（×2年度）の費用となります。

CASE 80

費用の未払い

お金を借り入れた（利息を後払いとした）ときの仕訳

貸してください。
600
返済日に、利息も
支払ってくださいね。
東西銀行

12月1日　ゴエモン㈱は、事業拡大のため、銀行から現金600円を借りました。
この借入金にかかる利息（利率は2％）は1年後の返済時に支払うことになっています。

取引　×1年12月1日　ゴエモン㈱は銀行から、借入期間1年、年利率2%、利息は返済時に支払うという条件で、現金600円を借り入れた。

これはすでに学習しましたね。

お金を借り入れたとき（利息は後払い）の仕訳

銀行からお金を借り入れたときは、**現金（資産）が増加**するとともに**借入金（負債）**が増加します。

なお、返済時に利息を支払うため、この時点では利息の処理はしません。

CASE80の仕訳

（現　　金）	600	（借 入 金）	600

決算日の処理（費用の未払い）

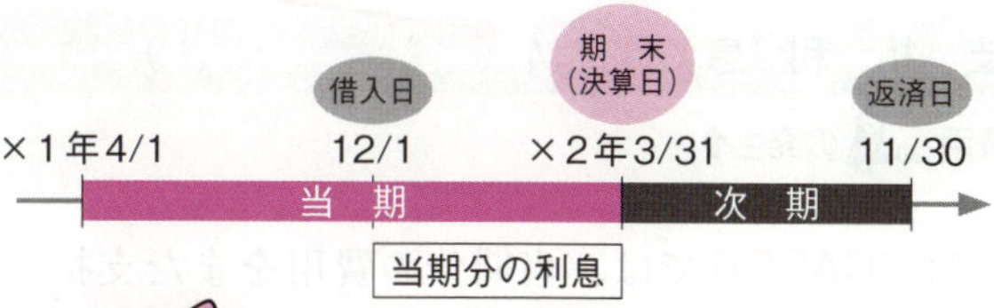

当期分（×1年12/1～×2年3/31）の利息が未払いニャ

今日は決算日（×2年3月31日）。

ゴエモン㈱は、12月1日に銀行から現金600円を借り入れていますが、利息（利率2%）は返済時に払う約束です。

この場合、決算日にどんな仕訳をしたらよいでしょう？

取引　×2年3月31日　決算日（当期：×1年4月1日～×2年3月31日）につき、当期分の利息を未払処理する。なお、ゴエモン㈱は12月1日に銀行から、借入期間1年、年利率2%、利息は返済時に支払うという条件で、現金600円を借り入れている。

費用の未払い

借入金の利息は返済時（×2年11月30日）に支払うため、まだ費用として計上していません。しかし、×1年12月1日から×2年3月31日までの4か月分の利息は当期の費用なので、この4か月分を**支払利息（費用）**として処理します。

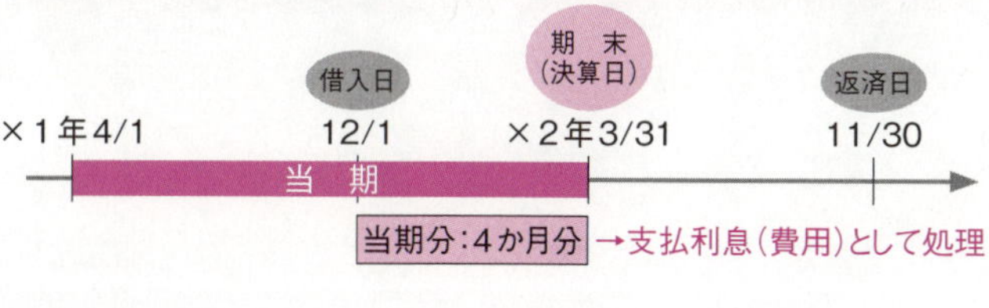

CASE81の当期の支払利息

・当期の支払利息：600円×2%×$\frac{4か月}{12か月}$＝ 4円

（支　払　利　息）　4	（　　　　　　）

費用の発生⬆

なお、CASE81では、当期分の費用をまだ支払っていないので、次期に支払わなければならないという義務が生じます。

そこで、貸方は**未払費用（負債）**で処理します。

> 未払費用…まだ支払っていない→あとで支払わなければならない義務→負債
>
> | 資　産 | 負　債 |
> |---|---|
> | | 資　本 |

CASE81の仕訳

> 利息の未払いなので、「未払利息」で処理します。

（支　払　利　息）　4	（未　払　利　息）　4

負債の増加⬆

決算整理後

支払利息		未払利息
当期分　4円	＋	当期分　4円

再振替仕訳

決算日に当期分として未払処理した費用は、翌期首（次期の期首）に逆の仕訳をして振り戻します。

（未　払　利　息）　4	（支　払　利　息）　4

CASE 82

収益の前受け

地代を受け取った（収益を前受けした）ときの仕訳

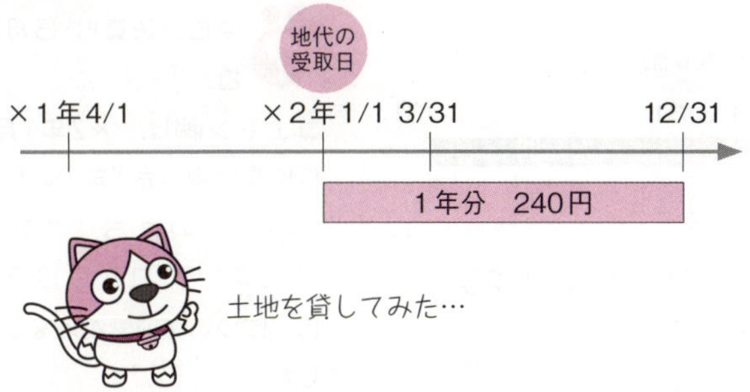

×2年1月1日　ゴエモン㈱は、余っている土地を有効利用しようと、トラミ㈱に貸すことにしました。

このとき、トラミ㈱から1年分の地代240円を小切手で受け取りました。

取引　×2年1月1日　ゴエモン㈱はトラミ㈱に土地を貸し、地代240円（1年分）を小切手で受け取った。

ここまでの知識で仕訳をうめると…

（現　　金）	240		

小切手で受け取った↑

地代を受け取った（収益を前受けした）ときの仕訳

土地を貸し付けて、地代を受け取ったときは、**受取地代（収益）**として処理します。

「受取〜」とついたら収益です。

費用	収益
利益	

CASE82の仕訳

（現　　金）	240	（受 取 地 代）	240

収益の発生↑

決算日の処理（収益の前受け）

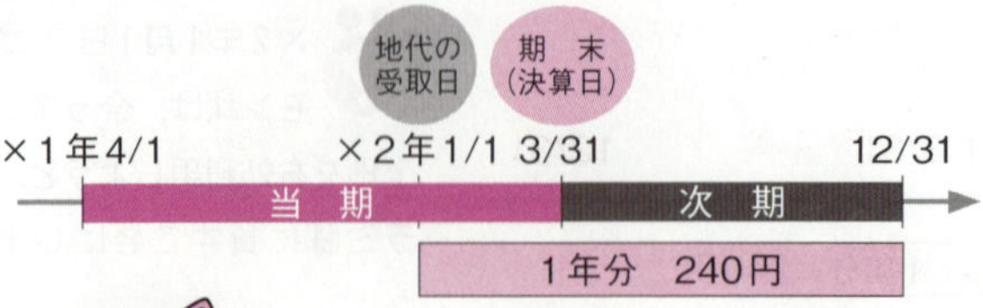

今日は決算日（3月31日）。

ゴエモン㈱は、×2年1月1日に受け取った1年分の地代（240円）のうち、次期分（×2年4月1日から12月31日）について前受処理をしました。

取引　×2年3月31日　決算日（当期：×1年4月1日～×2年3月31日）につき次期分の地代を前受処理する。なお、ゴエモン㈱は1月1日に地代240円（1年分）を受け取っている。

収益の前受け

CASE82では、×2年1月1日（1年分の地代を受け取ったとき）に、受取地代（収益）として処理しています。

◆1年分の地代を受け取ったときの仕訳

（現　　　金）	240	（受　取　地　代）	240

このうち、×2年1月1日から3月31日までの3か月分は当期の地代ですが、×2年4月1日から12月31日までの9か月分は次期の地代です。

したがって、いったん計上した1年分の受取地代（収益）のうち、**9か月分を減らします。**

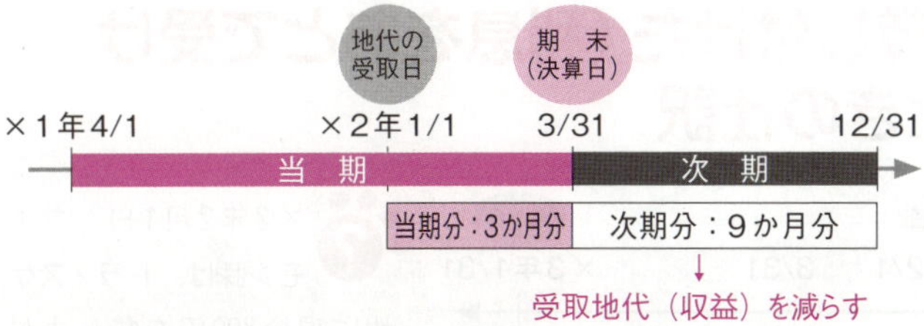

CASE83の次期の受取地代

・次期の受取地代：$240円 \times \frac{9か月}{12か月} = 180円$

（受取地代） 180（ ）

収益の取り消し⬇

CASE83では、次期分の収益を当期に前受けしているので、その分のサービスを提供する義務が生じます。そこで、貸方は**前受収益**（まえうけしゅうえき）**（負債）**で処理します。

> 前受収益…受け取った分だけサービスを提供する義務
> →負債
>
> | 資　産 | 負　債 |
> | --- | --- |
> | | 資　本 |

CASE83の仕訳

（受取地代） 180（前受地代） 180

負債の増加⬆

> 地代の前受けなので、「前受地代」で処理します。

再振替仕訳

決算日に次期分として前受処理した収益は、翌期首に逆の仕訳をして振り戻します。

（前受地代） 180（受取地代） 180

CASE 84 収益の未収

お金を貸し付けた（利息をあとで受け取る）ときの仕訳

×2年2月1日　ゴエモン㈱は、トラノスケ㈱に現金800円を貸しました。

この貸付金にかかる利息（利率は3%）は1年後の返済時に受け取ることになっています。

取引　×2年2月1日　ゴエモン㈱は、トラノスケ㈱に貸付期間1年、年利率3%、利息は返済時に受け取るという条件で現金800円を貸し付けた。

お金を貸し付けたときの仕訳

これはすでに学習しましたね。

お金を貸し付けたときは、**現金（資産）が減少**するとともに**貸付金（資産）が増加**します。

なお、返済時に利息を受け取るため、この時点では利息の処理はしません。

CASE84の仕訳

（貸　付　金）	800	（現　　　金）	800

CASE 85 収益の未収

決算日の処理（収益の未収）

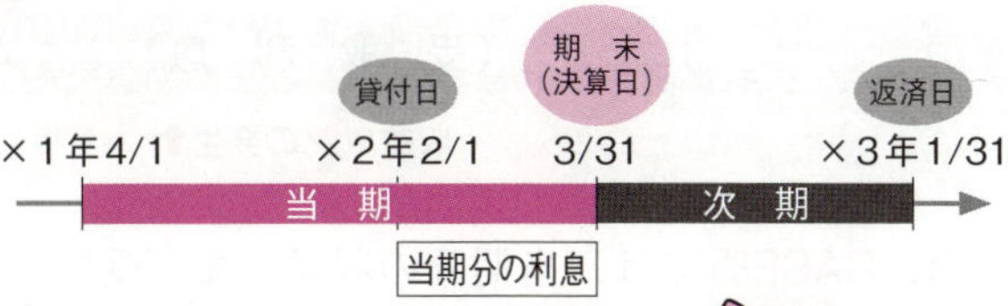

当期分（×2年2/1～3/31）の
利息はまだ受け取っていない…

今日は決算日（3月31日）。
ゴエモン㈱は、×2年2月1日にトラノスケ㈱に現金800円を貸していますが、利息（利率3%）は返済時（×3年1月31日）に受け取る約束です。したがって、当期分の利息を未収処理しました。

取引 ×2年3月31日　決算日（当期：×1年4月1日～×2年3月31日）につき当期分の利息を未収処理する。なお、ゴエモン㈱は2月1日にトラノスケ㈱に貸付期間1年、年利率3%、利息は返済時に受け取るという条件で現金800円を貸し付けている。

収益の未収

貸付金の利息は返済時（×3年1月31日）に受け取るため、まだ収益として計上していません。しかし、×2年2月1日から3月31日までの2か月分の利息は当期の収益なので、この2か月分を**受取利息（収益）**として処理します。

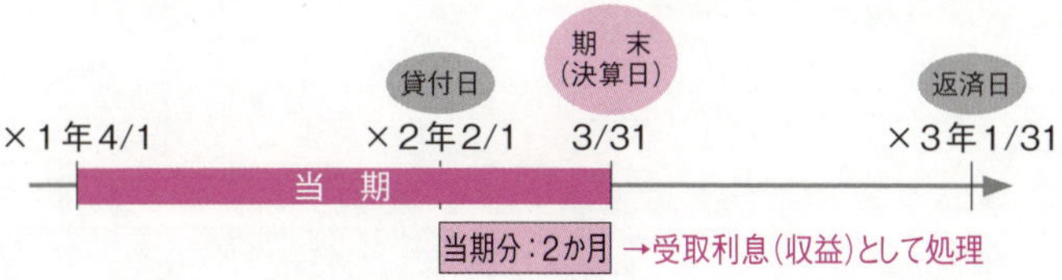

CASE85の当期の受取利息

・当期の受取利息：800円 × 3% × $\frac{2か月}{12か月}$ = 4円

（　　　　　）		（受 取 利 息）	4

収益の発生↑

未収収益…まだ受け取っていない→あとで受け取ることができる権利→資産

資 産	負 債
	資 本

なお、CASE85では、当期分の収益をまだ受け取っていないため、次期に受け取ることができます。そこで、借方は未収収益（資産）で処理します。

CASE85の仕訳

利息の未収なので、「未収利息」で処理します。

（未 収 利 息）	4	（受 取 利 息）	4

資産の増加↑

決算整理後

受取利息：当期分 4円 ＋ 未収利息：4円

再振替仕訳

決算日に当期分として未収処理した収益は、翌期首に逆の仕訳をして振り戻します。

（受 取 利 息）	4	（未 収 利 息）	4

問題編
問題48

CASE 86

訂正仕訳

誤った仕訳を訂正するときの仕訳

ゴエモン㈱は、クロキチ㈱に対する買掛金を支払ったときに、まちがった仕訳をしていたことに気付きました。
まちがった仕訳を訂正したいのですが、どのようにしたらよいでしょう？

取引 ゴエモン㈱は、仕入先クロキチ㈱に対する買掛金100円を現金で支払ったときに、借方科目を仕入と仕訳してしまっていたので、これを訂正する。

誤った仕訳を訂正する仕訳のつくり方

誤った仕訳をしていたときは、これを訂正しなければなりません。この際に行う仕訳を**訂正仕訳**（ていせいしわけ）といいます。

訂正仕訳をつくるには、まず①**正しい仕訳**を考えます。

CASE86では、「買掛金を現金で支払った」という取引なので、正しい仕訳は次のようになります。

CASE86の正しい仕訳…①

（買　掛　金）	100	（現　　金）	100

次に②**誤った仕訳**を考えます。

CASE86では、借方科目を**仕入**で処理しているので、誤った仕訳は次のようになります。

CASE86の誤った仕訳…②

(仕　　　　入)	100	(現　　　　金)	100

そして③**誤った仕訳の逆仕訳**をします。これによって誤った仕訳が取り消されることになります。

CASE86の誤った仕訳の逆仕訳…③

(現　　　　金)	100	(仕　　　　入)	100

上記の①**正しい仕訳**と③**誤った仕訳の逆仕訳**を足した仕訳が訂正仕訳となります。

正しい仕訳。

CASE86の正しい仕訳…①

(買　掛　金)	100	~~(現　　　　金)~~	~~100~~

＋

誤った仕訳を取り消す仕訳。

CASE86の誤った仕訳の逆仕訳…③

~~(現　　　　金)~~	~~100~~	(仕　　　　入)	100

↓

CASE86の仕訳（訂正仕訳）

(買　掛　金)	100	(仕　　　　入)	100

借方と貸方の現金100（円）は相殺されてなくなります。

問題編

問題49、50

費用・収益の前払い・前受けのまとめ《一連の流れ》

CASE78、82 費用の前払時 収益の前受時

①費用の支払いの処理
②収益の受け取りの処理

①費用の支払い		②収益の受け取り	
(支払家賃) 120		(現金など) 240	
	(当座預金など) 120		(受取地代) 240

CASE79、83 決算日

①次期分の費用を減らす。相手科目は前払費用(資産)
②次期分の収益を減らす。相手科目は前受収益(負債)

①費用の前払い		②収益の前受け	
(前払家賃) 70		(受取地代) 180	
	(支払家賃) 70		(前受地代) 180

CASE79、83 翌期首

・再振替仕訳(前期の決算日に行った仕訳の逆仕訳)

①費用の前払い		②収益の前受け	
(支払家賃) 70		(前受地代) 180	
	(前払家賃) 70		(受取地代) 180

費用・収益の未払い・未収のまとめ《一連の流れ》

CASE80、84 取引の発生時

・取引の仕訳を行う(費用の支払い、収益の受け取りは生じていない)

CASE81、85 決算日

①当期分の費用を計上。相手科目は未払費用(負債)
②当期分の収益を計上。相手科目は未収収益(資産)

①費用の未払い		②収益の未収	
(支払利息) 4		(未収利息) 4	
	(未払利息) 4		(受取利息) 4

CASE81、85 翌期首

・前期末の決算日に行った仕訳の逆仕訳

①費用の未払い		②収益の未収	
(未払利息) 4		(受取利息) 4	
	(支払利息) 4		(未収利息) 4

訂正仕訳のまとめ

CASE86
訂正仕訳

①正しい仕訳を行う

（買掛金）	100	（現金）	100

②誤った仕訳を考える

（仕入）	100	（現金）	100

③誤った仕訳の逆仕訳を行う

（現金）	100	（仕入）	100

④訂正仕訳（①＋③）

（買掛金）	100	（仕入）	100

この章で新たにでてきた勘定科目

資産	負債	費用	収益	その他
前払費用 未収収益	未払費用 前受収益	支払家賃	受取地代	―
	資本（純資産）			
	―			

帳簿編

第15章

帳簿への記入

簿記（帳簿記入）というからには帳簿が必要。
帳簿には必ずつくらなくてはいけない帳簿と
必要に応じてつくればいい帳簿があるんだって。

ここでは、さまざまな帳簿への記入についてみていきましょう。

CASE 87 帳 簿

仕訳帳と総勘定元帳

仕訳の次は何をしたらいいんだろう？
開業
マニュアル

仕訳はなんとなくわかったゴエモン君。「仕訳の次は何をしたらいいのかな？」と思い、開業マニュアルを読んでみると、仕訳の次は転記という作業をするようです。

取引 4月 1日 株式500円を発行し、現金を受け取った。
4月10日 クロキチ㈱より商品200円を仕入れ、現金50円を支払い、残額は掛けとした。

仕訳と仕訳帳

仕訳帳の形式と記入方法を示すとこのようになります。

仕訳編で学習した仕訳は、取引のつど、**仕訳帳**という帳簿に記入します。

取引の日付を記入 ／ 仕訳とコメント（小書き）を記入 ／ 総勘定元帳*の番号を記入 *後述 ／ 借方と貸方に分けて金額を記入 ／ 仕訳帳の頁数

仕 訳 帳 ①

×	年	摘 要	元丁	借 方	貸 方
4	1	（現 金）← 借方の勘定科目	1	500	
		貸方の勘定科目 →（資 本 金）	18		500
		株式の発行 ← コメントをつける			
	10	（仕 入） 諸 口	20	200	
		同じ側に複数の勘定科目が（現 金）	1		50
		あるときは「諸口（しょくち）」と記入（買 掛 金）	11		150
		クロキチ㈱より仕入れ			

仕訳を記入したら線を引く

仕訳をしたら総勘定元帳に転記する！

仕訳帳に仕訳をしたら、**総勘定元帳**（そうかんじょうもとちょう）という帳簿に記入（**転記**（てんき）といいます）します。総勘定元帳は勘定科目（口座（こうざ））ごとに金額を記入する帳簿です。

現金勘定、買掛金勘定、資本金勘定、仕入勘定の記入方法を示すと次のようになります。

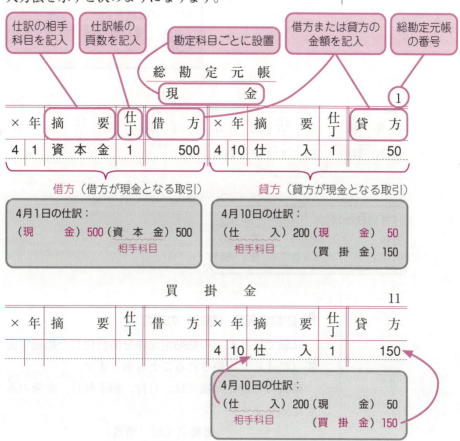

仕訳の相手科目を記入

仕訳帳の頁数を記入

勘定科目ごとに設置

借方または貸方の金額を記入

総勘定元帳の番号

総　勘　定　元　帳

現　　　金

1

×年		摘　　要	仕丁	借　　方	×年		摘　　要	仕丁	貸　　方
4	1	資　本　金	1	500	4	10	仕　　入	1	50

借方（借方が現金となる取引）　　貸方（貸方が現金となる取引）

4月1日の仕訳：
（現　　　金）500（資　本　金）500
相手科目

4月10日の仕訳：
（仕　　　入）200（現　　　金）　50
相手科目
（買　掛　金）150

買　　掛　　金

11

×年		摘　　要	仕丁	借　　方	×年		摘　　要	仕丁	貸　　方
					4	10	仕　　入	1	150

4月10日の仕訳：
（仕　　　入）200（現　　　金）　50
相手科目
（買　掛　金）150

資　本　金　　18

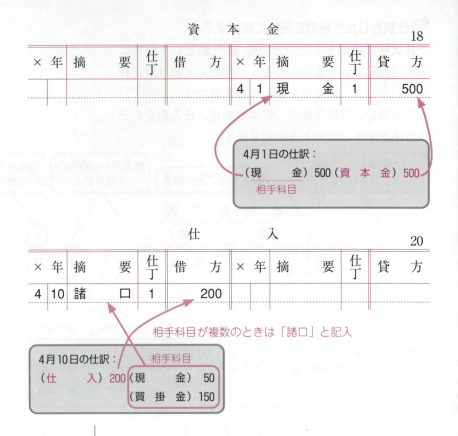

×年		摘　要	仕丁	借　方	×年		摘　要	仕丁	貸　方
					4	1	現　金	1	500

4月1日の仕訳：
（現　　金）500（資　本　金）500
相手科目

仕　　入　　20

×年		摘　要	仕丁	借　方	×年		摘　要	仕丁	貸　方
4	10	諸　口	1	200					

相手科目が複数のときは「諸口」と記入

4月10日の仕訳：　相手科目
（仕　　入）200（現　　金）50
（買　掛　金）150

総勘定元帳（略式）の場合

試験では、前記の総勘定元帳を簡略化した総勘定元帳（略式）で出題されることもあります。

略式の総勘定元帳では、日付、相手科目、金額のみを記入します。

総勘定元帳（略式）

現　　金　　1

4/1	資本金	500	4/10	仕入	50
日付	相手科目	金額	日付	相手科目	金額

借方（借方が現金となる取引）　貸方（貸方が現金となる取引）

CASE87の取引を略式の総勘定元帳に記入すると次のようになります。

総勘定元帳（略式）

現　　金　　1

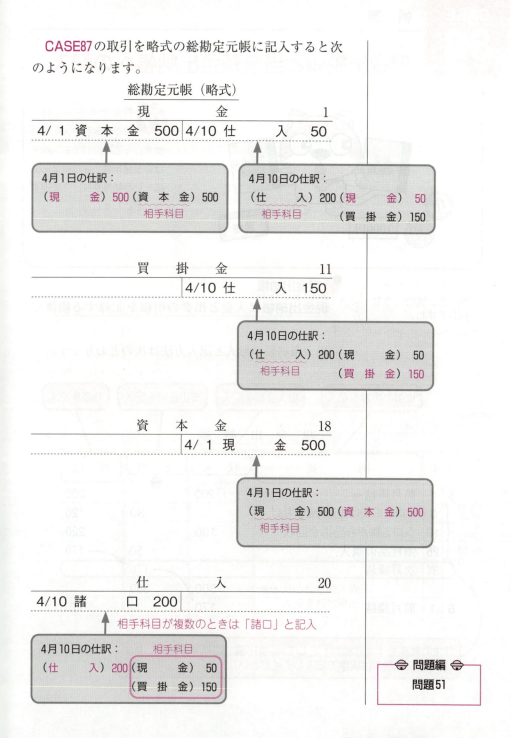

4/ 1	資本金	500	4/10	仕入	50

4月1日の仕訳：
（現　　金）500（資 本 金）500
相手科目

4月10日の仕訳：
（仕　　入）200（現　　金）　50
相手科目　（買 掛 金）150

買　掛　金　　11

			4/10	仕入	150

4月10日の仕訳：
（仕　　入）200（現　　金）　50
相手科目　（買 掛 金）150

資　本　金　　18

			4/ 1	現金	500

4月1日の仕訳：
（現　　金）500（資 本 金）500
相手科目

仕　　入　　20

4/10	諸口	200			

相手科目が複数のときは「諸口」と記入

4月10日の仕訳：　相手科目
（仕　　入）200（現　　金）　50
（買 掛 金）150

問題編
問題51

CASE 88 帳簿

現金出納帳と当座預金出納帳への記入

現金や当座預金は、日々の取引でよく使います。そこで、ゴエモン㈱では現金出納帳と当座預金出納帳という帳簿を設けて管理することにしました。

現金出納帳

お小遣い帳のようなものですね。

現金出納帳（げんきんすいとうちょう）は入金と出金の明細を記録する帳簿です。

現金出納帳の形式と記入方法は次のとおりです。

取引の内容を記入　収入金額を記入　支出金額を記入　残高を記入

現　金　出　納　帳

×年		摘　　要	収　入	支　出	残　高
5	1	前月繰越 ← 前月からの繰越額を記入	200		200
	3	クロキチ㈱に仕入代金支払い		80	120
	10	シロミ㈱から売掛金回収	100		220
	25	消耗品の購入		50	170
	31	次月繰越		170	
		収入欄合計と支出欄合計を記入 →	300	300	
6	1	前月繰越	170		170

収入 ⊕　支出 ⊖

収入・支出の内容を記入

月末の残高を「次月繰越」として、「支出欄」に赤字で記入します（ただし、試験では黒字で記入してください）。

当座預金出納帳

当座預金出納帳（とうざよきんすいとうちょう）は当座預金の預け入れと引き出しの明細を記録する帳簿です。

当座預金出納帳の形式と記入方法は次のとおりです。

基本的には現金出納帳と同じじです。

自分が振り出した小切手の番号を記入

借方残高の場合は「借」、貸方残高（当座借越）の場合は「貸」と記入。前日と同じ場合は「〃」と記入

当座預金出納帳

×年		摘要	小切手番号	預入 ⊕	引出 ⊖	借/貸	残高
6	1	前月繰越		700		借	700
	12	シロミ㈱から売掛金回収		100		〃	800
	19	クロキチ㈱に買掛金支払い	001		150	〃	650
	25	家賃の支払い	002		200	〃	450
	30	次月繰越			450		
				800	800		
7	1	前月繰越		450		借	450

CASE 89 帳簿

小口現金出納帳への記入

ちゃんと管理しなきゃ！
小口現金出納帳
小口現金

小口現金も、日々よく使います。

そこで、小口現金についても小口現金出納帳を設けて記入し、管理することにしました。

取引 今週の小口現金の支払状況は次のとおりである（前渡額1,000円）。

4月2日	電車代	200円
3日	コピー用紙代	300円
4日	お茶菓子代	100円
5日	バス代	150円

小口現金出納帳

小口現金出納帳（こぐちげんきんすいとうちょう）は小口現金をいつ何に使ったのかを記録する帳簿です。

なお、小口現金をいつ補給するのかによって、小口現金出納帳への記入方法が異なります。

週（または月）の初めに補給する場合の記入方法

週（または月）の初めに会計係が小口現金を補給する場合の記入方法は次のとおりです。

補給額を記入

支払いの内容を記入

支払金額を記入

支払金額を内訳ごとに記入

小口現金出納帳

受入	×年		摘要	支払	内訳 旅費交通費	内訳 消耗品費	内訳 雑費
1,000	4	1	小口現金受け入れ				
		2	電車代 ← 旅費交通費	200	200		
		3	コピー用紙代 ← 消耗品費	300		300	
		4	お茶菓子代 ← 雑費	100			100
		5	バス代 ← 旅費交通費	150	150		
			合計 合計額 →	750	350	300	100
		5	次週繰越	250			
1,000				1,000			
250		8	前週繰越				
750		〃	本日補給				

週末（または月末）の残高250円（1,000円－750円）を「次週繰越（または次月繰越）」として、赤字（試験では黒字）で記入します。

週（または月）の初めに補給される金額（前週に使った金額）750円を記入します。

週末（または月末）に補給する場合の記入方法

週末（または月末）に会計係が小口現金を補給する場合の記入方法は次のとおりです。

合計欄より上の記入は、上記と同じなので省略します。

小口現金出納帳

受入	×年		摘要	支払	内訳 旅費交通費	内訳 消耗品費	内訳 雑費
			⋮				
			合計	750	350	300	100
750		5	本日補給				
		〃	次週繰越	1,000			
1,750				1,750			
1,000		8	前週繰越				

週末（または月末）に補給される金額（使った金額）750円を記入します。

週末（または月末）に補給されたので定額（1,000円）が次週に繰り越されます。

問題編
問題52、53

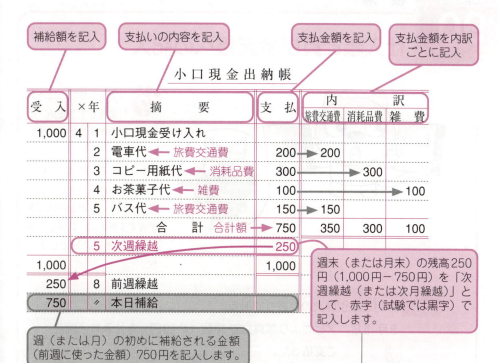

CASE 90 帳簿

仕入帳と買掛金元帳への記入

ゴエモン㈱は、仕入れの管理をするため、仕入帳に記入することにしました。

また、ゴエモン㈱は、クロキチ㈱とは掛け取引をしています。そこで、買掛金の状況を把握するために、買掛金元帳にも記入することにしました。

取引 今月の取引は次のとおりである。

9月 5日 アビ㈱より写真立て10個（@20円）を仕入れ、現金で支払った。

12日 クロキチ㈱よりコーヒーカップ10個（@10円）とティーポット10個（@30円）を掛けで仕入れた。

17日 クロキチ㈱より掛けで仕入れたコーヒーカップ5個（@10円）を返品した。

30日 クロキチ㈱の買掛金300円を現金で支払った。

仕入帳と買掛金元帳

> 買掛金を管理するための帳簿なので、掛けで仕入れたときは記入しますが、現金で仕入れたときは記入しません。

仕入帳（しいれちょう）は商品の仕入れに関する明細を記録する帳簿です。

また、**買掛金元帳**（かいかけきんもとちょう）（**仕入先元帳**（しいれさきもとちょう）ともいいます）は仕入先別に買掛金の状況を把握するために記録する帳簿です。

仕入帳と買掛金元帳の形式と記入例を示すと次のようになります。

仕入れに関する取引のみ記入します。

仕入れの内容を記入

複数の商品を仕入れたときは商品ごとの合計額を内訳欠に記入

その日の仕入金額の合計額を記入

仕入帳

×年		摘要			内訳	金額
9	5	アビ㈱ ←仕入先		現金 ←支払方法		
		写真立て ←商品名	10個	@20円 ←数量、単価		200
	12	クロキチ㈱		掛け		
		コーヒーカップ	10個	@10円	100	
		ティーポット	10個	@30円	300	400
	17	クロキチ㈱		掛け返品		
		コーヒーカップ	5個	@10円		50
	30	①返品を含まない仕入高		総仕入高		600
	〃	②返品の合計額		仕入戻し高		50
		③ ①－②		純仕入高		550

@20円×10個

返品は赤字（試験では黒字）で記入

200円＋400円

クロキチ㈱に対する買掛金の増減のみ記入します。

借方残高の場合は「借」、貸方残高の場合は「貸」と記入。前日と同じ場合は「〃」と記入

買掛金元帳

仕入先ごとに記入 → クロキチ㈱

×年		摘要	借方	貸方	借／貸	残高
9	1	前月繰越		300	貸	300
	12	掛け仕入れ		＋ 400	〃	700
	17	返品	− 50		〃	650
	30	買掛金の支払い	− 300		〃	350
	〃	次月繰越	350			
		借方欄合計と貸方欄合計を記入 →	700	700		
10	1	前月繰越		350	貸	350

問題編

問題54、55

売上帳と売掛金元帳への記入

ゴエモン㈱は、売上げについて売上帳に記入するとともに、売掛金の状況を把握するために売掛金元帳にも記入することにしました。

取引 今月の取引は次のとおりである。

10月 7日　シロミ㈱にコーヒーカップ20個（@18円）と花びん10個（@30円）を掛けで売り上げた。

15日　タマ㈱にティーポット10個（@50円）を売り上げ、現金を受け取った。

20日　シロミ㈱に掛けで売り上げた花びん1個（@30円）が返品された。

31日　シロミ㈱の売掛金700円を現金で回収した。

記入の仕方は仕入帳と同じです。

買掛金元帳と同様、売掛金の増加、減少取引のみ記入します。

売上帳と売掛金元帳

売上帳（うりあげちょう）は商品の売上げの明細を記録する帳簿です。

また、**売掛金元帳**（うりかけきんもとちょう）（**得意先元帳**（とくいさきもとちょう）ともいいます）は得意先別に売掛金の状況を把握するために記録する帳簿です。

売上帳と売掛金元帳の形式と記入例を示すと次のようになります。

記入の仕方は仕入帳と同じです。

売 上 帳

×年		摘 要			内訳	金額
10	7	シロミ㈱ ←得意先		掛け ←支払方法		
		商品名→ コーヒーカップ	20個	@18円 ←数量、単価	360	
		花びん	10個	@30円	300	660
	15	タマ㈱		現金		
		ティーポット	10個	@50円		500
	20	シロミ㈱		掛け返品 ←返品は赤字(試験では黒字)で記入		
		花びん	1個	@30円		30
	31	①返品を含まない売上高		総売上高		1,160
	〃	②返品の合計額		売上戻り高		30
		③ ①−②		純売上高		1,130

660円＋500円

記入の仕方は買掛金元帳と同じです。

売 掛 金 元 帳

得意先ごとに記入→ シロミ㈱

×	年	摘 要	借 方	貸 方	借/貸	残 高
10	1	前月繰越	700		借	700
	7	掛け売上げ	⊕ 660		〃	1,360
	20	返品		⊖ 30	〃	1,330
	31	売掛金の回収		⊖ 700	〃	630
	〃	次月繰越		630		
借方欄合計と貸方欄合計を記入→			1,360	1,360		
11	1	前月繰越	630		借	630

問題編

問題56、57

商品有高帳への記入

めんどくさいけど
しっかり記入しよう。
商品
有高帳
商品

ゴエモン㈱は、商品の在庫を管理するために商品有高帳を作成して、記入することにしました。

取引 今月の商品（コーヒーカップ）の仕入れと売上げの状況は次のとおりである。

11月 1日	前月繰越	10個	@10円	
5日	仕　入	20個	@13円	
12日	売　上	15個	@22円	（売価）
18日	仕　入	15個	@16円	
24日	売　上	18個	@25円	（売価）

商品有高帳の形式

商品有高帳（しょうひんありだかちょう）は商品の種類別に、仕入れ（受け入れ）や売上げ（払い出し）のつど、数量、単価、金額を記録して商品の増減や在庫を管理するための帳簿です。

商品有高帳

（先入先出法）　コーヒーカップ　←商品の種類ごとに記入

日付	摘要	受入			払出			残高		
		数量	単価	金額	数量	単価	金額	数量	単価	金額

受入欄
仕入れた（受け入れた）商品の数量、単価、金額を記入

払出欄
売り上げた（払い出した）商品の数量、単価、金額を原価で記入

残高欄
残っている商品の数量、単価、金額を記入

商品有高帳の記入方法

同じ商品でも、仕入れる時期によって仕入単価が異なることがあります。そして、仕入単価の異なる商品を売り上げたとき、いくらの仕入単価のものを売り上げた（払い出した）かによって、商品有高帳の払出欄に記入する金額が異なります。

ここで、払い出した（売り上げた）商品の1個あたりの仕入原価を**払出単価**（はらいだしたんか）といい、払出単価の決め方の違いによって商品有高帳への記入が異なります。

商品の払出単価の決め方にはいくつかの方法がありますが、3級では先入先出法と移動平均法の2つを学習します。

先入先出法

先入先出法（さきいれさきだしほう）とは、先に受け入れたものから先に払い出したと仮定して、商品の払出単価を決める方法をいいます。したがって、先入先出法の場合、単価が違う商品を受け入れたら分けて記入します。

CASE92を先入先出法で商品有高帳に記入した場合、このようになります。

先に受け入れたものから先に払い出し、足りない分（15個－10個＝5個）は後に仕入れたもの（@13円）を払い出したとして記入します。

商品有高帳

（先入先出法）　コーヒーカップ

日付		摘要	受入 数量	受入 単価	受入 金額	払出 数量	払出 単価	払出 金額	残高 数量	残高 単価	残高 金額
11	1	前月繰越	10	10	100				10	10	100
	5	仕入	20	13	260				10	10	100
									20	13	260
	12	売上				10	10	100			
						5	13	65	15	13	195
	18	仕入	15	16	240				15	13	195
									15	16	240
	24	売上				15	13	195			
						3	16	48	12	16	192
	30	次月繰越				12	16	192			
			45	―	600	45	―	600			
12	1	前月繰越	12	16	192				12	16	192

（図中注記）10×10＝100　←前月繰越　先（11/1）に受け入れたもの→　後（11/5）に受け入れたもの→　15個　20個－5個　先（11/5）に受け入れたもの→　後（11/18）に受け入れたもの→　18個　15個－3個

月末の残高欄の数量、単価、金額を「次月繰越」として赤字（試験では黒字）で記入

移動平均法

移動平均法とは、商品の受け入れのつど、平均単価を計算して、その平均単価を払出単価とする方法をいいます。

CASE92を移動平均法で商品有高帳に記入した場合、このようになります。

商　品　有　高　帳

コーヒーカップ

（移動平均法）

日付		摘要	受入 数量	受入 単価	受入 金額	払出 数量	払出 単価	払出 金額	残高 数量	残高 単価	残高 金額
11	1	前月繰越	10	10	100				10	10	100
	5	仕　　入	20	13	260				30	12	360
	12	売　　上				15	12	180	15	12	180
	18	仕　　入	15	16	240				30	14	420
	24	売　　上				18	14	252	12	14	168
	30	次月繰越				12	14	168			
			45	―	600	45	―	600			
12	1	前月繰越	12	14	168				12	14	168

数量：10個＋20個＝30個
金額：100円＋260円＝360円
単価：$\frac{360円}{30個}$＝@12円

数量：15個＋15個＝30個　金額：180円＋240円＝420円　単価：$\frac{420円}{30個}$＝@14円

払出欄の合計金額が売上原価

商品有高帳の記入はすべて（仕入）原価で行うので、払出欄の金額は売り上げた商品に対する仕入原価（**売上原価**といいます）を表します。

日付		摘要	受入 数量	受入 単価	受入 金額	払出 数量	払出 単価	払出 金額	残高 数量	残高 単価	残高 金額
11	1	前月繰越	10	10	100				10	10	100
	5	仕　　入	20	13	260				30	12	360
	12	売　　上				15	12	180	15	12	180
	18	仕　　入	15	16	240				30	14	420
	24	売　　上				18	14	252	12	14	168
	30	次月繰越				12	14	168			
			45	―	600	45	―	600			

合計432円（180円＋252円）は売上原価を表します。

したがって、売り上げた金額（**売上高**（うりあげだか）といいます）から払出欄の合計金額（**売上原価**）を差し引くと、その商品の**利益**（**売上総利益**（うりあげそうりえき）といいます）を計算することができます。

売上高－売上原価＝売上総利益

なお、CASE92（移動平均法の場合）の売上総利益を計算すると次のようになります。

CASE92（移動平均法の場合）の売上総利益

・780円[*1] － 432円[*2] ＝ 348円
（780円：売上高、432円：売上原価、348円：売上総利益）

＊1

						売上高
11月1日	前月繰越	10個	@10円			
5日	仕　入	20個	@13円			
12日	売　上	15個	@22円	(売価)	→	@22円×15個＝330円
18日	仕　入	15個	@16円			
24日	売　上	18個	@25円	(売価)	→	@25円×18個＝450円
					合　計：	780円

＊2　商品有高帳の払出欄の合計金額（180円＋252円＝432円）

問題編
問題58、59

CASE 93 帳簿

受取手形記入帳と支払手形記入帳への記入

ゴエモン㈱では、手形による取引もあるので、受取手形記入帳と支払手形記入帳にも記入することにしました。

受取手形記入帳

受取手形記入帳は、受取手形の明細を記録する帳簿です。なお、以下のような取引があった場合の受取手形記入帳の形式と記入例を示すと、次のようになります。

手形の種類（受け取った手形が約束手形なら「約手」）を記入

仕訳の相手科目を記入

その手形の代金の支払人を記入

その手形の振出人または裏書人を記入

その手形が最後にどうなったのかを記入

受取手形記入帳

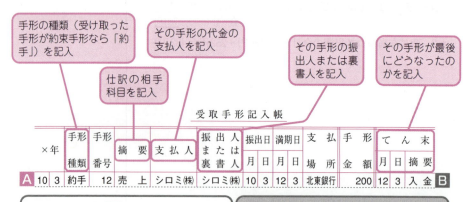

×年		手形種類	手形番号	摘要	支払人	振出人または裏書人	振出日		満期日		支払場所	手形金額	てん末		
							月	日	月	日			月	日	摘要
A 10	3	約手	12	売上	シロミ㈱	シロミ㈱	10	3	12	3	北東銀行	200	12	3	入金 B

10月3日の取引：A

シロミ㈱に商品200円を売り上げ、代金は同社振出の約束手形（No.12、満期日12月3日、支払場所：北東銀行）で受け取った。

（受取手形）200　（売　上）200

相手科目

12月3日の取引：B

No.12の約束手形200円が決済され、当座預金口座に入金された。

（当座預金）200　（受取手形*）200

＊減少取引はてん末欄に記入

支払手形記入帳

支払手形記入帳は、支払手形の明細を記録する帳簿です。なお、以下のような取引があった場合の支払手形記入帳の形式と記入例を示すと、次のようになります。

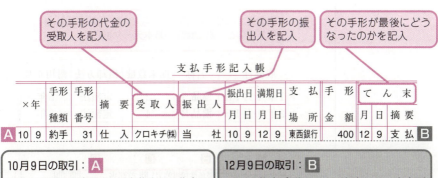

その手形の代金の受取人を記入

その手形の振出人を記入

その手形が最後にどうなったのかを記入

支払手形記入帳

	×年		手形種類	手形番号	摘要	受取人	振出人	振出日		満期日		支払場所	手形金額	てん末			
								月	日	月	日			月	日	摘要	
A	10	9	約手	31	仕入	クロキチ㈱	当社	10	9	12	9	東西銀行	400	12	9	支払	B

10月9日の取引：A

クロキチ㈱から商品400円を仕入れ、代金は約束手形（No.31、満期日12月9日、支払場所：東西銀行）を振り出して渡した。

（仕　　入）400　（支払手形）400

相手科目

12月9日の取引：B

No.31の約束手形400円が決済され、当座預金口座から支払われた。

（支払手形*）400　（当座預金）400

＊減少取引はてん末欄に記入

問題編

問題60、61

参考

固定資産台帳

固定資産台帳は、所有する固定資産の状況を記録する帳簿です。

固定資産台帳には、次のような内容が記載されます。

固定資産の取得日、名称、期末数量、償却方法、耐用年数など、固定資産の基本データを記入

取得日	名称	期末数量	償却方法	耐用年数
×1年 4 月1日	備品A	2	定額法	5年
×2年10月1日	備品B	4	定額法	8年

A 取得原価	B 期首減価償却累計額	C 差引期首帳簿価額	D 当期減価償却費	期末帳簿価額
1,000	200	800	200	600
4,000	0	4,000	250	3,750

- 取得原価：取得原価を記入
- 期首減価償却累計額：期首における減価償却累計額を記入
- 差引期首帳簿価額：期首における帳簿価額（A－B）を記入
- 当期減価償却費：当期の減価償却費を記入
- 期末帳簿価額：期末における帳簿価額（C－D）を記入

CASE 94　帳簿

帳簿のまとめ

何種類もの帳簿がでてきて少し混乱してしまったゴエモン君。
そこで、帳簿を種類ごとにまとめてみることにしました。

主要簿と補助簿

帳簿のうち、**仕訳帳**と**総勘定元帳**は必ず作成しなければならない帳簿で、**主要簿**（しゅようぼ）とよばれます。

一方、それ以外の帳簿は必要に応じて作成されるもので、主要簿に対して**補助簿**（ほじょぼ）とよばれます。

また、補助簿は現金出納帳や売上帳のように特定の取引の明細を記録する**補助記入帳**（ほじょきにゅうちょう）と、商品有高帳や売掛金元帳のように特定の勘定の明細を商品別や取引先別に記録する**補助元帳**（ほじょもとちょう）に分けることができます。

「そういう分類があるんだ」くらいにおさえておいてください。

帳簿の種類		帳簿の名称	内容
主要簿		仕訳帳	日々の取引の仕訳を記入
		総勘定元帳	勘定科目（口座）ごとに金額を記入
補助簿	補助記入帳	現金出納帳	現金の明細を記録
		当座預金出納帳	当座預金の明細を記録
		小口現金出納帳	小口現金の状況を記録
		仕入帳	仕入れに関する明細を記録
		売上帳	売上げに関する明細を記録
		受取手形記入帳	受取手形の明細を記録
		支払手形記入帳	支払手形の明細を記録
	補助元帳	商品有高帳	商品別に商品の受払状況を記録
		買掛金元帳	仕入先別に買掛金の状況を記録
		売掛金元帳	得意先別に売掛金の状況を記録
		固定資産台帳	固定資産の状況を記録

問題編
問題62

帳簿編

第16章

試 算 表

毎日の取引を仕訳して、転記もちゃんとしたはずだけど、
もしかしたらまちがっているかもしれない…。
こんなときのために、仕訳や転記ミスを
チェックできるシステムがあるらしい…。

ここでは、試算表についてみていきましょう。

CASE 95 試算表

試算表の作成

あってるか
チェックしよう！

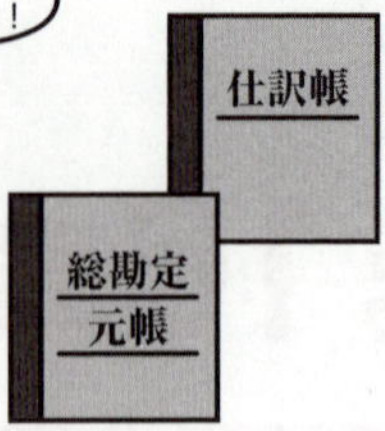
仕訳帳
総勘定元帳

日々の仕訳や転記の際にはまちがえないように注意していますが、取引が増えてくると心配です。
そこで、仕訳や転記ミスをチェックするために、定期的に試算表というものを作ることにしました。

例 2月の取引を転記した総勘定元帳は次のとおりである。

現　金

2/1 前月繰越 200	2/26 買掛金 110
2/25 売掛金 150	

資本金

	2/1 前月繰越 150

繰越利益剰余金

	2/1 前月繰越 100

売掛金

2/1 前月繰越 120	2/25 現金 150
2/6 売上 200	

買掛金

2/18 仕入 10	2/1 前月繰越 70
2/26 現金 110	2/3 仕入 100
	2/15 仕入 80

売　上

	2/6 売掛金 200

仕　入

2/3 買掛金 100	2/18 買掛金 10
2/15 買掛金 80	

※2月1日時点の残高（前月繰越）
現金：200円　売掛金：120円　買掛金：70円　資本金：150円　繰越利益剰余金：100円

試算表で仕訳や転記が正しいかチェックしよう！

会社は、日々の取引が正確に仕訳されて、総勘定元帳に転記されているかを定期的に確認しなければなりません。

> 帳簿をもとにもうけや財産を計算するので、帳簿の記入が正しくないといけないのです。

そこで、月末や期末（決算日）において**試算表**という表を作成して、仕訳や転記が正しくされているかどうかを確認します。なお、試算表には**合計試算表**、**残高試算表**、**合計残高試算表**の3種類があります。

合計試算表の作成

合計試算表には、総勘定元帳の勘定口座ごとに**借方合計**と**貸方合計**を集計していきます。

たとえば、CASE95の総勘定元帳の現金勘定を見ると、借方合計は350円（200円+150円）、貸方合計は110円です。

したがって、合計試算表の現金の欄に次のように記入します。

現　金

2/1	前月繰越	200	2/26	買掛金	110
2/25	売掛金	150			
		350円			110円

合計試算表

借方合計	勘定科目	貸方合計
350	現　金	110

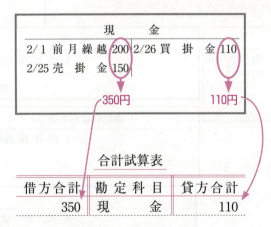

同様に、ほかの勘定科目欄をうめていきます。

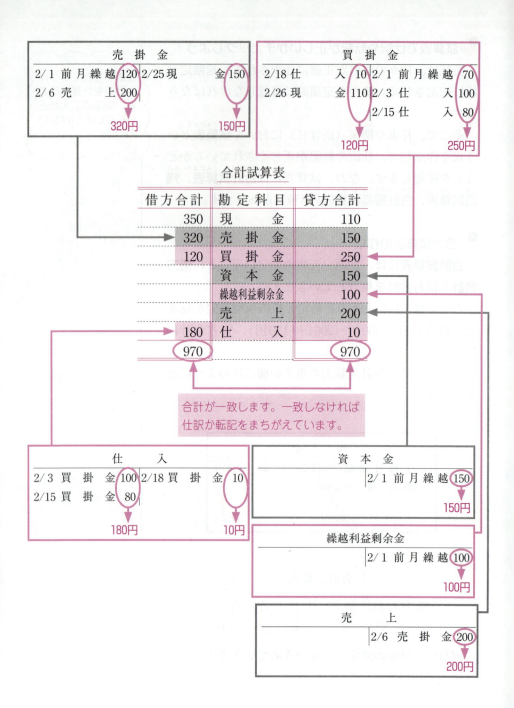

売掛金			
2/1 前月繰越	120	2/25 現金	150
2/6 売上	200		
	320円		150円

買掛金			
2/18 仕入	10	2/1 前月繰越	70
2/26 現金	110	2/3 仕入	100
		2/15 仕入	80
	120円		250円

合計試算表

借方合計	勘定科目	貸方合計
350	現金	110
320	売掛金	150
120	買掛金	250
	資本金	150
	繰越利益剰余金	100
	売上	200
180	仕入	10
970		970

合計が一致します。一致しなければ
仕訳か転記をまちがえています。

仕入			
2/3 買掛金	100	2/18 買掛金	10
2/15 買掛金	80		
	180円		10円

資本金			
		2/1 前月繰越	150
			150円

繰越利益剰余金			
		2/1 前月繰越	100
			100円

売上			
		2/6 売掛金	200
			200円

残高試算表の作成

残高試算表には、総勘定元帳の勘定口座ごとに**残高**を集計していきます。

たとえば、CASE95の現金勘定の借方合計は350円、貸方合計は110円なので、残高240円（350円－110円）を借方に記入します。

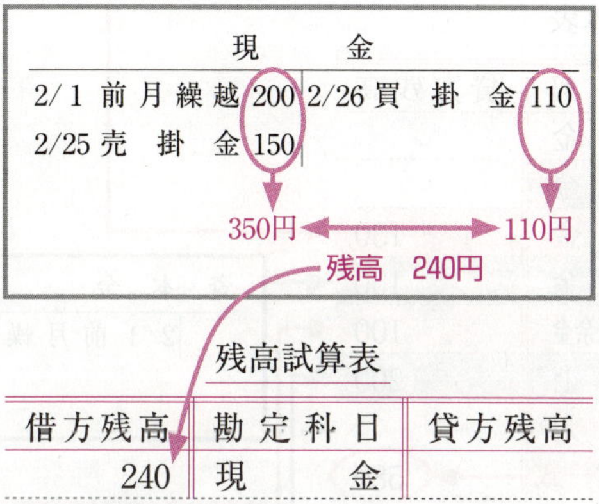

現　金
2/1 前月繰越 200
2/26 買　掛　金 110
2/25 売　掛　金 150
350円
110円
残高 240円
残高試算表
借方残高
勘定科目
貸方残高
240
現　金

同様に、ほかの勘定科目欄をうめていきます。

売掛金

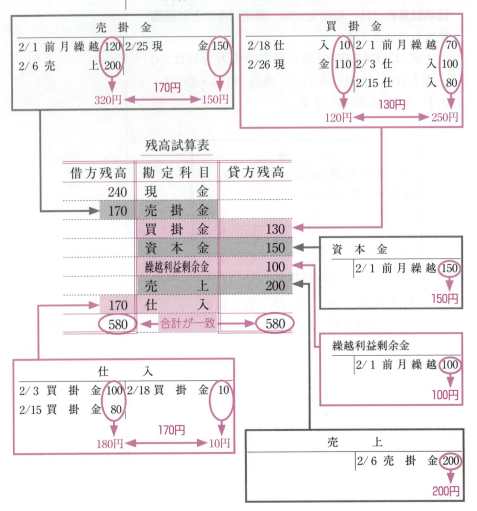

2/1 前月繰越	120	2/25 現金	150
2/6 売上	200		

320円 ⟷ 150円　170円

買掛金

2/18 仕入	10	2/1 前月繰越	70
2/26 現金	110	2/3 仕入	100
		2/15 仕入	80

120円 ⟷ 250円　130円

残高試算表

借方残高	勘定科目	貸方残高
240	現金	
170	売掛金	
	買掛金	130
	資本金	150
	繰越利益剰余金	100
	売上	200
170	仕入	
580	合計が一致	580

資本金

		2/1 前月繰越	150

150円

繰越利益剰余金

		2/1 前月繰越	100

100円

仕入

2/3 買掛金	100	2/18 買掛金	10
2/15 買掛金	80		

180円 ⟷ 10円　170円

売上

		2/6 売掛金	200

200円

合計残高試算表の作成

合計残高試算表は、合計試算表と残高試算表をあわせた試算表で、次のような形式になっています。

合計残高試算表

借方残高	借方合計	勘定科目	貸方合計	貸方残高
240	350	現金	110	
170	320	売掛金	150	
	120	買掛金	250	130
		資本金	150	150
		繰越利益剰余金	100	100
		売上	200	200
170	180	仕入	10	
580	970		970	580

合計試算表の記入と同じ

残高試算表の記入と同じ

問題編
問題63

帳簿編

第17章

伝票と仕訳日計表、証ひょう

取引は仕訳帳に仕訳…しなくてもいいんだって?
仕訳帳の代わりになる便利な紙片が大活躍。
また、伝票の記入内容を集計する
仕訳日計表という表も便利。

ここでは、伝票と仕訳日計表、証ひょうについてみていきましょう。

三伝票制

いままでは日々の取引を仕訳帳に記入していましたが、取引が増えるにしたがって、記帳の手間も増えてしまいました。
この記帳の手間をなんとかしたいと思ったゴエモン君。調べてみたら、伝票というものを使うとよさそうだということがわかりました。

伝票は記帳作業の強い味方！

これまで、取引が発生したら仕訳帳に仕訳することを前提に説明してきましたが、仕訳帳は1冊のノートのようなものなので、取引が多くなっても手分けして記帳することができず、少々不便です。

そこで、小さなサイズで、また切り離すこともできる**伝票**（でんぴょう）という紙片を仕訳帳に代えて使うことがあります。

伝票は仕訳帳の代わりになります。

伝票には、入金取引を記入する**入金伝票**（にゅうきんでんぴょう）、出金取引を記入する**出金伝票**（しゅっきんでんぴょう）などいくつかの種類があるので、取引の種類ごとに記帳作業を数人で手分けして行うことができるのです。

三伝票制

どの種類の伝票を使うかによって、伝票制度は**三伝票制**と**五伝票制**に分類できますが、日商試験では五伝票制は出題の範囲外なので、本書では三伝票制について説明します。

三伝票制とは、**入金伝票**（入金取引を記入）、**出金伝票**（出金取引を記入）、**振替伝票**（入金取引にも出金取引にも該当しない取引を記入）の3種類の伝票に記入（**起票**といいます）する方法をいいます。

入金取引は、仕訳の借方が現金となる取引、出金取引は貸方が現金となる取引です。

三伝票制

CASE 97

三伝票制

入金伝票の起票

入金伝票 ×1年10月6日	
科　目	金　額

ゴエモン㈱は売掛金100円を現金で受け取りました。
この取引は入金取引なので、入金伝票に記入しますが、どのように記入したらよいでしょうか。

入金伝票に記入してみよう！

取引 10月6日　ゴエモン㈱は、売掛金100円を現金で受け取った。なお、ゴエモン㈱は三伝票制を採用している。

ここまでの知識で仕訳をうめると…

（現　　金）	100	（売　掛　金）	100

入金取引→入金伝票

入金伝票を起票しよう！

入金伝票には入金取引が記入されます。したがって、**入金伝票の借方は「現金」と決まっています**ので、科目欄に仕訳の相手科目を記入し、金額欄に金額を記入します。

CASE97の起票

入金伝票 ×1年10月6日	
科　目	金　額
売掛金	**100**

入金伝票 ← 借方「現金」

相手科目を記入 → 売掛金

CASE 98

三伝票制

出金伝票の起票

出金伝票 ×1年10月9日	
科　目	金　額

ゴエモン㈱は買掛金100円を現金で支払いました。

この取引は出金取引なので、出金伝票に記入しますが、どのように記入したらよいでしょうか。

取引　10月9日　ゴエモン㈱は、買掛金100円を現金で支払った。なお、ゴエモン㈱は三伝票制を採用している。

ここまでの知識で仕訳をうめると…

（買　掛　金）	100	（現　　金）	100

↑出金取引→出金伝票

出金伝票を起票しよう！

出金伝票には出金取引が記入されます。したがって、**出金伝票の貸方は「現金」と決まっています**ので、科目欄に仕訳の相手科目を記入し、金額欄に金額を記入します。

CASE98の起票

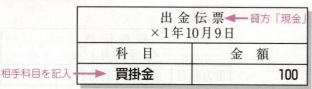

出金伝票 ← 貸方「現金」 ×1年10月9日	
科　目	金　額
買掛金	100

相手科目を記入 → 買掛金

振替伝票の起票

振替伝票 ×1年10月12日			
借方科目	金　額	貸方科目	金　額

ゴエモン㈱は商品100円を売り上げ、代金は掛けとしました。
この取引は入金取引でも出金取引でもない取引なので、振替伝票に記入しますが、どのように記入したらよいでしょうか。

取引 10月12日　ゴエモン㈱は、商品100円を売り上げ、代金は掛けとした。なお、ゴエモン㈱は三伝票制を採用している。

ここまでの知識で仕訳をうめると…

（売　掛　金）	100	（売　　上）	100

入金取引でも出金取引でもない取引 → 振替伝票

振替伝票を起票しよう！

三伝票制の場合、振替伝票には入金取引でも出金取引でもない取引が記入されます。したがって、仕訳の借方または貸方の勘定科目が決まっているわけではないので、入金伝票や出金伝票とは異なり、仕訳の形で記入します。

CASE99の起票

振替伝票 ×1年10月12日			
借方科目	金　額	貸方科目	金　額
売掛金	100	売　上	100

仕訳の形で記入 →

CASE 100 三伝票制

一部現金取引の起票

ゴエモン㈱は商品100円を仕入れて、60円は現金で支払い、残りの40円は掛けとしました。
この取引のように、出金取引（または入金取引）とその他の取引が混在している場合はどのように記入したらよいでしょうか？

取引 10月19日　ゴエモン㈱は、商品100円を仕入れ、代金のうち60円は現金で支払い、残額は掛けとした。なお、ゴエモン㈱は三伝票制を採用している。

ここまでの知識で仕訳をうめると…

（仕　入）	100	（現　金）	60
		（買 掛 金）	40

一部現金取引を起票しよう！

CASE100のように、取引の中には、現金（入金・出金）取引とそれ以外の取引が混在しているもの（**一部現金取引**（いちぶげんきんとりひき）といいます）があります。

このような一部現金取引の起票方法には、①**取引を分解して起票する方法**と、②**2つの取引が同時にあったと考えて起票する方法**があります。

取引を分解して起票する方法

CASE100の取引は、「商品60円を仕入れ、現金で支払った」という**出金取引**と「商品40円を仕入れ、掛けとした」という**その他の取引**の2つに分解することができます。

したがって、前者は**出金伝票**に後者は**振替伝票**に記入します。

CASE100の仕訳①

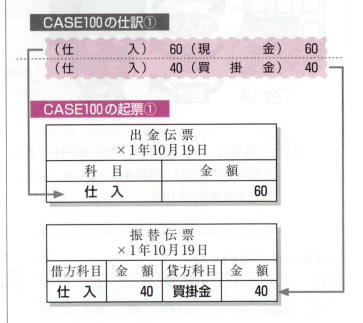

(仕　　入)	60	(現　　金)	60
(仕　　入)	40	(買　掛　金)	40

CASE100の起票①

出金伝票
×1年10月19日

科目	金額
仕入	**60**

振替伝票
×1年10月19日

借方科目	金額	貸方科目	金額
仕入	**40**	**買掛金**	**40**

2つの取引が同時にあったと考えて起票する方法

CASE100の取引は、「商品100円を掛けで仕入れた」あとに「買掛金のうち60円をただちに現金で支払った」と考えても、仕訳は同じになります。

①商品100円を掛けで仕入れたときの仕訳

(仕　　　入)	100	(買　掛　金)	100

＋

②買掛金のうち60円をただちに現金で支払ったときの仕訳

(買　掛　金)	60	(現　　　金)	60

CASE100の仕訳②

(仕　　　入)	100	(現　　　金)	60
		(買　掛　金)	40

したがって、「商品100円を仕入れ、代金は掛けとした」という**その他の取引**を**振替伝票**に記入し、「買掛金のうち60円をただちに現金で支払った」という**出金取引**を**出金伝票**に記入します。

CASE100の起票②

振替伝票
×1年10月19日

借方科目	金　額	貸方科目	金　額
仕　入	100	**買掛金**	100

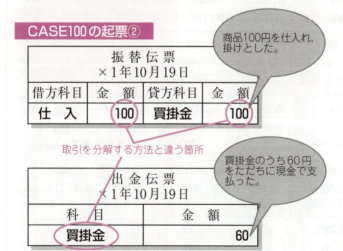

商品100円を仕入れ、掛けとした。

取引を分解する方法と違う箇所

出金伝票
×1年10月19日

科　目	金　額
買掛金	60

買掛金のうち60円をただちに現金で支払った。

問題編
問題64、65

CASE 101 仕訳日計表

仕訳日計表の作成と総勘定元帳への転記

伝票に記入したら、総勘定元帳に転記するのですが、どうも転記のときにミスをしてしまいます。
そこで、転記ミス防止のために仕訳日計表という表を作ってから、総勘定元帳に転記することにしました。

例 ×1年5月1日に作成された次の伝票にもとづいて、仕訳日計表を作成し、総勘定元帳（現金勘定）に転記しなさい。

入金伝票 No.101
売掛金（A商事） 200

入金伝票 No.102
貸付金 350

出金伝票 No.201
買掛金（乙商事） 100

出金伝票 No.202
貸付金 150

振替伝票 No.301
仕入 150
買掛金（甲商事） 150

振替伝票 No.302
仕入 250
買掛金（乙商事） 250

振替伝票 No.303
買掛金（乙商事） 10
仕入 10

振替伝票 No.304
売掛金（A商事） 400
売上 400

振替伝票 No.305
売掛金（B商事） 300
売上 300

振替伝票 No.306
売上 20
売掛金（A商事） 20

振替伝票 No.307
受取手形 120
売掛金（B商事） 120

振替伝票 No.308
買掛金（乙商事） 110
支払手形 110

用語 **仕訳日計表**…伝票に記入した1日分の取引を勘定科目ごとに集計しておく表

仕訳日計表とは

仕訳日計表とは、伝票に記入した１日分の取引を勘定科目ごとに集計しておく表のことをいいます。また、１週間分の伝票を集計する**仕訳週計表**というものもあります。

仕訳日計表は試算表の一種なので、伝票の記入と集計が正しければ、仕訳日計表の貸借合計は一致します。

総勘定元帳の番号（丁数）を記入する欄

仕訳日計表

×1年5月1日　　21

借方	元丁	勘定科目	元丁	貸方
××		現金		××
××		売掛金		××
：		：		：
××				××

貸借合計は一致します

したがって、仕訳日計表を利用することにより、集計ミスや転記ミスを防ぐことができるのです。

伝票から仕訳日計表に記入しよう！

伝票から仕訳日計表を作成するときは、仕訳をイメージしながら集計します。

入金伝票の仕訳

No.101：（現　　　　金）200（売掛金・A商事）　200
No.102：（現　　　　金）350（貸　付　金）　350

出金伝票の仕訳

No.201：（買掛金・乙商事）100（現　　　　金）　100
No.202：（貸　付　金）150（現　　　　金）　150

振替伝票の仕訳

No.301：（仕　　　　入）150（買掛金・甲商事）　150
No.302：（仕　　　　入）250（買掛金・乙商事）　250
No.303：（買掛金・乙商事）　10（仕　　　　入）　10
No.304：（売掛金・A商事）400（売　　　　上）　400
No.305：（売掛金・B商事）300（売　　　　上）　300
No.306：（売　　　　上）　20（売掛金・A商事）　20
No.307：（受 取 手 形）120（売掛金・B商事）　120
No.308：（買掛金・乙商事）110（支 払 手 形）　110

CASE101の仕訳日計表

仕 訳 日 計 表

×1年5月1日　　　21

借　方	元丁	勘定科目	元丁	貸　方
550		現　　金		250
120		受取手形		
700		売 掛 金		340
150		貸 付 金		350
		支払手形		110
220		買 掛 金		400
20		売　　上		700
400		仕　　入		10
2,160				2,160

400円+300円（→700）
100円+10円+110円（→220）
200円+20円+120円（→340）
150円+250円（→400）

仕訳日計表から総勘定元帳に転記しよう！

仕訳日計表に金額を集計したあと、総勘定元帳に転記します。

なお、総勘定元帳の摘要欄には「**仕訳日計表**」、仕丁欄には**仕訳日計表のページ数**（CASE101では「㉑」）を記入します。また、仕訳日計表の元丁欄には、**総勘定元帳の丁数**（CASE101では「①」）を記入します。

（各勘定の番号のことです。）

（たとえば、現金勘定への転記はこのようになります。）

仕訳日計表

×1年5月1日　　㉑

借　　方	元丁	勘定科目	元丁	貸　　方
550	①	現　　金	①	250

総勘定元帳

現　　金　　①

×1年		摘　　要	仕丁	借　方	貸　方	借／貸	残　　高
5	1	前月繰越	✓	900		借	900
	〃	仕訳日計表	21	550		〃	1,450
	〃	〃	〃		250	〃	1,200

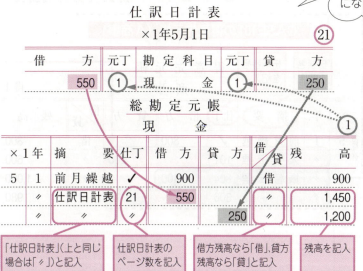

- 「仕訳日計表」（上と同じ場合は「〃」）と記入
- 仕訳日計表のページ数を記入
- 借方残高なら「借」、貸方残高なら「貸」と記入
- 残高を記入

得意先元帳、仕入先元帳を作成することもある！

試験では、総勘定元帳への転記のほかに、得意先元帳（売掛金元帳）や仕入先元帳（買掛金元帳）に記入する問題が出題されることもあります。

この場合は、会社ごとに伝票から直接記入し、得意先元帳や仕入先元帳の**摘要欄**には**伝票名**を、**仕丁欄**には**伝票番号**を記入します。

たとえば、CASE101の伝票から得意先元帳（A商事）に記入すると次のようになります。

入金伝票の仕訳

No.101：（現　　　金）200（売掛金・A商事）200

振替伝票の仕訳

No.304：（売掛金・A商事）400（売　　　上）400

No.306：（売　　　上）20（売掛金・A商事）20

CASE101の得意先元帳（A商事）

伝票名を記入　伝票番号を記入

得意先元帳

A商事　　得1

×1年		摘要	仕丁	借方	貸方	借/貸	残高
5	1	前月繰越	✓	800		借	800
	〃	入金伝票	101		200	〃	600
	〃	振替伝票	304	400		〃	1,000
	〃	〃	306		20	〃	980

問題編

問題66、67

CASE 102 証ひょう

証ひょうからの記帳

帳簿に記録するとき、納品書や請求書、領収書など、取引の事実が記載されている書類にもとづいてやらないといけないんだって！これらの書類のどこをみて、どういうふうに仕訳すればいいのかな？

証ひょうとは

取引は、取引の事実を表す書類にもとづいて帳簿に記録しなければなりません。この書類を**証ひょう**といいます。

証ひょうには、納品書、請求書、領収書（控え）などの書類のほか、相手方に渡した小切手や手形の控え、通帳、振込依頼書などがあります。

証ひょうの種類（納品書、請求書、領収書）

- 納品書…商品（品物）の納品と同時に送付する書類
- 請求書…代金の支払いを依頼するための書類
- 領収書…代金の受取りを証明するための書類

証ひょうからの記帳

ここでは、いくつかの具体的な証ひょうを用いて、証ひょうから仕訳を作ってみましょう。

取引(1) 商品を仕入れ、商品とともに次の請求書を受け取り、代金は後日支払うこととした（三分法、消費税は税抜方式）。

請　求　書

ゴエモン株式会社　御中

クロキチ株式会社

品　物	数　量	単　価	金　額
コーヒーカップ（白）　10個入り	20	300	￥ 6,000
マグカップ（ストライプ）10個入り	20	200	￥ 4,000
	消費税		￥ 1,000
	合　計		￥11,000

×2年9月30日までに合計額を下記口座へお振込みください。
東西銀行新宿支店　普通　1234567　クロキチ（カ

❶ 商品10,000円（6,000円＋4,000円）を仕入れているので、**仕入（費用）**を計上します。

（仕　　　入）10,000

❷ 商品の仕入れでかかった消費税（1,000円）は**仮払消費税（資産）**で処理します。

（仕　　　入）10,000
（仮 払 消 費 税） 1,000

❸ 商品を仕入れ、代金は後払いなので、合計金額（11,000円）は**買掛金（負債）**で処理します。

以上より、取引(1)の仕訳は次のようになります。

CASE102 取引(1)の仕訳

（仕　　　入）	10,000	（買　掛　金）	11,000
（仮 払 消 費 税）	1,000		

取引(2) 事務作業に使用する物品を購入し、品物とともに次の請求書を受け取り、代金は後日支払うこととした。

請　求　書

ゴエモン株式会社　御中

マンマル電器株式会社

品　物	数　量	単　価	金　額
デスクトップパソコン	1	320,000	¥320,000
プリンター用紙（500枚入り）	10	500	¥　5,000
セッティング代	1	3,000	¥　3,000
	合　計		¥328,000

×2年10月31日までに合計額を下記口座へお振込みください。
南北銀行池袋支店　普通　1325476　マンマルデンキ（カ

❶ デスクトップパソコンは**備品（資産）**で処理します。なお、セッティング代（付随費用）は備品の取得原価に含めます。

（備　　　品）323,000
320,000円＋3,000円

❷ プリンター用紙（5,000円）は**消耗品費（費用）**で処理します。

（備　　　品）323,000
（消 耗 品 費）　5,000

❸ 商品以外のものを購入し、代金は後払いなので、合計金額（328,000円）は**未払金（負債）**で処理します。

以上より、**取引(2)**の仕訳は次のようになります。

CASE102 取引(2)の仕訳

（備　　　　品）323,000（未　払　金）328,000
（消 耗 品 費）　5,000

取引(3) 出張から戻った従業員から次の報告書と領収書が提出されるとともに、以前に概算払いしていた20,000円との差額を現金で受け取った。

旅費交通費支払報告書

三色ミケ

移動先	手段等	領収書	金　額
高崎駅	電車	無	￥　1,800
シャム商事 高崎支店	タクシー	有	￥　3,100
帰社	電車	無	￥　1,800
	合　計		￥　6,700

領　収　書

運賃　￥3,100 −

上記のとおり領収いたしました。

高崎交通㈱

領　収　書

金額　￥8,300 −

但し、宿泊料として

上記のとおり領収いたしました。

ホテル高崎山

❶ 出張にかかった交通費や宿泊費は**旅費交通費（費用）**で処理します。

（旅 費 交 通 費）15,000

6,700円＋8,300円

タクシー代3,100円は、領収書と旅費交通費支払報告書の両方に記載があるので、二重に計上しないように気をつけましょう。

❷ 先に旅費交通費の概算額20,000円を**仮払金（資産）**で処理しているため、**仮払金（資産）の減少**で処理します。

（旅 費 交 通 費）15,000（仮　払　金）20,000

❸ 従業員から差額を現金で受け取っているので、5,000円（20,000円－15,000円）を**現金（資産）の増加**で処理します。

以上より、**取引(3)**の仕訳は次のようになります。

CASE102 取引(3)の仕訳

（旅費交通費）	15,000	（仮払金）	20,000
（現金）	5,000		

取引(4) 以下の納付書にもとづき、普通預金口座から振り込んだ。

領収証書

科目
法人税

本税	¥200,000
○○税	
△△税	
□□税	
合計額	¥200,000

納期等の区分	×10401 ×20331

中間申告　（確定申告）

住所	東京都新宿区○○
氏名	ゴエモン株式会社

出納印
×2.5.29
東西銀行

❶ 普通預金口座から振り込んでいるので、**普通預金（資産）の減少**で処理します。

		（普通預金）	200,000

「中間申告」に○がついていたら、中間申告で法人税等を納付（仮払い）したということになります。したがって、その場合は仮払法人税等（資産）で処理します。

❷ 科目 欄に「法人税」とあり、確定申告に○がついているので、200,000円は法人税の確定申告・納付額であることがわかります。

決算において、法人税の金額が確定したときに、法人税等を計上し、中間申告時に計上した**仮払法人税等（資産）**との差額（納付額）を**未払法人税等（負債）**で処理しています。

法人税の金額が確定したときの仕訳

（法人税、住民税及び事業税） 法人税等	××	（仮払法人税等）	××
		（未払法人税等）	200,000

取引(4)の200,000円は、確定申告時に計上した未払法人税等を普通預金口座から支払ったものなので、**未払法人税等（負債）の減少**で処理します。

以上より、**取引(4)**の仕訳は次のようになります。

CASE102 取引(4)の仕訳

（未払法人税等）	200,000	（普通預金）	200,000

取引(5) 取引銀行のインターネットバンキングサービスから当座勘定照合表（入出金明細）を参照したところ、以下のとおりだった。12月5日の取引の仕訳をしなさい。なお、クロキチ㈱およびシロミ㈱はそれぞれゴエモン㈱の商品の取引先で、商品売買取引はすべて掛けとしている。

×2年1月5日

当座勘定照合表

ゴエモン株式会社　様

東西銀行新宿支店

取引日	摘　要	お支払金額	お預り金額	取引残高
12. 5	お振込み　クロキチ㈱	10,000		××
12. 5	お振込手数料	100		××
12. 8	お振込み　シロミ㈱		15,000	××
⋮	⋮	⋮	⋮	⋮

❶ 12月5日の行には、「お支払金額　10,000円」、「お振込手数料 100円」とあります。したがって、当座預金口座からクロキチ㈱に振り込みをしていることがわかります。そこで、10,100円（10,000円＋100円）を**当座預金（資産）の減少**として処理します。

（当　座　預　金）10,100

ちなみに、12月8日は「お預り金額15,000円」なので、当座預金口座に入金があったことがわかります。

❷ そして、クロキチ㈱はゴエモン㈱の商品の取引先であり、商品売買取引は掛けで行っているため、クロキチ㈱に対する買掛金（10,000円）を支払った取引であることがわかります。したがって、**買掛金（負債）の減少**で処理します。

（買　掛　金）10,000（当　座　預　金）10,100

商品の仕入れ（後払い）→買掛金（負債）の増加→買掛金の支払い→買掛金（負債）の減少となります。

ちなみに、シロミ㈱がゴエモン㈱の商品の取引先であり、商品売買取引はすべて掛けで行っていることから、12月8日のシロミ㈱からの入金は、売掛金の回収取引であることがわかります。

❸ 振込手数料は**支払手数料（費用）**で処理します。

以上より、**取引(5)**の仕訳は次のようになります。

CASE102 取引(5)の仕訳

（買　掛　金）	10,000	（当 座 預 金）	10,100
（支 払 手 数 料）	100		

取引(6) 事務所の賃借契約を行い、以下の振込依頼書どおりに普通預金口座から振り込み、賃借を開始した。なお、仲介手数料は費用として処理すること。

振　込　依　頼　書

ゴエモン株式会社　様

株式会社タマ不動産

ご契約いただき、ありがとうございます。下記の金額を以下の口座へお振込みいただきますよう、よろしくお願いいたします。

内　　容	金　額
仲介手数料	￥ 10,000
敷金	￥120,000
初月賃料	￥ 60,000
合　計	￥190,000

南北銀行　中野支店　当座　3456789　カ）タマフドウサン

❶ 普通預金口座から振り込んでいるため、合計金額190,000円を**普通預金（資産）の減少**として処理します。

		（普 通 預 金）	190,000

❷ 仲介手数料（10,000円）は**支払手数料（費用）**で処理します。

（支払手数料）	10,000	（普通預金）	190,000

❸ 敷金（120,000円）は**差入保証金（資産）**で処理します。

敷金は退去時に（退去費用を差し引いた残額が）返還されるので、資産として処理します。

（支払手数料）	10,000	（普通預金）	190,000
（差入保証金）	120,000		

❹ 賃料（60,000円）は**支払家賃（費用）**で処理します。

「賃料」は家賃のことです。

以上より、取引⑹の仕訳は次のようになります。

CASE102 取引⑹の仕訳

（支払手数料）	10,000	（普通預金）	190,000
（差入保証金）	120,000		
（支払家賃）	60,000		

問題編
問題68

決算編

第18章

精算表と財務諸表

いままで学習した仕訳や転記、記帳は
すべて財務諸表をつくるために必要なこと。

ここでは、決算で必要な仕訳を復習しながら、
精算表と財務諸表についてみていきましょう。

CASE 103 決算手続

決算手続とは?

3/31
決算手続・・・。
仕訳編でもみたよね。
帳簿

3月31日。今日はゴエモン㈱の締め日（決算日）です。
決算日には、日々の処理とは異なり、決算手続というものがあります。

決算手続

企業は会計期間（通常1年）ごとに決算日を設け、1年間のもうけや決算日の資産や負債の状況をまとめます。この手続きを**決算**とか**決算手続**といいます。

会社やお店をまとめて企業といいます。

決算手続は5ステップ！

決算手続は次の5つのステップで行います。

第1ステップは、**試算表**の作成です。試算表を作成することにより、仕訳や転記が正しいかを確認します。

第2ステップは、**決算整理**（けっさんせいり）です。決算整理は、経営成績や財政状態を正しく表すために必要な処理で、現金過不足の処理や貸倒引当金の設定などがあります。

第3ステップは、**精算表**（せいさんひょう）の作成です。精算表は、試算表から、決算整理を加味して損益計算書や貸借対照表を作成する過程を表にしたものです。

第4ステップは、**損益計算書**と**貸借対照表**の作成です。損益計算書で企業の1年間のもうけ（**経営成績**（けいえいせいせき）といいます）を、貸借対照表で資産や負債の状況（**財政状態**（ざいせいじょうたい）といいます）を表します。

試算表の作成はすでに学習しましたね。

仕訳編で学習した決算日の仕訳ですね。

3級の試験では、第3問で精算表の作成が出題されます。

損益計算書と貸借対照表をまとめて財務諸表といいます。

第5ステップは、**帳簿の締め切り**です。帳簿や勘定を締め切ることによって、次期に備えます。

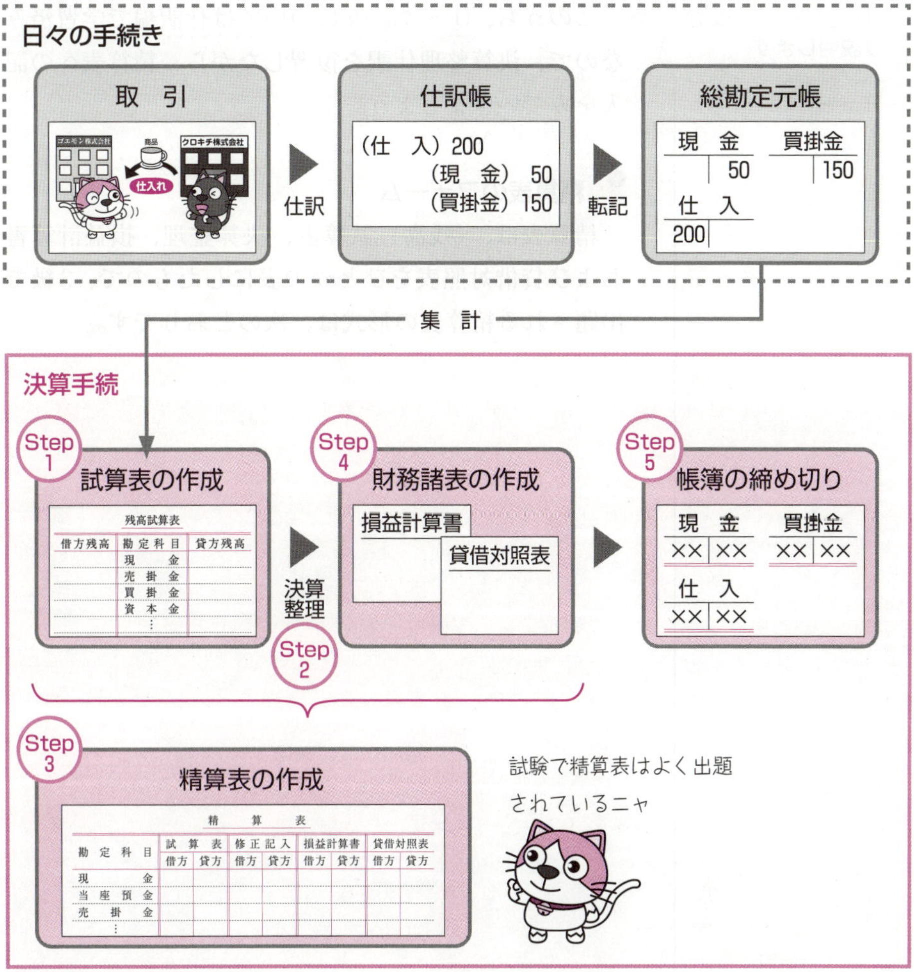

3級で学習する決算整理

第2ステップの決算整理のうち3級で学習する決算整理は、**①現金過不足の処理**、**②当座借越の振り替え**、**③貯蔵品の振り替え**、**④貸倒引当金の設定**、**⑤固**

定資産の減価償却、⑥消費税の処理、⑦費用・収益の前払い・前受けと未払い・未収、⑧売上原価の算定、⑨法人税等の計上の9つがあります。

⑧についてはCASE 111と112でしっかり説明します。

このうち、①～⑦、⑨については仕訳編で学習済みなので、決算整理仕訳を復習しながら、精算表への記入をみていきましょう。

精算表のフォーム

精算表は、（残高）試算表、決算整理、損益計算書および貸借対照表をひとつの表にしたもので、3級で出題される精算表の形式は、次のとおりです。

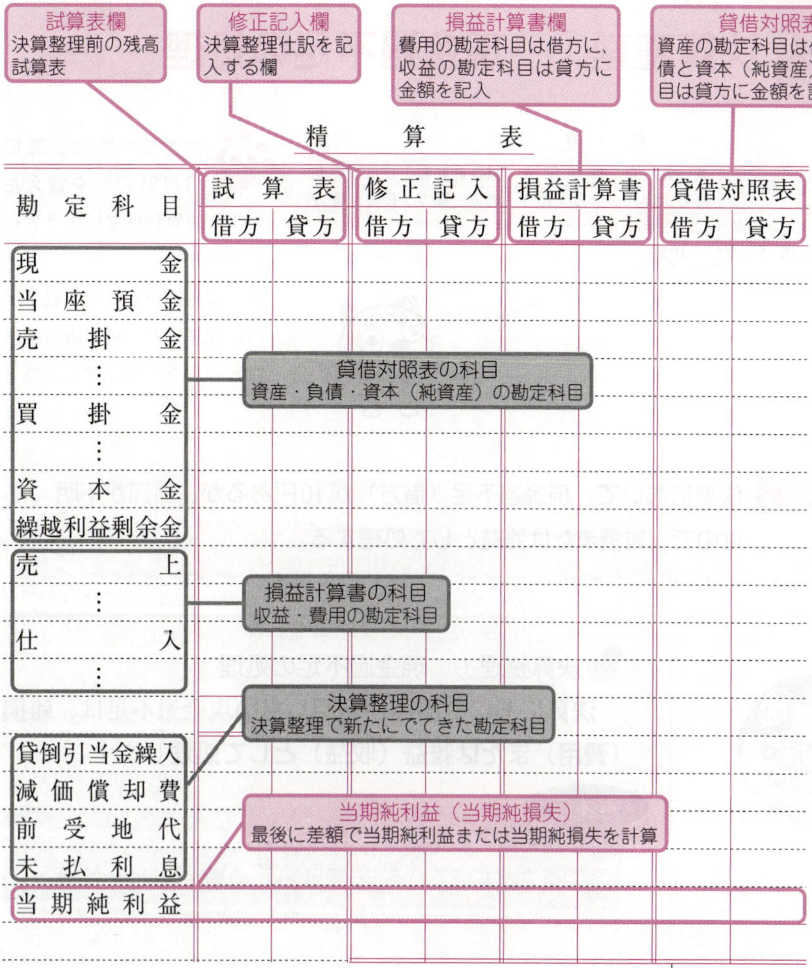
試算表欄
決算整理前の残高試算表
修正記入欄
決算整理仕訳を記入する欄
損益計算書欄
費用の勘定科目は借方に、収益の勘定科目は貸方に金額を記入
貸借対照表欄
資産の勘定科目は借方に、負債と資本（純資産）の勘定科目は貸方に金額を記入
精　算　表
勘　定　科　目
試　算　表
修　正　記　入
損益計算書
貸借対照表
借方　貸方
現　　金
当　座　預　金
売　掛　金
買　掛　金
資　本　金
繰越利益剰余金
貸借対照表の科目
資産・負債・資本（純資産）の勘定科目
売　　上
仕　　入
損益計算書の科目
収益・費用の勘定科目
決算整理の科目
決算整理で新たにでてきた勘定科目
貸倒引当金繰入
減価償却費
前受地代
未払利息
当期純利益（当期純損失）
最後に差額で当期純利益または当期純損失を計算
当期純利益

CASE 104 精算表

決算整理① 現金過不足の処理

精　算　表

勘定科目	試算表		修正記入		損益計算書		貸借対照表	
	借方	貸方	借方	貸方	借方	貸方	借方	貸方
現　　金	300							
現金過不足	10							
雑　（　）								

ゴエモン㈱は決算日（3月31日）を迎えたので、決算整理を行おうとしています。
まずは原因不明の現金過不足の処理ですが、精算表の記入はどのようになるでしょう？

例　決算において、現金過不足（借方）が10円あるが、原因が不明なので、雑損または雑益として処理する。

学習済　CASE14で学習しました

決算整理①　現金過不足の処理

決算において原因が判明しない現金過不足は、**雑損（費用）または雑益（収益）として処理**します。

考え方

①現金過不足を減らす（貸方に記入）
②借方があいている → 費用の勘定科目 → 雑損

CASE104の仕訳

（雑　　損）	10	（現金過不足）	10

精算表の記入

上記の決算整理仕訳を、精算表の修正記入欄に記入します。

借方が雑損なので、勘定科目欄の雑（　）の（　）に**損**と書き、修正記入欄の借方に10円と記入します。

また、貸方が現金過不足なので、現金過不足の貸方に10円と記入します。

精　　算　　表

勘定科目	試算表		修正記入		損益計算書		貸借対照表	
	借方	貸方	借方	貸方	借方	貸方	借方	貸方
現　　金	300							
現金過不足	10			10				
雑　（損）			10					

雑損のときは（損）、雑益のときは（益）と記入

（雑　　損）　10（現金過不足）　10

修正記入欄に金額を記入したら、試算表欄の金額に修正記入欄の金額を加減して、**収益と費用の勘定科目は損益計算書欄に、資産・負債・資本（純資産）の勘定科目は貸借対照表欄**に金額を記入します。

たとえば、**現金（資産）**は試算表欄の**借方**に300円、修正記入欄は0円なので、貸借対照表欄の**借方**に300円と記入します。

現金は資産なので、貸借対照表の借方に記入します。

また、**現金過不足**は試算表欄の**借方**に10円、修正記入欄の**貸方**に10円なので残額0円となり、**記入なし**となります。

そして、**雑損（費用）**は修正記入欄の**借方**に10円とあるので、損益計算書欄の**借方**に10円と記入します。

雑損は費用なので、損益計算書の借方に記入します。

CASE104の記入

精　　算　　表

勘定科目	試算表		修正記入		損益計算書		貸借対照表	
	借方	貸方	借方	貸方	借方	貸方	借方	貸方
現　　金	300						300	
現金過不足	10			㊀ 10	0円になるので、記入なし			
雑　（損）			10		10			

CASE 105 精算表

決算整理②　当座借越の振り替え

精　算　表

勘定科目	試算表		修正記入		損益計算書		貸借対照表	
	借方	貸方	借方	貸方	借方	貸方	借方	貸方
当座預金		20						
(　　　　)								

試算表欄の当座預金を見ると、貸方に金額が記入されています。
当座預金は資産なので、通常は借方に金額が記載されているはずだけど…。
このときの精算表の記入はどのようになるでしょう？

例　当座預金勘定の貸方残高20円を当座借越勘定に振り替える。

学習済 CASE20で学習しました

決算整理②　当座借越の振り替え

決算日において当座借越が生じている（当座預金が貸方残高であるとき）は、貸方の当座預金を**当座借越（負債）**に振り替えます。

当座借越（負債）は借入金（負債）で処理することもあります。

考え方
①当座預金を増やす（借方に記入）
②貸方 → 当座借越

CASE105の仕訳と記入

借方		貸方	
(当　座　預　金)	20	(当　座　借　越)	20

精　算　表

勘定科目	試算表		修正記入		損益計算書		貸借対照表	
	借方	貸方	借方	貸方	借方	貸方	借方	貸方
当座預金		20	20					
(当座借越)				20				20

CASE 106 精算表

決算整理③　貯蔵品の振り替え

精　算　表

勘定科目	試算表		修正記入		損益計算書		貸借対照表	
	借方	貸方	借方	貸方	借方	貸方	借方	貸方
通信費	130							
租税公課	100							
(　　　)								

期末において、当期に購入した郵便切手50円分と、収入印紙70円分が残っています。
このときの精算表の記入はどのようになるでしょう？

例　決算日において郵便切手50円分と収入印紙70円分が残っている。いずれも当期に購入したもので、購入時に郵便切手は通信費、収入印紙は租税公課で処理している。

決算整理③　貯蔵品の振り替え

郵便切手や郵便はがき、収入印紙が決算日において残っている場合には、残っている分だけ、**通信費（費用）**や**租税公課（費用）**から**貯蔵品（資産）**に振り替えます。

学習済 CASE57で学習しました

考え方

①通信費、租税公課を減らす（貸方に記入）
②借方 → 貯蔵品

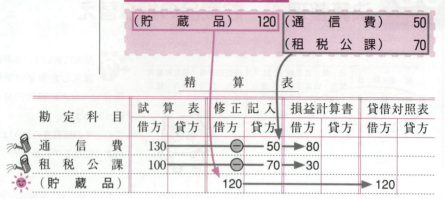

CASE106の仕訳と記入

(貯蔵品)	120	(通信費)	50
		(租税公課)	70

精算表

勘定科目	試算表		修正記入		損益計算書		貸借対照表	
	借方	貸方	借方	貸方	借方	貸方	借方	貸方
通信費	130			50	80			
租税公課	100			70	30			
(貯蔵品)			120				120	

CASE 107 精算表

決算整理④　貸倒引当金の設定

精　算　表

勘定科目	試算表		修正記入		損益計算書		貸借対照表	
	借方	貸方	借方	貸方	借方	貸方	借方	貸方
売掛金	600							
貸倒引当金		2						
貸倒引当金繰入								

これに貸倒引当金を設定する！

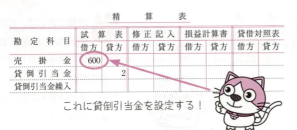

決算において、期末に残っている売掛金や受取手形には、貸倒引当金を設定します。
このときの精算表の記入はどのようになるでしょう？

例　決算において、売掛金の期末残高について、2%の貸倒引当金を設定する（差額補充法）。

決算整理④　貸倒引当金の設定

決算において、売掛金や受取手形の貸倒額を見積り、貸倒引当金を設定します。

学習済 CASE60で学習しました

考え方

①貸倒引当金の設定額：600円×2%＝12円
　貸倒引当金期末残高：2円（試算表欄より）
　追加で計上する貸倒引当金：12円－2円＝10円 → 貸方
②借方 → 貸倒引当金繰入（費用）

CASE107の仕訳と記入

（貸倒引当金繰入）　10（貸倒引当金）　10

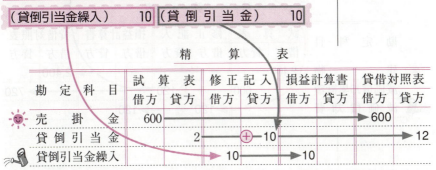

精　算　表

勘定科目	試算表		修正記入		損益計算書		貸借対照表	
	借方	貸方	借方	貸方	借方	貸方	借方	貸方
売掛金	600						600	
貸倒引当金		2		⊕10				12
貸倒引当金繰入			10		10			

CASE 108 精算表

決算整理⑤　固定資産の減価償却

精　算　表

勘定科目	試算表		修正記入		損益計算書		貸借対照表	
	借方	貸方	借方	貸方	借方	貸方	借方	貸方
建物	2,400							
減価償却累計額		600						
減価償却費								

決算において、建物や備品などの固定資産は、価値の減少分を見積り、減価償却費を計上します。このときの精算表の記入はどのようになるでしょう？

例　決算において、建物について定額法（耐用年数20年、残存価額はゼロ）により減価償却を行う。

決算整理⑤　固定資産の減価償却

決算において、建物や備品などの固定資産は減価償却を行います。

学習済 CASE64,65で学習しました

考え方

減価償却費：2,400円÷20年＝120円

CASE108の仕訳と記入

借方		貸方	
（減価償却費）	120	（減価償却累計額）	120

精　算　表

勘定科目	試算表		修正記入		損益計算書		貸借対照表	
	借方	貸方	借方	貸方	借方	貸方	借方	貸方
建物	2,400						2,400	
減価償却累計額		600		＋120				720
減価償却費			120		120			

参考　月次決算を行っている場合の年次決算の処理

通常、決算は１事業年度（１年）に１回行いますが、毎月の経営成績や財政状態を明らかにするため、毎月決算をすることもあります。１事業年度に１回行う決算を**年次決算**、毎月行う決算を**月次決算**といいます。

月次決算を行っている場合の、減価償却費の処理は、次のようになります。

年次決算（通常の決算）では、１年間が過ぎたあとでなければ会社の状況が明らかになりません。一方、月次決算では月末ごとに決算をするので、毎月会社の状況が明らかになります。そのため、月次決算を行うことによって、より迅速でタイムリーな経営判断ができるようになるのです。

(1) 月次決算時の仕訳

月次決算では、１年間の減価償却費を見積り、それを12か月で割った金額を毎月計上します。

例 ゴエモン㈱は月次決算を行っている。建物の減価償却費について、年間見積額120円を12か月で割った金額を毎月の決算で計上している。当月の減価償却費を計上しなさい。

（減価償却費）	10	（減価償却累計額）	10

120円÷12か月

(2) 年次決算時の仕訳

年次決算では、１年間の適正な減価償却費を計算し、月次決算で計上していた減価償却費の合計額との差額を年次決算において計上します。

例 当期の会計期間は×1年4月1日から×2年3月31日までである。また、ゴエモン㈱は月次決算を行っている。建物の減価償却費について、年間見積額120円を12か月で割った金額を毎月の決算で計上しており、×2年2月末まで計上している。決算において3月分について同額を計上する。

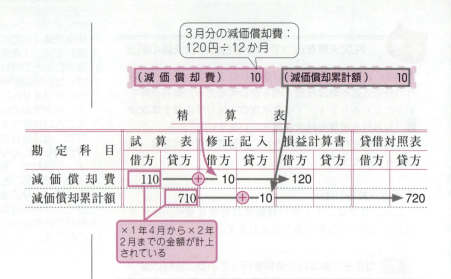

3月分の減価償却費：
120円÷12か月

（減 価 償 却 費） 10　（減価償却累計額） 10

精　　算　　表

勘　定　科　目	試　算　表		修　正　記　入		損益計算書		貸借対照表	
	借方	貸方	借方	貸方	借方	貸方	借方	貸方
減　価　償　却　費	110		10		120			
減価償却累計額		710		10				720

×1年4月から×2年
2月までの金額が計上
されている

CASE 109 精算表

決算整理⑥　消費税の処理

精　算　表

勘定科目	試算表		修正記入		損益計算書		貸借対照表	
	借方	貸方	借方	貸方	借方	貸方	借方	貸方
仮払消費税	10							
仮受消費税		30						
未払消費税								

仮払消費税と仮受消費税を相殺する！

決算において、仮払消費税と仮受消費税を相殺します。
このときの精算表の記入はどのようになるでしょう？

例　決算日につき、仮払消費税10円と仮受消費税30円を相殺する。

決算整理⑥　消費税の処理

決算日において**仮払消費税（資産）**と**仮受消費税（負債）**を相殺します。

そして、差額（納付額）を**未払消費税（負債）**として処理します。

学習済 CASE77で学習しました

考え方

①仮払消費税 を減らす → 貸方
②仮受消費税 を減らす → 借方
③差額 → 未払消費税 → 貸方

CASE109の仕訳と記入

(仮受消費税)	30	(仮払消費税)	10
		(未払消費税)	20

精　算　表

勘定科目	試算表		修正記入		損益計算書		貸借対照表	
	借方	貸方	借方	貸方	借方	貸方	借方	貸方
仮払消費税	10			10				
仮受消費税		30	30					
未払消費税				20				20

CASE 110　精算表

決算整理⑦　費用・収益の前払い・前受けと未払い・未収

精　算　表

勘定科目	試算表		修正記入		損益計算書		貸借対照表	
	借方	貸方	借方	貸方	借方	貸方	借方	貸方
支払家賃	120							
支払利息	10							
(　　　)家賃								
(　　　)利息								

決算において、費用や収益の前払い・前受けや未払い・未収を行います。このときの精算表の記入はどのようになるでしょう？

例　決算において、支払家賃のうち70円を前払処理する。また、支払利息の未払分4円を未払計上する。

決算整理⑦　費用・収益の前払い・前受けと未払い・未収

決算において、費用・収益の前払い・前受けや未払い・未収の処理をします。

学習済 第14章で学習しました

考え方

(1) 家賃の前払い
①支払家賃の取り消し → 貸方
②次期の家賃の前払い → 前払家賃 → 借方
(2) 利息の未払い
①支払利息（費用）を未払計上する
→ 支払利息の発生 → 借方
②当期の利息の未払い → 未払利息 → 貸方

CASE110の仕訳と記入

(前払家賃)	70	(支払家賃)	70
(支払利息)	4	(未払利息)	4

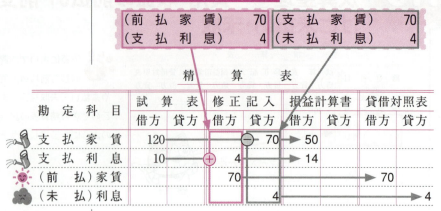

精　算　表

勘定科目	試算表		修正記入		損益計算書		貸借対照表	
	借方	貸方	借方	貸方	借方	貸方	借方	貸方
支払家賃	120			70	50			
支払利息	10		4		14			
（前払）家賃			70				70	
（未払）利息				4				4

なお、収益の前受けと未収の記入例（地代180円の前受けと利息4円の未収）は次のとおりです。

(受取地代)	180	(前受地代)	180
(未収利息)	4	(受取利息)	4

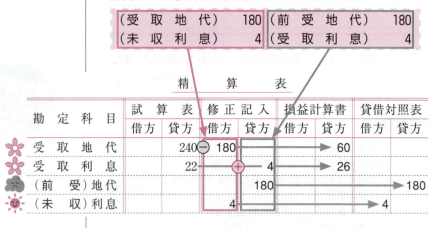

精　算　表

勘定科目	試算表		修正記入		損益計算書		貸借対照表	
	借方	貸方	借方	貸方	借方	貸方	借方	貸方
受取地代		240	180			60		
受取利息		22		4		26		
（前受）地代				180				180
（未収）利息			4				4	

CASE 111　精算表

決算整理⑧－1　売上原価の算定①

精　算　表

勘定科目	試算表		修正記入		損益計算書		貸借対照表	
	借方	貸方	借方	貸方	借方	貸方	借方	貸方
繰越商品	0							
売上		1,800						
仕入	800							

800円仕入れたけど、
売れ残っているのが100円あるぞ？

当期から営業を開始したゴエモン㈱。当期に仕入れた商品は800円ですが、このうち100円はまだ売れていないので手許に残っています。
このときの決算整理仕訳と精算表の記入はどのようになるでしょう？

例　ゴエモン㈱の当期の商品仕入高は800円であるが、このうち100円は期末現在、未販売である。

決算整理⑧　売上原価の算定（期首商品がない場合）

三分法で処理している場合、商品を仕入れたときに仕入（費用）として処理するため、期末に残っている商品（まだ売り上げていない商品）の原価も仕入（費用）の金額に含められています。

しかし、期末に残っている商品は資産なので、決算において、期末に残っている商品の仕入原価（**期末商品棚卸高**といいます）を**仕入（費用）から繰越商品（資産）に振り替えます**。

CASE111では、当期の商品仕入高800円のうち、100円が期末に資産として残っています。そこで、100円について、仕入（費用）から繰越商品（資産）に振り替えます。

まずは、期首に商品がないケースでウォーミングアップ!

郵便切手を購入時に通信費（費用）として処理した場合、決算において残っている分を貯蔵品（資産）に振り替えましたよね。これと同じ考え方です。

CASE111の仕訳

（繰　越　商　品）　100（仕　　　　入）　100

この時点で、仕入（費用）は700円（800円－100円）となります。この700円は、当期に売り上げた商品の仕入原価なので**売上原価**を意味します。

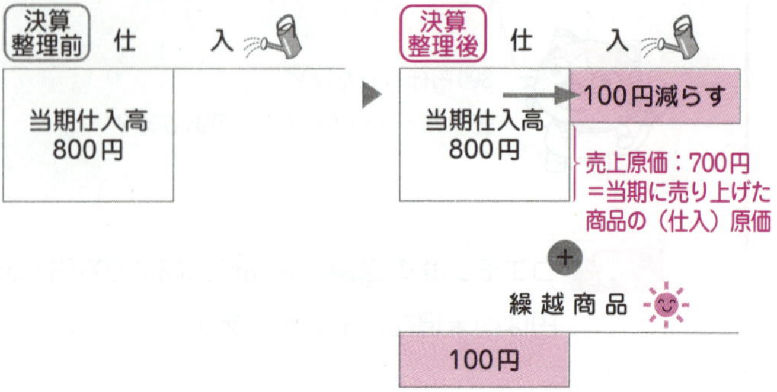

精算表の記入

上記の決算整理仕訳を、精算表の修正記入欄に記入し、損益計算書欄と貸借対照表欄をうめます。

CASE111の記入

精　　算　　表

勘定科目	試算表 借方	試算表 貸方	修正記入 借方	修正記入 貸方	損益計算書 借方	損益計算書 貸方	貸借対照表 借方	貸借対照表 貸方
繰越商品	0		100				100	
売上		1,800				1,800		
仕入	800			⊖100	700			

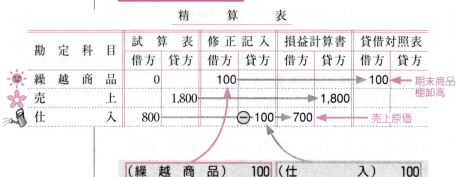

期末商品棚卸高
売上原価

（繰　越　商　品）　100（仕　　　　入）　100

CASE 112　精算表

決算整理⑧−2　売上原価の算定②

精　　算　　表

勘定科目	試算表		修正記入		損益計算書		貸借対照表	
	借方	貸方	借方	貸方	借方	貸方	借方	貸方
繰越商品	100							
売上		1,800						
仕入	900							

期首に商品があった場合はどうするんだろ？

今度は期首に商品があるケースを考えてみましょう。

当期に仕入れた商品は900円ですが、このうち50円は期末において手許に残っています。また、期首において前期から残っている商品が100円あります。

例　期末商品棚卸高は50円であった（当期の商品仕入高は900円、期首商品棚卸高は100円）。なお、売上原価は「仕入」の行で計算すること。

ここまでの知識で仕訳をうめると…

（繰越商品）	50	（仕入）	50

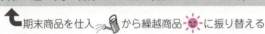

期末商品を仕入から繰越商品に振り替える

決算整理⑧　売上原価の算定（期首商品がある場合）

先ほどのCASE111では、期首商品がない場合の売上原価の算定をみましたが、今度は期首商品（**期首商品棚卸高**（きしゅしょうひんたなおろしだか）といいます）がある場合の売上原価の算定についてみていきましょう。

期首に商品（繰越商品）がある場合、その期首商品は当期に売り上げていると考えて処理します。したがって、売上原価の算定の際には、**期首の繰越商品の原価を仕入（費用）に振り替えます**。

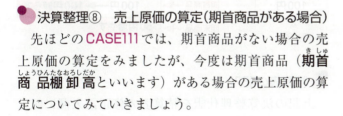

期首商品→売り上げている→その原価は売上原価となるので、仕入（費用）に加算。

繰越商品を減らして仕入を増やします。

期首商品棚卸高の振り替え。

期末商品棚卸高の振り替え。

CASE112では、精算表の試算表欄・繰越商品に100円とあります。試算表欄の繰越商品は期首の商品を表しますので、繰越商品（資産）100円を仕入（費用）に振り替えます。

CASE112の仕訳

（仕　　　入）	100	（繰越商品）	100
（繰越商品）	50	（仕　　　入）	50

この時点で、仕入（費用）は950円（900円＋100円－50円）となるので、売上原価は950円と算定できます。

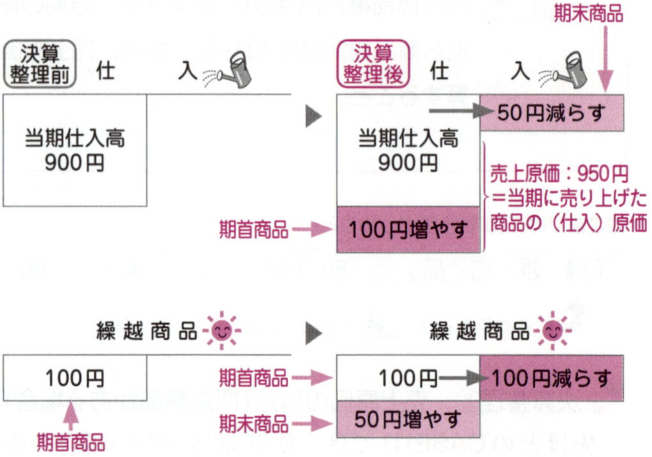

精算表の記入

上記の決算整理仕訳を精算表の修正記入欄に記入し、損益計算書欄と貸借対照表欄をうめます。

CASE112の記入

精　算　表

勘定科目	試算表 借方	試算表 貸方	修正記入 借方	修正記入 貸方	損益計算書 借方	損益計算書 貸方	貸借対照表 借方	貸借対照表 貸方
繰越商品	100		⊕50	⊖100			50	
売上		1,800				1,800		
仕入	900		⊕100	⊖50	950			

期末商品棚卸高

売上原価

（仕入）	100	（繰越商品）	100
（繰越商品）	50	（仕入）	50

売上原価が「仕入」の行で算定されます。

売上原価と売上総利益

以上より、売上原価は次の計算式で算定できることがわかります。

売上原価（950円）＝ 期首商品棚卸高（100円）＋ 当期商品仕入高（900円）－ 期末商品棚卸高（50円）

また、売上高から売上原価を差し引いて**売上総利益**（当期の商品販売によって生じた利益）を求めることができます。

売上総利益（850円）＝ 売上高（1,800円）－ 売上原価（950円）

売上総利益の計算は商品有高帳でも学習しましたね。

参考　売上原価を売上原価勘定で算定する方法

CASE111とCASE112では、売上原価を算定する際、仕入勘定を使いましたが、仕入勘定ではなく**売上原価勘定**を使う方法もあります。

この場合は、まず①期首商品棚卸高を繰越商品（資産）から売上原価（費用）に振り替え、次に②当期商品仕入高を仕入（費用）から売上原価（費用）に振り替えます。

そして、最後に③期末商品棚卸高を売上原価（費用）から繰越商品（資産）に振り替えます。

例 次の資料にもとづいて、売上原価を算定する仕訳を示しなさい。なお、当社では売上原価は売上原価勘定で算定している。
期首商品棚卸高 100円　当期商品仕入高 900円
期末商品棚卸高　50円

①期首商品棚卸高の振り替え

（売　上　原　価）	100	（繰　越　商　品）	100

②当期商品仕入高の振り替え

（売　上　原　価）	900	（仕　　　　入）	900

③期末商品棚卸高の振り替え

（繰　越　商　品）	50	（売　上　原　価）	50

売上原価を仕入勘定で算定する方法との違いは、
①（仕　　入）100
（繰越商品）100
③（繰越商品）50
（仕　　入）50
の「仕入」が「売上原価」に変わるという点と、当期商品仕入高を売上原価勘定に振り替える仕訳（②）が追加されるという点です。

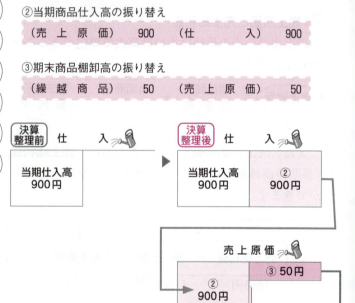

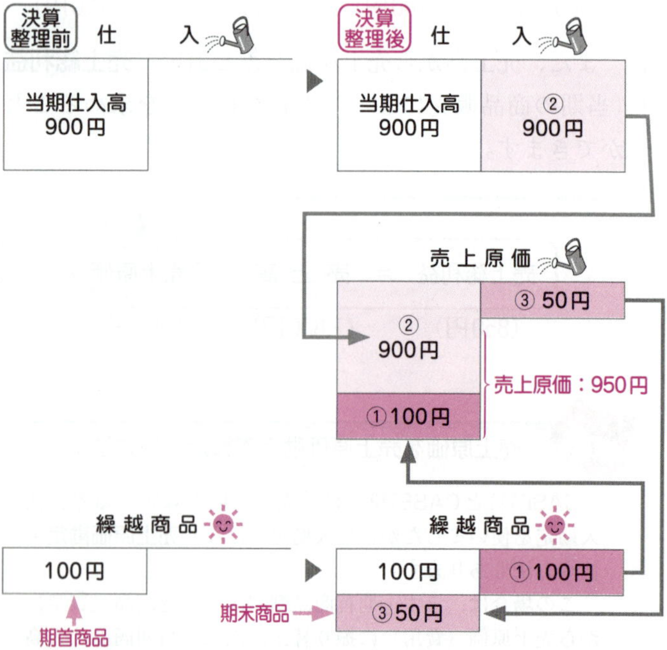

CASE 113 精算表

決算整理⑨　法人税等の計上

精　算　表

勘定科目	試算表		修正記入		損益計算書		貸借対照表	
	借方	貸方	借方	貸方	借方	貸方	借方	貸方
仮払法人税等	100							
法人税等								
未払法人税等								

仮払法人税等がある場合の処理は？

決算において、当期の利益が確定したため、当期の法人税等が210円と確定しました。
このときの精算表の記入はどのようになるでしょう？

例　決算の結果、法人税等が210円と計算された。なお、中間納付額100円が仮払法人税等として計上されている。

決算整理⑨　法人税等の計上

決算において、当期の法人税等の金額が確定したときは、**法人税、住民税及び事業税**（または**法人税等**）を計上します。

なお、仮払法人税等があるときは、**仮払法人税等（資産）**を減らし、確定した法人税等と仮払法人税等との差額を**未払法人税等（負債）**で処理します。

学習済　CASE74で学習しました

考え方

①法人税等を計上する → 借方
②仮払法人税等を減らす → 貸方
③差額 → 未払法人税等を計上する → 貸方

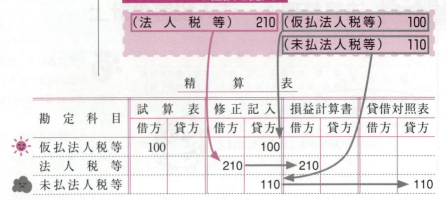

CASE113の仕訳と記入

（法　人　税　等）	210	（仮払法人税等）	100
		（未払法人税等）	110

精　算　表

勘定科目	試算表		修正記入		損益計算書		貸借対照表	
	借方	貸方	借方	貸方	借方	貸方	借方	貸方
仮払法人税等	100			100				
法人税等			210		210			
未払法人税等				110				110

CASE 114 精算表

当期純利益または当期純損失の計上

精 算 表

勘 定 科 目	試 算 表		修 正 記 入		損益計算書		貸借対照表	
	借方	貸方	借方	貸方	借方	貸方	借方	貸方
⋮								
当 期 純 利 益								

決算整理を精算表に記入し終わったゴエモン君。でも、その精算表にはまだあいている箇所があります。ここでは、決算整理以外の精算表の記入をみていきましょう。

当期純利益（または純損失）の計算

決算整理をして、精算表の修正記入欄、損益計算書欄、貸借対照表欄をうめたら、最後に**当期純利益**（または**当期純損失**）を計算します。

買掛金や資本金など決算整理のない勘定科目については、試算表の金額をそのまま損益計算書欄または貸借対照表欄に記入します。

当期純利益（または当期純損失）は、損益計算書の収益から費用を差し引いて計算します。ここで、収益が費用よりも多ければ**当期純利益（損益計算書欄の借方に記入）**となり、収益が費用よりも少なければ**当期純損失（損益計算書欄の貸方に記入）**となります。

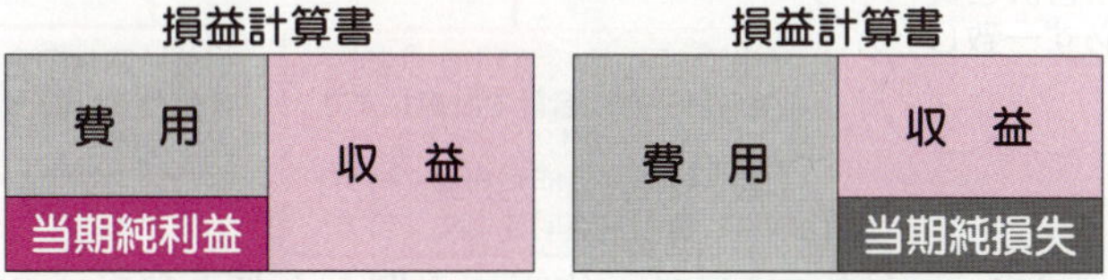

そして、損益計算書欄で計算した当期純利益（または当期純損失）を**貸借を逆にして貸借対照表欄に記入**します。したがって、**当期純利益**（損益計算書欄の**借方**に記入）ならば、貸借対照表欄の**貸方**に記入し、**当期純損失**（損益計算書欄の**貸方**に記入）ならば、貸借対照表欄の**借方**に記入します。

当期純利益（当期純損失）は貸借対照表欄の貸借差額で計算することもできます。

精　算　表

勘定科目	試算表		修正記入		損益計算書		貸借対照表	
	借方	貸方	借方	貸方	借方	貸方	借方	貸方
現金	300						300	
売掛金	600						600	
繰越商品	100		50	100			50	
建物	2,400						2,400	
買掛金		578						578
貸倒引当金		2		10				12
減価償却累計額		600		120				720
資本金		1,000			費用合計 1,130円	収益合計 1,860円		1,000
繰越利益剰余金		200						200
売上		1,800				1,800		
受取地代		240	180			60		
仕入	900		100	50	950			
支払家賃	120			70	50			
	4,420	4,420						
貸倒引当金繰入			10		10			
減価償却費			120		120			
（前払）家賃			70				70	
（前受）地代				180				180
当期純（利益）					730			730
			530	530	1,860	1,860	3,420	3,420

各欄の借方合計と貸方合計は必ず一致します。

当期純利益（当期純損失）
収益合計－費用合計で計算します。
1,860円－1,130円＝730円
収益＞費用→当期純利益（借方）
収益＜費用→当期純損失（貸方）

損益計算書の金額を貸借逆にして記入します。

なお、試験では通常、修正記入欄や金額を移動するだけの勘定科目（資本金など）には配点はありません。ですから、修正記入欄を全部うめてから損益計算書欄や貸借対照表欄をうめるのではなく、ひとつの決算整理仕訳をしたら、その勘定科目の損益計算書欄または貸借対照表欄までうめていくほうが、途中で時間がなくなっても確実に得点できます。

問題編
問題69～71

参考

決算整理後残高試算表

決算整理をする前の試算表（**決算整理前残高試算表**）に、決算整理仕訳を反映させた試算表を**決算整理後残高試算表**といいます。

決算整理前残高試算表 ＋ **決算整理** → **決算整理後残高試算表**

決算整理後残高試算表

借方残高	勘定科目	貸方残高
××	現　金	
××	売 掛 金	
	⋮	
××	貸倒引当金繰入	
××	減価償却費	
	未払利息	××
××	法人税等	
	⋮	

決算整理ではじめて出てくる勘定科目も記載されます。

CASE 115 財務諸表

財務諸表の作成

これを作るために仕訳や転記をしてたんだ〜
損益計算書
貸借対照表

精算表も作ったし、あとは損益計算書と貸借対照表を作って帳簿を締めるだけ。
ここでは、損益計算書と貸借対照表の形式をみておきましょう。

損益計算書の作成

損益計算書は、一会計期間の収益と費用から当期純利益（または当期純損失）を計算した表で、会社の**経営成績**（会社がいくらもうけたのか）を表します。

損益計算書の形式と記入例は次のとおりです。

損　益　計　算　書

ゴエモン㈱　　×1年4月1日～×2年3月31日　　（単位：円）

費　用	金　額	収　益	金　額
売上原価	950	売上高	1,800
減価償却費	120	受取地代	60
貸倒引当金繰入	10		
支払家賃	50		
法人税等	300		
当期純利益	430		
	1,860		1,860

「売上」ではなく「売上高」と記入

「仕入」ではなく、「売上原価」と記入

収益＞費用なら当期純利益（借方）
収益＜費用なら当期純損失（貸方）
当期純利益の場合は赤字で記入
（試験では黒字で記入してください）

借方合計と貸方合計は必ず一致します。

貸借対照表の作成

貸借対照表は、一定時点（決算日）における資産・負債・資本（純資産）の内容と金額をまとめた表で、会社の**財政状態**（会社に資産や負債がいくらあるのか）を表します。

貸借対照表の形式と記入例は次のとおりです。

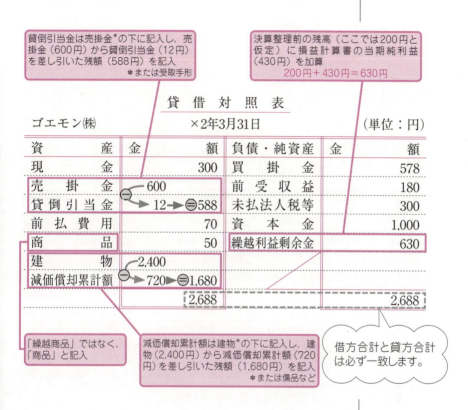

貸倒引当金は売掛金*の下に記入し、売掛金（600円）から貸倒引当金（12円）を差し引いた残額（588円）を記入
＊または受取手形

決算整理前の残高（ここでは200円と仮定）に損益計算書の当期純利益（430円）を加算
200円＋430円＝630円

貸借対照表

ゴエモン㈱　　×2年3月31日　　(単位：円)

資産	金額		負債・純資産	金額
現金		300	買掛金	578
売掛金	600		前受収益	180
貸倒引当金	12	588	未払法人税等	300
前払費用		70	資本金	1,000
商品		50	繰越利益剰余金	630
建物	2,400			
減価償却累計額	720	1,680		
		2,688		2,688

「繰越商品」ではなく、「商品」と記入

減価償却累計額は建物*の下に記入し、建物（2,400円）から減価償却累計額（720円）を差し引いた残額（1,680円）を記入
＊または備品など

借方合計と貸方合計は必ず一致します。

問題編
問題72、73

決算編

第19章

帳簿の締め切り

1年が終わったら、次期に新たな気持ちで
記帳できるように帳簿を準備しなきゃ!

ここでは、帳簿の締め切りについてみていきましょう。

CASE 116

帳簿の締め切り

帳簿を締め切る、とは?

決算整理も終わって、当期の処理もいよいよ大詰め。
帳簿への記入が全部終わったら、最後に帳簿（勘定）を締め切るという作業があります。

帳簿の締め切り

帳簿には当期の取引と決算整理が記入されていますが、次期になると次期の取引や決算整理が記入されていきます。

したがって、当期の記入と次期の記入を区別しておく必要があり、次期の帳簿記入に備えて、帳簿（総勘定元帳）の各勘定を整理しておきます。この手続きを**帳簿の締め切り**といいます。

実際の締め切り方はCASE117以降で説明します。

帳簿の締め切りは3ステップ！

帳簿の締め切りは、次の3つのステップで行います。

Step 1 収益・費用の各勘定残高の損益勘定への振り替え

▶ Step 2 当期純利益（または当期純損失）の繰越利益剰余金勘定への振り替え

▶ Step 3 各勘定の締め切り

CASE 117 帳簿の締め切り

収益・費用の各勘定残高の損益勘定への振り替え

まずは第1ステップ！

帳簿の締め切りの第1ステップは、収益・費用の各勘定残高を損益勘定へ振り替えることです。

例 決算整理後の収益と費用の諸勘定の残高は、次のとおりである。

売	上
	1,200

受取	地代
	60

仕	入
950	

支払	家賃
50	

収益、費用の各勘定残高を損益勘定に振り替える!

帳簿の締め切りは、まず、収益、費用の勘定から行います。

帳簿に記入されている収益と費用の金額は、当期の収益または費用の金額なので、次期には関係ありません。そこで、収益と費用の各勘定に残っている金額が**ゼロになるように整理**します。

たとえば、CASE117では、売上（収益）勘定の貸方に1,200円の残高がありますので、これをゼロにするためには、借方に1,200円を記入することになります。

（売　　　上）1,200（　　　　　）

そして、貸方は**損益**という新たな勘定科目で処理します。

CASE117の売上勘定の振替仕訳

（売　　　　　上）1,200（損　　　　　益）1,200

この仕訳は、帳簿上に損益という勘定を設けて、売上勘定から損益勘定に振り替えたことを意味します。

同様に、受取地代（収益）の勘定残高も損益勘定に振り替えます。

CASE117の受取地代勘定の振替仕訳

（受　取　地　代）　60（損　　　　　益）　60

とても重要

このように、**収益の各勘定残高を損益勘定の貸方に振り替える**ことにより、収益の各勘定残高をゼロにします。

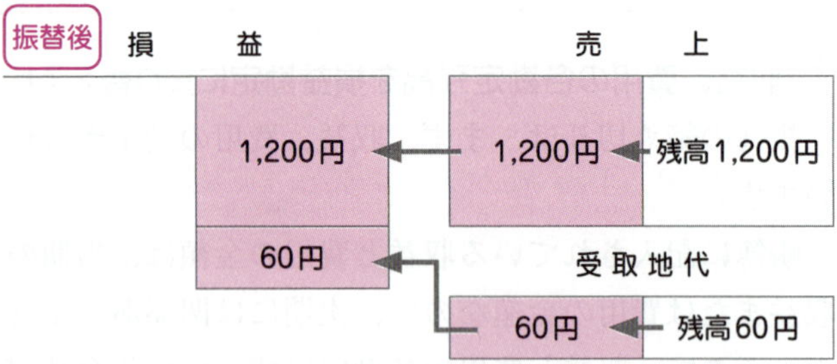

とても重要

同様に、**費用の各勘定残高を損益勘定の借方に振り替える**ことにより、費用の各勘定残高をゼロにします。

CASE117の費用の振替仕訳

(損　　　　益)	950	(仕　　　　入)	950
(損　　　　益)	50	(支 払 家 賃)	50

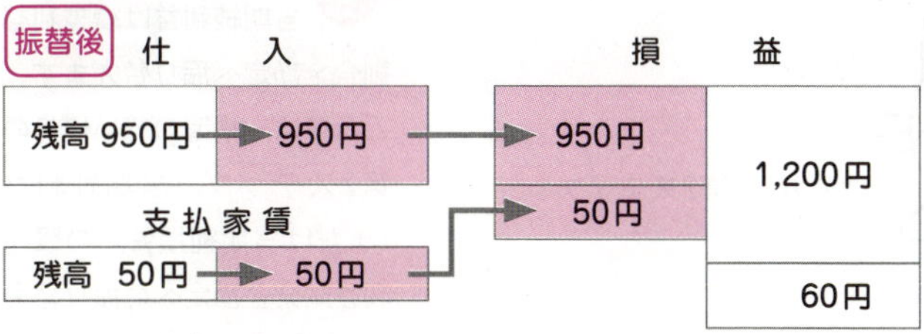

収益や費用の各勘定残高を損益勘定に振り替えると損益勘定に貸借差額が生じます。この差額は、収益の合計額と費用の合計額との差額なので、**当期純利益**（または**当期純損失**）です。

収益や費用を損益勘定に振り替えることを、損益振替といいます。

※　費用合計は仕入950円と支払家賃50円の合計

このように、損益振替によって、帳簿上で当期純利益（または当期純損失）が計算されます。

CASE 118 帳簿の締め切り

当期純利益または当期純損失の繰越利益剰余金勘定への振り替え

つづいて第2ステップ！

損益勘定で計算された当期純利益は繰越利益剰余金勘定へ振り替えます。ここでは、帳簿の締め切りの第2ステップ、当期純利益（または当期純損失）の繰越利益剰余金勘定への振り替えについてみてみましょう。

例 収益・費用の各勘定残高を振り替えたあとの損益勘定は、次のとおりである。当期純利益を繰越利益剰余金勘定に振り替えなさい。

損　　益

仕　　入	950	売　　上	1,200
支払家賃	50	受取地代	60
当期純利益	260		

繰越利益剰余金

			1,000

とても重要

当期純利益（または当期純損失）を繰越利益剰余金勘定に振り替えることを、資本振替といいます。

当期純利益は繰越利益剰余金勘定の貸方に振り替える！

当期純利益は、会社の活動によってもうけが生じている状態を意味しています。

会社はこのもうけを元手として次期以降も営業していくことができるので、**当期純利益は、資本の増加として損益勘定から繰越利益剰余金勘定の貸方に振り替えます。**

CASE118の振替仕訳

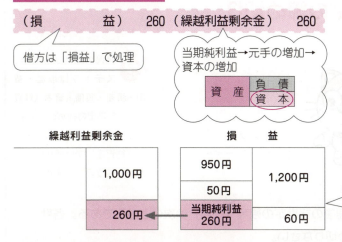

（損　　　　　益）　260（繰越利益剰余金）　260

借方は「損益」で処理

当期純利益→元手の増加→資本の増加

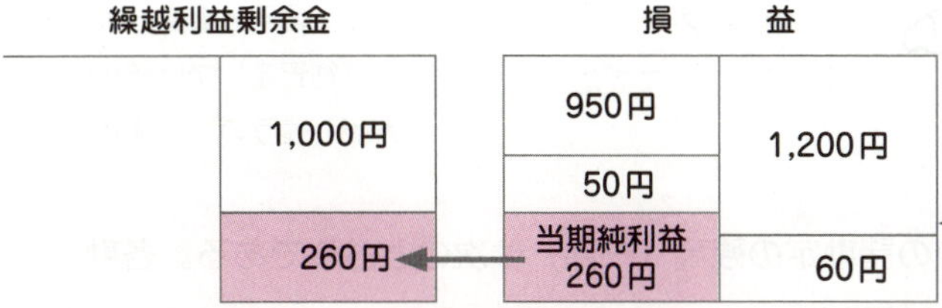

このあと（決算後）、株主総会で株主への配当額が決定し、配当金の支払いが行われます。配当額の決定（剰余金の配当、処分）については、CASE72を参照してください。

当期純損失は繰越利益剰余金勘定の借方に振り替える！

とても重要

当期純利益は会社の元手が増えている状態ですが、当期純損失は元手が減ってしまっている状態です。

したがって、**当期純損失は資本の減少として、損益勘定から繰越利益剰余金勘定の借方に振り替えます**。

したがって、仮に当期純損失が200円であったとした場合の振替仕訳は次のとおりです。

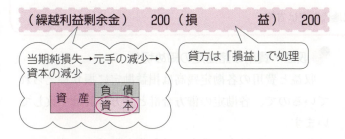

（繰越利益剰余金）　200（損　　　　　益）　200

当期純損失→元手の減少→資本の減少

貸方は「損益」で処理

問題編
問題74

各勘定の締め切り

そして第3ステップ！
終わりがみえてきたぞ！

帳簿の締め切りの第3ステップは収益・費用・資産・負債・資本（純資産）の各勘定の締め切りです。収益・費用と資産・負債・資本（純資産）では締め切り方が少し違うのでご注意を！

例 決算整理後の諸勘定の残高（一部）は次のとおりである。各勘定を締め切りなさい。

売上

損益	1,200		1,200

仕入

	950	損益	950

現金

	350		

繰越利益剰余金

			1,000
		損益	260

損益

仕入	950	売上	1,200
支払家賃	50	受取地代	60
繰越利益剰余金	260		

買掛金

			700

※支払家賃勘定、受取地代勘定は省略

収益・費用の諸勘定の締め切り

収益と費用の各勘定残高は損益勘定に振り替えられているので、各勘定の借方合計と貸方合計は一致しています。

そこで、各勘定の借方合計と貸方合計が一致していることを確認して、二重線を引いて締め切ります。

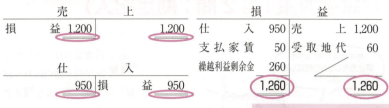

CASE119の収益・費用の締め切り

売上

借方	金額	貸方	金額
損益	1,200		1,200

仕入

借方	金額	貸方	金額
	950	損益	950

損益

借方	金額	貸方	金額
仕入	950	売上	1,200
支払家賃	50	受取地代	60
繰越利益剰余金	260		
	1,260		1,260

合計額を記入して締め切る

資産・負債・資本（純資産）の諸勘定の締め切り

資産、負債、資本（純資産）の各勘定のうち、期末残高があるものはこれを次期に繰り越します。したがって、借方または貸方に「**次期繰越**」と金額を赤字で記入し、借方合計と貸方合計を一致させてから締め切ります。

試験では黒字で記入してください。

現金

借方	金額	貸方	金額
	350	次期繰越	350

借方合計と貸方合計を一致させてから締め切る

そして、締め切ったあと、「次期繰越」と記入した側の逆側に「**前期繰越**」と金額を記入します。

現金

借方	金額	貸方	金額
	350	次期繰越	350
前期繰越	350		

二重線から上が当期の記入

二重線から下が次期の記入

問題編 問題75

その他の資産・負債・資本（純資産）の勘定も、同様に締め切ります。

CASE119の資産・負債・資本（純資産）の締め切り

現金

借方	金額	貸方	金額
	350	次期繰越	350
前期繰越	350		

買掛金

借方	金額	貸方	金額
次期繰越	700		700
		前期繰越	700

繰越利益剰余金

借方	金額	貸方	金額
次期繰越	1,260		1,000
		損益	260
	1,260		1,260
		前期繰越	1,260

貸借差額

これで当期の処理はおしまい。
次期もがんばろー！

本試験対策（第２問：勘定記入）

苦手な人が多いので
解き方をしっかり確認して
おこう！
試験

勘定記入から締め切りまでの一連の流れが試験（第２問）でよく出題されます。ここでは代表的な２パターンの問題の解き方をみておきましょう！

本試験における勘定記入の問題

本試験の第２問では勘定記入の問題が出題されることが多いです。基本的な解き方はすでに学習したとおりなのですが、試験では前期と当期の取引から当期の勘定記入を行う問題が出題されるため、慣れていないと難しく感じます。

ここでは、基本的で出題頻度の高い問題を例にとって解き方を確認しておきましょう。

勘定記入の解き方のポイント

①当期（会計期間）を確認する

②すべての取引の仕訳をする

③費用・収益の各勘定残高は損益勘定に振り替える（当期純利益は損益勘定から繰越利益剰余金勘定に振り替える）

④資産・負債・純資産の各勘定残高は「次期繰越」として繰り越す（当期首においては、前期末残高が「前期繰越」として記入される）

例(1) 当社（決算日は3月31日）の以下の取引にもとづいて、解答用紙の各勘定に記入しなさい。

当期は×2年4月1日から×3年3月31日までの1年である。各勘定には（日付）［摘要］〈金額〉の順に記入し、［摘要］は、下記の**［摘要］**の中からもっとも適当と思われるものを選び、記号で解答すること。

［摘要］

ア．損益　イ．支払利息　ウ．未払利息　エ．前払利息　オ．前期繰越
カ．次期繰越　キ．当座預金　ク．借入金

［取引］

1．×1年8月1日、銀行から6,000円を年利率2％、期間1年で借り入れた。なお、利息の支払いは半年ごとの前払い（8月1日、2月1日）で行うため、向こう半年分の利息を差し引かれた金額が当座預金口座に入金された。
2．×2年2月1日、向こう半年分の利息を当座預金口座から支払った。
3．×2年3月31日、決算日につき、適切な利息の処理をした。
4．×2年4月1日、利息について再振替仕訳を行った。
5．×2年7月31日、返済日につき、借入金6,000円を当座預金口座から返済した。
6．×2年8月1日、銀行から4,000円を年利率1.8％、期間1年で借り入れた。なお、利息の支払いは半年ごとの前払い（8月1日、2月1日）で行うため、向こう半年分の利息を差し引かれた金額が当座預金口座に入金された。
7．×3年2月1日、向こう半年分の利息を当座預金口座から支払った。
8．×3年3月31日、決算日につき、適切な利息の処理をした。

［解答用紙］

支払利息

（　）	［　］	〈　〉	（　）	［　］	〈　〉
（　）	［　］	〈　〉	（　）	［　］	〈　〉
（　）	［　］	〈　〉	（　）	［　］	〈　〉
		〈　〉			〈　〉

［　　］利息

（　）	［　］	〈　〉	（　）	［　］	〈　〉
（　）	［　］	〈　〉	（　）	［　］	〈　〉
		〈　〉			〈　〉

取引の仕訳と勘定記入

例(1)の会計期間（当期）は、×２年４月１日から×３年３月31日までなので、この期間の取引について勘定に記入をします。

しかし、前期の金額が当期の金額に影響するものもあるので、仕訳については前期の取引についても行うようにしましょう。

❶ ×1年8月1日（前期：借入時、利払時）

1．×１年８月１日、銀行から6,000円を年利率２％、期間１年で借り入れた。なお、利息の支払いは半年ごとの前払い（８月１日、２月１日）で行うため、向こう半年分の利息を差し引かれた金額が当座預金口座に入金された。

借入時の仕訳をします。向こう半年分（×１年８月１日から×２年１月31日まで）の利息を計算します。

支払利息と当座預金の金額

①支払利息：6,000円×２％×$\frac{6か月}{12か月}$＝60円

②当座預金：6,000円－60円＝5,940円

（支払利息）	60	（借入金）	6,000
（当座預金）	5,940		

当期は×２年４月１日から×３年３月31日までなので、この仕訳の金額は勘定記入には使いません。

❷ ×2年2月1日（前期：利払時）

2．×２年２月１日、向こう半年分の利息を当座預金口座から支払った。

向こう半年分（×２年２月１日から７月31日まで）の利息の支払時の仕訳をします。

支払利息の金額

・支払利息：6,000円×２％×$\frac{6か月}{12か月}$＝60円

（支払利息）	60	（当座預金）	60

この仕訳の金額は、当期の勘定記入には使いません。

❸ ×２年３月31日（前期：決算時）

３．×２年３月31日、決算日につき、適切な利息の処理をした。

決算時の仕訳をします。×２年２月１日に、向こう半年分（×２年２月１日から７月31日まで）の利息を前払いしているので、このうち次期の分（×２年４月１日から７月31日までの４か月分）を**支払利息（費用）**から**前払利息（資産）**に振り替えます。

前払利息の金額

・前払利息：60円×$\frac{4か月}{6か月}$＝40円

（前払利息）	40	（支払利息）	40

この「前払利息」は翌期（本問における当期）に繰り越されるので、前払利息勘定に期首の日付で「前期繰越」として記入します。

前払利息

（4/1）	［オ　前期繰越］	〈　40〉	（　）	［　］	〈　〉
（　）	［　］	〈　〉	（　）	［　］	〈　〉
		〈　〉			〈　〉

❹ ×２年４月１日（当期：期首）

４．×２年４月１日、利息について再振替仕訳を行った。

この指示がつかないことがありますが、期首には再振替仕訳をすることをお忘れなく！

当期の期首において、前期末に行った利息の前払いにつき、再振替仕訳を行います。

ここから当期の取引なので、各勘定に転記します。

（支 払 利 息） 40（前 払 利 息） 40

支 払 利 息

（4/1）	［エ 前払利息］	〈40〉	（ ）	［ ］	〈 〉
（ ）	［ ］	〈 〉	（ ）	［ ］	〈 〉
（ ）	［ ］	〈 〉	（ ）	［ ］	〈 〉
		〈 〉			〈 〉

前払利息

（4/1）	［オ 前期繰越］	〈40〉	（4/1）	［イ 支払利息］	〈40〉
（ ）	［ ］	〈 〉	（ ）	［ ］	〈 〉
		〈 〉			〈 〉

❺ ×2年7月31日（当期：返済時）

5．×2年7月31日、返済日につき、借入金6,000円を当座預金口座から返済した。

借入金6,000円を返済した仕訳をします。

本問では利息に関する勘定記入のみなので、借入金の返済時の仕訳はしなくてもかまいません。

（借 入 金） 6,000（当 座 預 金） 6,000

❻ ×2年8月1日（当期：借入時、利払時）

6．×2年8月1日、銀行から4,000円を年利率1.8%、期間1年で借り入れた。なお、利息の支払いは半年ごとの前払い（8月1日、2月1日）で行うため、向こう半年分の利息を差し引かれた金額が当座預金口座に入金された。

借入時の仕訳をします。向こう半年分（×2年8月1日から×3年1月31日まで）の利息を計算します。

支払利息と当座預金の金額

①支払利息：4,000円 × 1.8% × $\frac{6か月}{12か月}$ = 36円

②当座預金：4,000円 − 36円 = 3,964円

（支払利息）	36	（借入金）	4,000
（当座預金）	3,964		

支払利息

（4/1）	［エ　前払利息］	〈40〉	（　）	［　］	〈　〉
（**8/1**）	［**ク　借入金**］	〈**36**〉	（　）	［　］	〈　〉
（　）	［　］	〈　〉	（　）	［　］	〈　〉
		〈　〉			〈　〉

❼ ×3年2月1日（当期：利払時）

7. ×3年2月1日、向こう半年分の利息を当座預金口座から支払った。

向こう半年分（×3年2月1日から7月31日まで）の利息の支払時の仕訳をします。

支払利息の金額

・支払利息：4,000円 × 1.8% × $\frac{6か月}{12か月}$ = 36円

（支払利息）	36	（当座預金）	36

支払利息

（4/1）	［エ　前払利息］	〈40〉	（　）	［　］	〈　〉
（8/1）	［ク　借入金］	〈36〉	（　）	［　］	〈　〉
（**2/1**）	［**キ　当座預金**］	〈**36**〉	（　）	［　］	〈　〉
		〈　〉			〈　〉

⑧ ×3年3月31日（当期：決算時）

8．×3年3月31日、決算日につき、適切な利息の処理をした。

決算時の仕訳をします。×3年2月1日に、向こう半年分（×3年2月1日から7月31日まで）の利息を前払いしているので、このうち次期の分（×3年4月1日から7月31日までの4か月分）を**支払利息（費用）**から**前払利息（資産）**に振り替えます。

前払利息の金額

・前払利息：36円×$\frac{4\text{か月}}{6\text{か月}}$＝24円

（前　払　利　息）　24（支　払　利　息）　24

支　払　利　息

（4／1）	［ エ　前払利息 ］	〈 40〉	**（3／31）**	**［ エ　前払利息 ］**	**〈 24〉**
（8／1）	［ ク　借入金 ］	〈 36〉	（　）	［　］	〈　〉
（2／1）	［ キ　当座預金 ］	〈 36〉	（　）	［　］	〈　〉
		〈　〉			〈　〉

前払利息

（4／1）	［ オ　前期繰越 ］	〈 40〉	（4／1）	［ イ　支払利息 ］	〈 40〉
（3／31）	**［ イ　支払利息 ］**	**〈 24〉**	（　）	［　］	〈　〉
		〈　〉			〈　〉

勘定の締め切り

「支払利息」は費用の科目なので、損益勘定の借方に振り替えます。

決算において、費用と収益の各勘定残高は損益勘定に振り替えます。そのため、支払利息勘定の残高を損益勘定に振り替えます。

支払利息勘定の残高

・残高：40円＋36円＋36円－24円＝88円

（損　　　益）	88	（支 払 利 息）	88

この振替仕訳を忘れてしまう人が多いので注意してください。

支　払　利　息

（4／1）	［エ　前払利息］	〈40〉	（3／31）	［エ　前払利息］	〈24〉
（8／1）	［ク　借 入 金］	〈36〉	（3／31）	［ア　損　　益］	〈88〉
（2／1）	［キ　当座預金］	〈36〉	（　　）	［　　　］	〈　〉
		〈　〉			〈　〉

最後に各勘定を締め切ります。なお、前払利息勘定は資産の勘定なので、残高を「次期繰越」として記入します。

以上より、例⑴の勘定記入は次のようになります。

例⑴の勘定記入

支　払　利　息

（4／1）	［エ　前払利息］	〈40〉	（3／31）	［エ　前払利息］	〈24〉
（8／1）	［ク　借 入 金］	〈36〉	（3／31）	［ア　損　　益］	〈88〉
（2／1）	［キ　当座預金］	〈36〉	（　　）	［　　　］	〈　〉
		〈112〉			〈112〉

前払利息

（4／1）	［オ　前期繰越］	〈40〉	（4／1）	［イ　支払利息］	〈40〉
（3／31）	［イ　支払利息］	〈24〉	（3／31）	［カ　次期繰越］	〈24〉
		〈64〉			〈64〉

「日付欄には配点がないので記入しなくてもよい」と指示がつくことがありますが、日付を入れたほうが解きやすいので、記入するようにしましょう。

例⑴は、支払利息勘定と前払利息勘定の組み合わせでしたが、支払利息勘定と未払利息勘定の組み合わせの場合もあります。また、受取利息勘定と前受利息勘定または未収利息勘定の場合もあります。

例(2) 当社（決算日は３月31日）の以下の取引にもとづいて、解答用紙の各勘定に記入しなさい。

各勘定には（日付）［摘要］〈金額〉の順に記入し、［摘要］は、下記の［摘要］の中からもっとも適当と思われるものを選び、記号で解答すること。

［摘要］

ア．普通預金　イ．前期繰越　ウ．法人税等　エ．未払法人税等
オ．仮払法人税等　カ．繰越利益剰余金　キ．損益　ク．諸口
ケ．次期繰越

［資料］

1．当社は法人税等の納付はすべて普通預金口座から行っている。
2．前期の11月25日に法人税等の中間納付額600円を納付した。
3．前期末の決算において、法人税等1,600円が確定し、中間納付額を控除した残額を未払法人税等として計上している。
4．当期の５月31日に、前期の法人税等の納付をした。
5．当期の11月28日に当期の法人税等の中間納付をした。納付額は前期の法人税等の半分である。
6．当期の決算において、法人税等を計上する。なお、法人税等は当期の利益に対して30%で計算する。

［解答用紙］

仮払法人税等

(　)	[　]	〈　〉	(　)	[　]	〈　〉

未払法人税等

(　)	[　]	〈　〉	(　)	[　]	〈　〉
(　)	[　]	〈　〉	(　)	[　]	〈　〉
		〈　〉			〈　〉

法人税等

(　)	[　]	〈　〉	(　)	[　]	〈　〉

	損	益					
3/31	仕　　入	12,000	3/31	売　　上	30,000
3/31	その他費用	11,000	(　　)	[　　　]	〈　　　〉
(　　)	[　　　]	〈　　　〉	(　　)	[　　　]	〈　　　〉
(　　)	[　　　]	〈　　　〉	(　　)	[　　　]	〈　　　〉
		〈　　　〉			〈　　　〉

取引の仕訳と勘定記入

［資料］から判明する前期および当期の仕訳をし、当期の仕訳については勘定に記入します。

❶ 前期の11月25日（前期：中間納付時）

2．前期の11月25日に法人税等の中間納付額600円を納付した。

前期の法人税等の中間納付時の仕訳をします。

（仮払法人税等）　600（普　通　預　金）　600

［資料］1．より法人税等の納付は普通預金口座から行います。
なお、この仕訳の金額は、当期の勘定記入には使いません。

❷ 前期の3月31日（前期：決算時）

3．前期末の決算において、法人税等1,600円が確定し、中間納付額を控除した残額を未払法人税等として計上している。

前期の法人税等1,600円を計上します。なお、中間納付額600円を差し引いた残額を未払法人税等として計上します。

この「未払法人税等」は翌期（本問における当期）に繰り越されるので、未払法人税等勘定に期首の日付で「前期繰越」として記入します。

未払法人税等の金額

・未払法人税等：1,600円－600円＝1,000円

（法人税等）	1,600	（仮払法人税等）	600
		（未払法人税等）	1,000

未払法人税等

（　）	［　］	〈　〉	（4/1）	［イ 前期繰越］	〈1,000〉
（　）	［　］	〈　〉	（　）	［　］	〈　〉
		〈　〉			〈　〉

❸ 当期の5月31日（当期：未払法人税等の納付）

4．当期の5月31日に、前期の法人税等の納付をした。

前期末に計上した未払法人税等1,000円を納付した仕訳をします。

（未払法人税等）	1,000	（普通預金）	1,000

未払法人税等

（5/31）	［ア 普通預金］	〈1,000〉	（4/1）	［イ 前期繰越］	〈1,000〉
（　）	［　］	〈　〉	（　）	［　］	〈　〉
		〈　〉			〈　〉

❹ 当期の11月28日（当期：中間納付時）

5．当期の11月28日に当期の法人税等の中間納付をした。
納付額は前期の法人税等の半分である。

当期の法人税等の中間納付時の仕訳をします。前期の法人税等が1,600円なので、この半分が中間納付額です。

仮払法人税等の金額

・仮払法人税等：1,600円÷２＝800円

（仮払法人税等）　800（普　通　預　金）　800

仮払法人税等

（11/28）	［ ア　普通預金 ］	〈　800〉	（　　）	［　　　　］	〈　　　〉

❺ 当期の３月31日（当期：決算時）

６．当期の決算において、法人税等を計上する。なお、法人税等は当期の利益に対して30％で計算する。

損益勘定の貸借差額によって、当期の利益を計算し、それに30％を掛けて法人税等を計算します。

損　　　益

3/31	仕　　入	12,000	3/31	売　　上	30,000
3/31	その他費用	11,000	（　　）	［　　　　］	〈　　　〉
（　　）	［　　　　］	〈　　　〉	（　　）	［　　　　］	〈　　　〉
（　　）	［　　　　］	〈　　　〉	（　　）	［　　　　］	〈　　　〉
		〈　　　〉			〈　　　〉

法人税等の金額

①当期の利益：30,000円－(12,000円＋11,000円)＝7,000円

②法人税等：7,000円×30％＝2,100円

なお、中間納付額800円を差し引いた残額を未払法人税等として計上します。

未払法人税等の金額

・未払法人税等：2,100円－800円＝1,300円

（法　人　税　等）	2,100	（仮払法人税等）	800
		（未払法人税等）	1,300

仮払法人税等

（11/28）	［　ア　普通預金　］	〈	800〉	（3/31）	［　**ウ**　**法人税等**　］	〈	**800**〉

未払法人税等

（5/31）	［　ア　普通預金　］	〈	1,000〉	（4/1）	［　イ　前期繰越　］	〈	1,000〉
（　　）	［　　］	〈	〉	（3/31）	［　**ウ**　**法人税等**　］	〈	**1,300**〉
		〈	〉			〈	〉

法　人　税　等

（3/31）	［　**ク**　**諸　口**　］	〈	**2,100**〉	（　　）	［　　］	〈	〉

勘定の締め切り

決算において、費用と収益の各勘定残高は損益勘定に振り替えます。そのため、法人税等勘定の残高(2,100円)を損益勘定に振り替えます。

「法人税等」は費用の科目なので、損益勘定の借方に振り替えます。

（損　　　　益）	2,100	（法　人　税　等）	2,100

法人税等

(3/31)	[ク 諸　口]	〈 2,100〉	(**3/31**)	[**キ 損　益**]	〈 **2,100**〉

損　　益

3/31	仕　入	12,000	3/31	売　上	30,000
3/31	その他費用	11,000	(　)	[ ]	〈 〉
(**3/31**)	[**ウ 法人税等**]	〈 **2,100**〉	(　)	[ ]	〈 〉
(　)	[ ]	〈 〉	(　)	[ ]	〈 〉
		〈 〉			〈 〉

また、損益勘定の残高（当期純利益）を繰越利益剰余金勘定に振り替えます。

当期純利益の金額

・当期純利益：30,000円－(12,000円＋11,000円＋2,100円)＝4,900円

（損　　益）4,900（繰越利益剰余金）4,900

当期純利益は、繰越利益剰余金勘定の貸方に振り替えます。

損　　益

3/31	仕　入	12,000	3/31	売　上	30,000
3/31	その他費用	11,000	(　)	[ ]	〈 〉
(3/31)	[ウ 法人税等]	〈 2,100〉	(　)	[ ]	〈 〉
(**3/31**)	[**カ 繰越利益剰余金**]	〈 **4,900**〉	(　)	[ ]	〈 〉
		〈 〉			〈 〉

最後に各勘定を締め切ります。なお、未払法人税等勘定は負債の勘定なので、残高を「次期繰越」として記入します。

以上より、例(2)の勘定記入は次のようになります。

例(2)の勘定記入

仮払法人税等

(11/28)	[ア 普通預金]	〈 800〉	(3/31)	[ウ 法人税等]	〈 800〉

未払法人税等

(5/31)	[ア 普通預金]	〈 1,000〉	(4/1)	[イ 前期繰越]	〈 1,000〉
(3/31)	[ケ 次期繰越]	〈 1,300〉	(3/31)	[ウ 法人税等]	〈 1,300〉
		〈 2,300〉			〈 2,300〉

法人税等

(3/31)	[ク 諸 口]	〈 2,100〉	(3/31)	[キ 損 益]	〈 2,100〉

損益

3/31	仕入	12,000	3/31	売上	30,000
3/31	その他費用	11,000	( )	[ ]	〈 〉
(3/31)	[ウ 法人税等]	〈 2,100〉	( )	[ ]	〈 〉
(3/31)	[カ 繰越利益剰余金]	〈 4,900〉	( )	[ ]	〈 〉
		〈 30,000〉			〈 30,000〉

問題編
問題76

問題編

マークの意味

基本 応用 …基本的な問題

基本 応用 …本試験レベルの問題（本試験の類題）

解答用紙あり …解答用紙がある問題

別冊の解答用紙をご利用ください。
※仕訳問題の解答用紙が必要な方は、
仕訳シート（別冊の最終ページ）を
ご利用ください。

第1章　簿記の基礎

問題 1　仕訳の基本

解答…P.38　基本 応用

次の各要素の増減は仕訳において借方（左側）と貸方（右側）のどちらに記入されるか、借方（左側）または貸方（右側）に○をつけなさい。

(1)	資産の増加	借方（左側）・貸方（右側）
(2)	資産の減少	借方（左側）・貸方（右側）
(3)	負債の増加	借方（左側）・貸方（右側）
(4)	負債の減少	借方（左側）・貸方（右側）
(5)	資本（純資産）の増加	借方（左側）・貸方（右側）
(6)	資本（純資産）の減少	借方（左側）・貸方（右側）
(7)	収益の増加（発生）	借方（左側）・貸方（右側）
(8)	収益の減少（消滅）	借方（左側）・貸方（右側）
(9)	費用の増加（発生）	借方（左側）・貸方（右側）
(10)	費用の減少（消滅）	借方（左側）・貸方（右側）

第2章　商品売買

問題 2　商品の仕入れ

解答…P.38　基本 応用

次の各取引について三分法により仕訳しなさい。

(1)　商品1,000円を仕入れ、代金は現金で支払った。

(2)　商品5,000円を仕入れ、代金は掛けとした。

(3)　買掛金4,000円を現金で支払った。

問題 3 商品の売上げ

解答…P.38 基本 応用

次の各取引について三分法により仕訳しなさい。
(1) 商品2,000円を売り上げ、代金は現金で受け取った。
(2) 商品6,000円を売り上げ、代金は掛けとした。
(3) 売掛金5,000円を現金で回収した。

問題 4 クレジット売掛金

解答…P.38 基本 応用

次の一連の取引について仕訳しなさい。
(1) 商品6,000円をクレジット払いの条件で販売した。なお、信販会社への手数料（販売代金の２％）は販売時に計上する。
(2) 上記(1)の代金について、現金で受け取った。

問題 5 仕入戻し、売上戻り

解答…P.39 基本 応用

次の各取引について仕訳しなさい。なお、三分法により処理すること。
(1) 先に掛けで仕入れた商品のうち、品違いのため100円を返品した。
(2) 先に掛けで売り上げた商品のうち、品違いのため600円が返品された。

問題 6 仕入諸掛り、売上諸掛り

解答…P.39 基本 応用

次の各取引について仕訳しなさい。なお、三分法により処理すること。
(1) 商品6,000円を仕入れ、代金は掛けとした。なお、引取運賃100円（当社負担）を現金で支払った。
(2) 商品8,000円に送料500円を加算した合計額で販売し、代金は掛けとした。なお、送料500円は現金で支払った。

第3章　現　金

問題 7　小切手の処理

解答…P.39　基本　応用

次の各取引について仕訳しなさい。

(1)　北海道㈱は青森㈱に対する売掛金3,000円を回収し、同社振出の小切手を受け取った。

(2)　北海道㈱は岩手㈱に対する買掛金3,000円を支払うため、他人（青森㈱）振出小切手を渡した。

問題 8　現金過不足

解答…P.39　基本　応用

次の一連の取引について仕訳しなさい。

(1)　金庫を調べたところ、現金の実際有高は550円であるが、帳簿残高は600円であった。

(2)　(1)の現金過不足の原因を調べたところ、30円については通信費の支払いが記帳漏れであることが判明した。

(3)　本日決算日につき、(1)で生じた現金過不足のうち原因不明の20円について雑損または雑益で処理する。

問題 9　現金過不足

解答…P.39　基本　応用

次の一連の取引について仕訳しなさい。

(1)　金庫を調べたところ、現金の実際有高は700円であるが、帳簿残高は600円であった。

(2)　(1)の現金過不足の原因を調べたところ、70円については売掛金の回収が記帳漏れであることが判明した。

(3)　本日決算日につき、(1)で生じた現金過不足のうち原因不明の30円について雑損または雑益で処理する。

第4章　普通預金、定期預金、当座預金、当座借越

問題 10 普通預金、定期預金の処理

解答…P.39 基本 応用

次の各取引について仕訳しなさい。

(1) 南北銀行の普通預金口座に現金300円を預け入れた。

(2) 南北銀行の普通預金口座から定期預金口座に100円を預け入れた。

問題 11 当座預金の処理

解答…P.40 基本 応用

次の一連の取引について仕訳しなさい。

(1) 宮城商事は銀行と当座取引契約を結び、現金300円を当座預金口座に預け入れた。

(2) 宮城商事は買掛金200円を小切手を振り出して支払った。

問題 12 当座借越の処理

解答…P.40 基本 応用

次の一連の取引について仕訳しなさい。

(1) 宮城商事は買掛金150円を小切手を振り出して支払った。なお、当座預金の残高は100円であったが、宮城商事は銀行と借越限度額400円の当座借越契約を結んでいる。

(2) 決算日を迎えた。宮城商事の当座預金の残高は50円の貸方残高である。

第5章　小口現金

問題 13　小口現金の処理　　解答…P.40　基本　応用

次の一連の取引について仕訳しなさい。

⑴　定額資金前渡法を採用し、会計係は小口現金800円を小切手を振り出して前渡しした。

⑵　小口現金係は郵便切手代（通信費）300円、お茶菓子代（雑費）200円を小口現金で支払った。

⑶　会計係は小口現金係から次の支払報告を受けた。
　郵便切手代（通信費）300円、お茶菓子代（雑費）200円

⑷　会計係は小口現金の支払金額と同額の小切手を振り出して小口現金を補給した。

問題 14　小口現金の処理　解答用紙あり　　解答…P.40　基本　応用

次の取引について仕訳しなさい。ただし、勘定科目は次の中からもっとも適当と思われるものを選び、記号で解答すること。

ア．当座預金　　イ．旅費交通費　ウ．消耗品費　　エ．雑費

小口現金係から旅費交通費4,000円、消耗品費2,300円および雑費1,200円の小口現金の使用についての報告を受け、同額の小切手を振り出して補給した。なお、当社は、定額資金前渡法を採用している。

第6章　手形と電子記録債権（債務）

問題 15　約束手形の処理　　解答…P.40　基本　応用

次の一連の取引について仕訳しなさい。

⑴　商品500円を仕入れ、代金は約束手形を振り出して渡した。

⑵　⑴の約束手形の代金を当座預金口座から支払った。

問題 16 約束手形の処理

解答…P.40 基本 応用

次の一連の取引について仕訳しなさい。
(1) 商品800円を売り上げ、代金は先方振出の約束手形で受け取った。
(2) (1)の約束手形の代金を受け取り、ただちに当座預金口座に預け入れた。

問題 17 電子記録債権（債務）

解答…P.41 基本 応用

次の一連の取引について、(A)奈良商事と(B)大阪商事の仕訳をしなさい。
(1) 奈良商事は、仕入先大阪商事に対する買掛金3,000円の支払いを電子債権記録機関で行うため、取引銀行を通じて債務の発生記録を行った。
(2) 奈良商事は、(1)の電子記録債務3,000円について、取引銀行の当座預金口座から大阪商事の取引銀行の当座預金口座に払い込みを行った。

第7章　貸付金・借入金、手形貸付金・手形借入金

問題 18 貸付金の処理

解答…P.41 基本 応用

次の一連の取引について仕訳しなさい。
(1) 滋賀商事は、三重商事に現金1,000円を貸付期間８か月、年利率３％で貸し付けた。なお、利息は返済時に受け取る。
(2) 滋賀商事は三重商事より(1)の貸付金の返済を受け、利息とともに現金で受け取った。

問題 19 借入金の処理

解答…P.41 基本 応用

次の一連の取引について仕訳しなさい。
(1) 青森商事は、岩手商事より現金3,000円を借入期間３か月、年利率２％で借り入れた。なお、利息は返済時に支払う。
(2) 青森商事は(1)の借入金を返済し、利息とともに現金で支払った。

問題 20　手形貸付金の処理

解答…P.41　基本　応用

次の一連の取引について仕訳しなさい。

(1)　愛知商事は長野商事に現金800円を貸し付け、担保として約束手形を受け取った。

(2)　愛知商事は長野商事より(1)の貸付金の返済を受け、利息10円とともに現金で受け取った。

問題 21　手形借入金の処理

解答…P.42　基本　応用

次の一連の取引について仕訳しなさい。

(1)　長野商事は愛知商事より現金800円を借り入れ、担保として約束手形を振り出して渡した。

(2)　長野商事は愛知商事に(1)の借入金を返済し、利息10円とともに現金で支払った。

問題 22　貸付金・借入金、手形貸付金・手形借入金の処理

解答用紙あり

解答…P.42　基本　応用

次の各取引について仕訳しなさい。ただし、勘定科目は各取引の下の勘定科目の中からもっとも適当と思われるものを選び、記号で解答すること。

(1)　得意先平成商事に対して期間10か月、年利率４％で貸し付けていた貸付金3,000円が本日満期のため、利息とともに同社振出の小切手で返済を受けた。

ア．当座預金　イ．支払利息　ウ．現金　エ．貸付金
オ．借入金　カ．受取利息

(2)　昭和銀行から年利率４％、期間３か月の条件で6,000円を借り入れ、その際、同額の約束手形を振り出し、利息を差し引かれた手取額が当座預金口座に振り込まれた。

ア．当座預金　イ．手形借入金　ウ．現金　エ．支払利息
オ．借入金　カ．受取利息

第8章　その他の債権債務

問題 23　未払金の処理

解答…P.42　基本 応用

次の一連の取引について仕訳しなさい。

(1)　青山商事は建物3,000円を購入し、代金は後払いとした。

(2)　青山商事は(1)の代金を普通預金口座から支払った。

問題 24　未収入金の処理

解答…P.42　基本 応用

次の一連の取引について仕訳しなさい。

(1)　青山商事は所有する建物を3,000円で売却し、代金は月末に受け取ることとした。

(2)　青山商事は(1)の代金を現金で受け取った。

問題 25　前払金・前受金の処理

解答…P.43　基本 応用

次の各取引について仕訳しなさい。

(1)　島根商事は鳥取商事に商品を注文し、内金として500円を現金で支払った。

(2)　島根商事は鳥取商事から商品3,000円を仕入れ、代金のうち500円は注文時に支払った内金と相殺し、残額は掛けとした。

(3)　鳥取商事は島根商事から商品の注文を受け、内金として500円を現金で受け取った。

(4)　鳥取商事は島根商事に商品3,000円を売り上げ、代金のうち500円は注文時に受け取った内金と相殺し、残額は掛けとした。

問題 26　前払金・前受金の処理

解答用紙あり　解答…P.43　基本 応用

次の各取引について仕訳しなさい。ただし、勘定科目は各取引の下の勘定科目の中からもっとも適当と思われるものを選び、記号で解答すること。

(1)　かねて注文していた商品70,000円を仕入れ、注文時に支払った手付金10,000円を控除し、残額については小切手を振り出して支払った。

ア．前受金　イ．当座預金　ウ．売掛金　エ．前払金
オ．仕入　カ．買掛金

(2)　得意先岩手商事に商品60,000円を売り上げた。代金のうち、20,000円はすでに受け取っていた手付金と相殺し、残額は掛けとした。

ア．仕入　　イ．当座預金　　ウ．売掛金　　エ．買掛金
オ．売上　　カ．前受金

問題27　仮払金・仮受金の処理

解答…P.43　基本　応用

次の各取引について仕訳しなさい。

(1)　従業員の出張にともない、旅費の概算額5,000円を現金で前渡しした。

(2)　従業員が出張から帰社し、旅費として6,000円を支払ったと報告を受けた。なお、旅費の概算額として5,000円を前渡ししており、不足額1,000円は現金で支払った。

(3)　出張中の従業員から当座預金口座に3,000円の入金があったが、その内容は不明である。

(4)　出張中の従業員が帰社し、(3)の入金は売掛金を回収したものとの報告を受けた。

問題28　仮払金・仮受金の処理

解答用紙あり　解答…P.43　基本　応用

次の取引について仕訳しなさい。ただし、勘定科目は次の中からもっとも適当と思われるものを選び、記号で解答すること。

ア．現金　　イ．前払金　　ウ．前受金　　エ．売上
オ．仕入　　カ．仮払金　　キ．仮受金　　ク．売掛金

先月、仮受金として処理していた内容不明の当座入金額は、横浜商事から注文を受けたときの手付金の受取額5,000円と川崎商事に対する掛代金の回収額6,000円であることが判明した。

問題 29 立替金・預り金の処理 解答…P.44 基本 応用

次の各取引について仕訳しなさい。

(1) 商品4,000円を掛けで仕入れた。なお、先方負担の引取費用100円は現金で支払った。

(2) 従業員が負担すべき保険料500円を現金で立て替えた。

(3) 給料8,000円のうち、(2)で立て替えた500円と源泉徴収税額800円を差し引いた残額を従業員に現金で支払った。

(4) 預り金として処理していた源泉徴収税額800円を小切手を振り出して納付した。

問題 30 立替金・預り金の処理 解答用紙あり 解答…P.44 基本 応用

次の各取引について仕訳しなさい。ただし、勘定科目は各取引の下の勘定科目の中からもっとも適当と思われるものを選び、記号で解答すること。

(1) 従業員が負担すべき当月分の生命保険料8,000円を小切手を振り出して支払った。なお、当月末にこの生命保険料は従業員の給料（500,000円）から差し引くこととした。

ア．現金　　イ．当座預金　　ウ．従業員立替金
エ．所得税預り金　　オ．給料
カ．社会保険料預り金

(2) 従業員の給料について源泉徴収していた所得税7,000円を小切手を振り出して税務署に納付した。

ア．社会保険料預り金　　イ．給料　　ウ．当座預金
エ．従業員立替金　　オ．現金　　カ．所得税預り金

問題 31 受取商品券の処理

解答…P.44 基本 応用

次の各取引について仕訳しなさい。

(1) 商品6,000円を売り上げ、代金は地元商店街発行の商品券5,000円と現金1,000円を受け取った。

(2) (1)で受け取った商品券5,000円を発行者に買い取ってもらい、現金を受け取った。

問題 32 差入保証金の処理

解答…P.45 基本 応用

次の各取引について仕訳しなさい。

(1) 店舗の賃借にあたり、敷金300円を現金で差し入れた。

(2) (1)の賃貸借契約が終了し、差し入れていた敷金300円が返還され、普通預金口座に入金された。

(3) 賃貸借契約が終了し、差し入れていた敷金500円のうち、修繕費用50円が差し引かれ、残額が普通預金口座に入金された。

第9章　その他の費用

問題 33 消耗品費　解答…P.45　基本 応用

次の各取引について仕訳しなさい。

(1) コピー用紙1,000円を購入し、現金で支払った。

(2) 文房具800円を購入し、現金で支払った。

問題 34 通信費、租税公課、貯蔵品の処理　解答…P.45　基本 応用

次の一連の取引について仕訳しなさい。

(1) 郵便切手300円分と郵便はがき500円分を購入し、現金で支払った。

(2) 事務所建物の固定資産税1,000円を普通預金口座から支払った。

(3) 収入印紙400円分を購入し、現金で支払った。

(4) 決算日において(1)の郵便切手100円分と、(3)の収入印紙150円分が残っている。

(5) 翌期首を迎えた。

問題 35 法定福利費の処理　解答…P.45　基本 応用

次の一連の取引について仕訳しなさい。

(1) 給料日につき、従業員の給料1,000円から従業員負担分の社会保険料200円を差し引いた残額を現金で支払った。

(2) 預り金として処理していた従業員負担分の社会保険料200円と会社負担分の社会保険料200円の合計を現金で納付した。

第10章　貸倒れと貸倒引当金

問題 36　貸倒れ、貸倒引当金の処理　解答…P.46　基本　応用

次の各取引について仕訳しなさい。

(1)　得意先山口商事が倒産し、売掛金500円（当期に発生）が貸し倒れた。

(2)　決算日において、売掛金800円と受取手形200円の期末残高について２％の貸倒引当金を設定する。なお、貸倒引当金の期末残高は８円である。

(3)　得意先福岡商事が倒産し、売掛金500円（前期に発生）が貸し倒れた。なお、貸倒引当金の残高が300円ある。

(4)　前期に貸倒処理した売掛金300円を現金で回収した。

問題 37　貸倒れ、貸倒引当金の処理　解答用紙あり　解答…P.46　基本　応用

次の取引について仕訳しなさい。ただし、勘定科目は次の中からもっとも適当と思われるものを選び、記号で解答すること。

ア．売掛金　　イ．貸倒引当金　　ウ．貸倒引当金繰入
エ．貸倒損失

得意先京都商事が倒産したため、同商事に対する売掛金100,000円が回収不能となったので、貸倒れとして処理した。なお、回収不能額のうち60,000円は前期の売上にかかるもので、残額は当期の売上にかかるものである。また、貸倒引当金の残高が150,000円あった。

第11章　有形固定資産と減価償却

問題38　固定資産の購入の処理　解答…P.46　基本　応用

次の各取引について仕訳しなさい。

(1)　土地6,000円を購入し、現金で支払った。

(2)　車両運搬具2,000円を購入し、代金は月末に支払うこととした。

(3)　建物3,000円を購入し、代金は小切手を振り出して支払い、仲介手数料など200円は現金で支払った。

(4)　備品1,000円を購入し、代金は月末に支払うこととした。なお、購入にあたっての引取費用100円は現金で支払った。

(5)　建物の改良と修繕を行い、10,000円を小切手を振り出して支払った。なお、このうち資本的支出は7,000円で、残額は収益的支出である。

問題39　固定資産の購入の処理　解答用紙あり　解答…P.47　基本　応用

次の各取引について仕訳しなさい。ただし、勘定科目は各取引の下の勘定科目の中からもっとも適当と思われるものを選び、記号で解答すること。

(1)　土地200㎡を１㎡につき1,500円で購入し、登記料1,000円と仲介手数料5,000円とともに代金は小切手を振り出して支払った。

ア．現金　イ．当座預金　ウ．未払金　エ．支払手数料
オ．土地　カ．備品

(2)　オフィス機器40,000円を購入し、代金のうち、10,000円は小切手を振り出して支払い、残額は翌月末から３回払いとした。なお、引取運賃500円と据付費用800円は現金で支払った。

ア．現金　イ．当座預金　ウ．買掛金　エ．未払金
オ．普通預金　カ．備品

(3)　中古車販売業を営んでいる当社は、期首において販売用の中古車50,000円を購入し、代金は月末に支払うことにした。

ア．現金　イ．仕入　ウ．買掛金　エ．備品
オ．普通預金　カ．車両運搬具

問題 40 固定資産の減価償却

解答…P.47 基本 応用

次の各取引について仕訳しなさい。なお、会計期間は４月１日から３月31日までの１年である。

⑴ 決算日につき、当期の期首に購入した建物（取得原価1,000円）について減価償却を行う。なお、減価償却方法は定額法（耐用年数30年、残存価額は取得原価の10％）、記帳方法は間接法による。

⑵ 決算日につき、当期の期首に購入した備品（取得原価800円）について減価償却を行う。なお、減価償却方法は定額法（耐用年数８年、残存価額は０円）、記帳方法は間接法による。

⑶ 決算日につき、当期の12月１日に取得した備品（取得原価3,600円）について減価償却を行う。なお、減価償却方法は定額法（耐用年数８年、残存価額は０円）、記帳方法は間接法による。

問題 41 固定資産の売却の処理

解答…P.48 基本 応用

次の各取引について仕訳しなさい。なお、会計期間は４月１日から３月31日までの１年である。

⑴ 期首において、建物（取得原価8,000円、期首の減価償却累計額2,400円、間接法で記帳）を5,500円で売却し、代金は月末に受け取ることとした。

⑵ 期末において、建物（取得原価9,000円、期首の減価償却累計額4,050円、間接法で記帳）を4,700円で売却し、代金は月末に受け取ることとした。この建物の減価償却方法は定額法（残存価額：取得原価の10％、耐用年数：30年）で、当期分の減価償却費の計上もあわせて行う。

問題 42 固定資産の売却の処理 解答用紙あり 解答…P.48 基本 応用

次の各取引について仕訳しなさい。ただし、勘定科目は各取引の下の勘定科目の中からもっとも適当と思われるものを選び、記号で解答すること。

(1) 営業用の自動車（取得原価120,000円、減価償却累計額90,000円）を38,000円で売却し、代金は小切手で受け取った。なお、減価償却は間接法によって処理されている。

ア．現金　イ．当座預金　ウ．固定資産売却損
エ．車両運搬具　オ．減価償却費
カ．車両運搬具減価償却累計額　キ．固定資産売却益

(2) ×４年３月31日（決算日は年１回３月31日）に不用となった冷暖房器具（取得日：×１年４月１日、取得原価：360,000円、残存価額：０円、耐用年数：６年）を100,000円で売却し、代金は翌月末に受け取ることとした。なお、当期分の減価償却費もあわせて計上すること。ただし、減価償却の計算は定額法により、間接法で記帳している。

ア．減価償却費　イ．未払金　ウ．備品減価償却累計額
エ．固定資産売却損　オ．備品　カ．未収入金
キ．固定資産売却益

第12章　株式の発行、剰余金の配当と処分

問題 43 株式の発行 解答…P.49 基本 応用

次の各取引について仕訳しなさい。

(1) 青森商事株式会社は、会社の設立にあたり、株式300株を１株800円で発行し、全株式の払い込みを受け、払込金額は普通預金とした。

(2) 岩手物産株式会社は、増資にあたり、株式400株を１株800円で発行し、全株式の払い込みを受け、払込金額は当座預金とした。

問題 44 当期純損益の振り替え

解答…P.49 基本 応用

次の各取引について仕訳しなさい。

(1) 当期純利益3,000円を、損益勘定から繰越利益剰余金勘定に振り替える。

(2) 当期純損失1,000円を、損益勘定から繰越利益剰余金勘定に振り替える。

問題 45 剰余金の配当、処分

解答…P.49 基本 応用

次の一連の取引について仕訳しなさい。

(1) 当期純利益2,000円を損益勘定から繰越利益剰余金勘定に振り替える。

(2) 株主総会の決議により、繰越利益剰余金の配当および処分を次のように決定した。

株主配当金 800円 利益準備金 80円

(3) (2)の株主配当金を小切手を振り出して支払った。

第13章 法人税等と消費税

問題 46 法人税等の処理

解答…P.49 基本 応用

次の一連の取引について仕訳しなさい。

(1) 中間申告を行い、法人税2,000円、住民税500円、事業税100円を小切手を振り出して中間納付した。

(2) 決算につき、当期の法人税、住民税及び事業税が5,000円と確定した。

(3) 確定申告を行い、上記(2)の未払法人税等を小切手を振り出して納付した。

問題 47 消費税の処理

解答…P.49 基本 応用

次の一連の取引について、税抜方式で仕訳しなさい。

(1) 商品1,000円を仕入れ、代金は消費税100円とともに現金で支払った。

(2) 商品4,000円を売り上げ、代金は消費税400円とともに現金で受け取った。

(3) 決算につき、仮払消費税と仮受消費税を相殺し、消費税の納付額を計算した。

(4) 上記(3)の消費税の納付額を現金で納付した。

第14章　費用・収益の前払い・前受けと未払い・未収、訂正仕訳

問題 48　費用・収益の前払い・前受けと未払い・未収　解答…P.50　基本 応用

次の各取引について仕訳しなさい。

(1)　決算につき、支払家賃400円のうち、次期分100円を前払処理する。
(2)　決算につき、受取利息600円（半年分）のうち、次期分（４か月分）を前受処理する。
(3)　決算につき、保険料200円を未払処理する。
(4)　決算につき、受取地代80円を未収処理する。

問題 49　訂正仕訳　解答…P.50　基本 応用

次の各取引について仕訳しなさい。

(1)　売掛金200円を現金で回収したときに、貸方科目を誤って売上と仕訳していたのでこれを訂正する。
(2)　支払手形400円を当座預金で支払ったときに、誤って貸借逆に仕訳していたのでこれを訂正する。

問題 50　訂正仕訳　解答用紙あり　解答…P.51　基本 応用

次の誤りを発見した。よって、これを訂正するための仕訳をしなさい。ただし、勘定科目は次の中からもっとも適当と思われるものを選び、記号で解答すること。

ア．現金　イ．売掛金　ウ．当座預金　エ．売上
オ．買掛金

得意先室蘭商事から売掛金20,000円を同社振り出しの小切手で回収し、ただちに当座預金に預け入れた際に、次のように仕訳していた。

（現　　金）	20,000	（売　掛　金）	20,000

第15章　帳簿への記入

問題 51　転　記　解答用紙あり

解答…P.51　基本　応用

次の各取引を総勘定元帳（略式）に転記しなさい。なお、日付と相手科目についても記入すること。

4月5日	（仕　　入）	300	（買 掛 金）	300
4月8日	（現　　金）	200	（売　　上）	600
	（売 掛 金）	400		
4月15日	（買 掛 金）	150	（現　　金）	150
4月20日	（現　　金）	450	（売 掛 金）	450

問題 52　小口現金出納帳　解答用紙あり

解答…P.52　基本　応用

次の取引を小口現金出納帳に記入し、あわせて週末における締め切りおよび小口現金の補給に関する記入を行いなさい。なお、当社は定額資金前渡法を採用しており、小口現金として2,000円を受け入れている。また、小口現金の補給は小切手により翌週の月曜日に行われている。

5月7日（月）	タクシー代	500円
8日（火）	コピー用紙代	200円
9日（水）	電話代	400円
10日（木）	文房具代	100円
11日（金）	お茶菓子代	50円

問題 53 小口現金出納帳 解答用紙あり

解答…P.52 基本 応用

次の取引を小口現金出納帳に記入し、あわせて小口現金の補給に関する記入および週末における締め切りを行いなさい。なお、当社は定額資金前渡法を採用しており、小口現金として4,000円を受け入れている。また、小口現金の補給は小切手により週末の金曜日に行われている。

6月4日（月）	切手・はがき代	800円
5日（火）	電車代	600円
6日（水）	新聞代	1,800円
7日（木）	ボールペン代	200円
8日（金）	バス代	350円

問題 54 仕入帳 解答用紙あり

解答…P.53 基本 応用

次の取引を仕入帳に記入し、締め切りなさい。

7月1日　大阪商事から次の商品を掛けで仕入れた。
　　A商品　10個　@10円　　B商品　20個　@20円
　3日　上記商品のうち、A商品2個を返品した。
　5日　京都商事から次の商品を掛けで仕入れた。
　　C商品　10個　@12円　　D商品　30個　@15円

問題 55 買掛金元帳 解答用紙あり　解答…P.53　基本 応用

次の取引を買掛金元帳（大阪商事）に記入し、締め切りなさい。

8月1日　買掛金の前月繰越高は5,000円であり、仕入先別の内訳は次のとおりである。

大阪商事　3,000円　　京都商事　2,000円

3日　大阪商事から商品1,000円を掛けで仕入れた。

8日　京都商事から商品800円を掛けで仕入れた。

10日　大阪商事から商品2,500円と京都商事から商品1,200円を掛けで仕入れた。

12日　10日に大阪商事から仕入れた商品300円を返品した。

25日　大阪商事に対する買掛金4,000円と京都商事に対する買掛金3,500円を小切手を振り出して支払った。

問題 56 売上帳 解答用紙あり　解答…P.54　基本 応用

次の取引を売上帳に記入し、締め切りなさい。

7月8日　東京商事に次の商品を掛けで売り上げた。

A商品　10個　@30円　　B商品　20個　@50円

10日　上記商品のうち、A商品4個が返品された。

23日　埼玉商事に次の商品を掛けで売り上げた。

C商品　20個　@40円　　D商品　30個　@60円

問題 57 売掛金元帳 解答用紙あり

解答…P.54 基本 応用

次の取引を売掛金元帳（埼玉商事）に記入し、締め切りなさい。

8月1日　売掛金の前月繰越高は8,000円であり、得意先別の内訳は次のとおりである。

東京商事　4,500円　　埼玉商事　3,500円

4日　東京商事に商品4,000円を掛けで売り上げた。

14日　埼玉商事に商品2,000円を掛けで売り上げた。

16日　14日に埼玉商事に売り上げた商品のうち、300円が返品された。

22日　東京商事に商品3,000円と埼玉商事に商品5,000円を掛けで売り上げた。

25日　東京商事に対する売掛金8,500円を現金で回収した。

31日　埼玉商事に対する売掛金5,200円について先方振出の小切手を受け取った。

問題 58 商品有高帳 解答用紙あり

解答…P.55 基本 応用

次の資料にもとづいて、先入先出法により商品有高帳の記入を行いなさい。なお、商品有高帳の締め切りまで行うこと（前月繰越高は解答用紙に記入済みである）。

9月9日	仕　入	100個	@120円
14日	売　上	70個	@240円
20日	仕　入	120個	@140円
25日	売　上	100個	@250円

問題 59 商品有高帳 解答用紙あり

解答…P.56 基本 応用

次の資料にもとづいて、移動平均法により商品有高帳の記入と売上総利益の計算をしなさい。なお、商品有高帳の締め切りまで行うこと（前月繰越高は解答用紙に記入済みである）。

10月2日	仕　入	100個	@212円
14日	売　上	90個	@350円
20日	仕　入	120個	@214円
25日	売　上	110個	@360円

問題 60 受取手形記入帳

解答…P.57 基本 応用

次の受取手形記入帳にもとづいて、4月1日、5月12日、6月30日の仕訳を示しなさい。

受取手形記入帳

×年		手形種類	手形番号	摘要	支払人	振出人または裏書人	振出日		満期日		支払場所	手形金額	てん末		
							月	日	月	日			月	日	摘要
4	1	約手	10	売上	前橋商事	前橋商事	4	1	6	30	新宿銀行	500	6	30	当座預金口座に入金
5	12	約手	18	売掛金	草津商事	草津商事	5	12	8	12	渋谷銀行	800			

問題 61 支払手形記入帳

解答…P.57 基本 応用

次の帳簿の(1)名称を答え、(2)8月10日と10月10日の仕訳を示しなさい。

(　　　　　)記入帳

×年		手形種類	手形番号	摘要	受取人	振出人	振出日		満期日		支払場所	手形金額	てん末		
							月	日	月	日			月	日	摘要
8	10	約手	21	仕入	湘南商事	当社	8	10	10	10	熊谷銀行	200	10	10	当座預金口座から支払い
9	15	約手	31	買掛金	熱海商事	当社	9	15	12	15	大宮銀行	400			

問題 62 帳簿のまとめ

解答用紙あり

解答…P.58 基本 応用

当社は、記帳にあたって解答用紙に記載してある補助簿を用いている。次の取引はどの補助簿に記入されるか、解答用紙の補助簿の記号に○印をつけなさい。

(1) 東北商事に対する売掛金3,000円を同社振出の小切手で受け取った。

(2) 中部商事から商品4,000円を仕入れ、代金のうち1,000円は約束手形を振り出して支払い、残額は掛けとした。

(3) 北陸商事に商品1,500円を売り上げ、代金のうち1,000円は北陸商事振出、当社宛ての約束手形を受け取り、残額は現金で受け取った。

(4) 備品3,000円を購入し、代金は設置費用300円とともに現金で支払った。

第16章　試算表

問題 63　試算表　解答用紙あり

解答…P.59　基本　応用

次の総勘定元帳（略式）の記入から⑴合計試算表と⑵残高試算表を作成しなさい。

現　金

10/ 1	200	10/18	160

当座預金

10/ 1	500	10/31	500
10/20	400		

売 掛 金

10/ 1	200	10/20	400
10/12	600	10/27	20
10/25	350		

備　品

10/ 1	400		
10/18	160		

買 掛 金

10/31	500	10/ 1	300
		10/ 5	450
		10/22	240

資 本 金

		10/ 1	900

繰越利益剰余金

		10/ 1	100

売　上

10/27	20	10/12	600
		10/25	350

仕　入

10/ 5	450		
10/22	240		

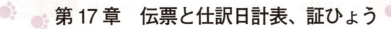

第17章　伝票と仕訳日計表、証ひょう

問題 64 伝票

解答…P.60　基本 応用

次の(1)、(2)はそれぞれある取引について伝票を作成したものである。それぞれの取引を推定し、仕訳を示しなさい。

(1)

振替伝票 ×1年3月20日			
借方科目	金額	貸方科目	金額
売掛金	500	売上	500

入金伝票 ×1年3月20日	
科目	金額
売掛金	200

(2)

振替伝票 ×1年5月15日			
借方科目	金額	貸方科目	金額
仕入	400	支払手形	400

出金伝票 ×1年5月15日	
科目	金額
仕入	600

問題 65 伝票 解答用紙あり

解答…P.60　基本 応用

次の取引について起票した振替伝票と出金伝票は次のとおりである。各伝票の(1)、(2)に記入される勘定科目を答えなさい。

[取引] 商品2,000円を仕入れ、代金のうち500円は前払金と相殺し、残額は現金で支払った。

振替伝票 ×1年10月20日			
借方科目	金額	貸方科目	金額
仕入	500	(1)	500

出金伝票 ×1年10月20日	
科目	金額
(2)	1,500

問題 66 仕訳日計表 解答用紙あり

解答…P.61 基本 応用

福岡商事は、毎日の取引を入金伝票、出金伝票、振替伝票に記入し、これを１日ずつ集計して仕訳日計表を作成し、仕訳日計表から各関係元帳に転記している。福岡商事の７月１日の取引について作成された次の伝票にもとづいて、(A)仕訳日計表を作成し、(B)総勘定元帳に転記しなさい。

入金伝票	No. 101
売掛金	1,000

入金伝票	No. 102
当座預金	2,000

出金伝票	No. 201
買掛金	1,100

出金伝票	No. 202
消耗品費	1,300

振替伝票		No. 301
買掛金	1,000	
支払手形		1,000

振替伝票		No. 302
仕入	2,200	
買掛金		2,200

振替伝票		No. 303
売掛金	7,500	
売上		7,500

問題 67 仕訳日計表 解答用紙あり

解答…P.62 基本 応用

大分商事は、毎日の取引を入金伝票、出金伝票、振替伝票に記入し、これを１日ずつ集計して仕訳日計表を作成し、仕訳日計表から各関係元帳に転記している。大分商事の８月１日の取引について作成された次の伝票にもとづいて、(A)仕訳日計表を作成し、(B)総勘定元帳および(C)仕入先元帳に転記しなさい。

入金伝票	No. 101
受取利息	5,000

入金伝票	No. 102
売掛金（宮崎商事）	8,000

入金伝票	No. 103
貸付金	4,000

出金伝票	No. 201
買掛金（愛媛商事）	4,400

出金伝票	No. 202
未払金	1,300

出金伝票	No. 203
買掛金（高知商事）	3,000

振替伝票		No. 301
仕入	4,000	
買掛金（愛媛商事）		4,000

振替伝票		No. 302
仕入	5,600	
買掛金（高知商事）		5,600

振替伝票		No. 303
売掛金（宮崎商事）	6,600	
売上		6,600

振替伝票		No. 304
売掛金（熊本商事）	7,100	
売上		7,100

振替伝票		No. 305
買掛金（高知商事）	2,000	
支払手形		2,000

振替伝票		No. 306
受取手形	2,500	
売掛金（熊本商事）		2,500

問題 68 証ひょうの読み取り

解答…P.64 基本 応用

次の各証ひょうにもとづいて、東京商事株式会社で必要な仕訳を行いなさい。なお、東京商事は雑貨販売業を営んでおり、商品売買取引は三分法で、消費税は税抜方式により処理している。

(1) 商品を仕入れ、商品とともに次の請求書を受け取り、代金は後日支払うこととした。

請　　求　　書

東京商事株式会社　御中

埼玉商事株式会社

品　物	数　量	単　価	金　額
小物入れ 10個入り	30	400	¥12,000
ティッシュカバー（青） 10個入り	20	400	¥ 8,000
	消費税		¥ 2,000
	合　計		¥22,000

×2年5月31日までに合計額を下記口座へお振込みください。

東西銀行熊谷支店　普通　7654321　サイタマショウジ（カ

(2) 以下の納付書にもとづき、普通預金口座から振り込んだ。

領収証書

科目 法人税		
本　　税	¥300,000	納期等の区分 ×××××× ××××××
○　○　税		
△　△　税		中間申告（○）　確定申告
□　□　税		
合　計　額	¥300,000	

住所	東京都新宿区○○
氏名	東京商事株式会社

出納印
×3.11.29
東西銀行

(3) 取引銀行のインターネットバンキングサービスから当座勘定照合表（入出金明細）を参照したところ、以下のとおりだった。

12月8日の取引の仕訳をしなさい。なお、埼玉商事㈱および山梨商事㈱はそれぞれ東京商事㈱の商品の取引先で、商品売買取引はすべて掛けとしている。

×2年1月5日

当座勘定照合表

東京商事株式会社　様

東西銀行新宿支店

取引日	摘　　要	お支払金額	お預り金額	取引残高
12. 5	お振込み 埼玉商事㈱	50,000		××
12. 5	お振込手数料	200		××
12. 8	お振込み 山梨商事㈱		65,000	××
⋮	⋮	⋮	⋮	⋮

第18章　精算表と財務諸表

問題69　精算表　解答用紙あり　解答…P.65　基本 応用

次の期末整理事項にもとづいて、解答用紙の精算表を完成させなさい。

(1)　現金の実際有高は715円であった。ただし、帳簿有高との不一致の原因は不明である。

(2)　当座預金勘定の貸方残高を当座借越勘定に振り替える。

(3)　郵便切手10円が未使用のまま残っている。

(4)　売掛金の期末残高に対して２％の貸倒引当金を設定する（差額補充法）。

(5)　備品について定額法により減価償却を行う。耐用年数は５年で残存価額は０円である。

問題70　精算表　解答用紙あり　解答…P.66　基本 応用

次の期末整理事項にもとづいて、解答用紙の精算表を完成させなさい。ただし、会計期間は×２年４月１日から×３年３月31日である。

(1)　得意先が倒産し、前期の同社に対する売掛金100円が回収不能となったため、貸倒れとして処理する。

(2)　商品の期末棚卸高は780円であった。なお、売上原価は「仕入」の行で計算すること。

(3)　売掛金と受取手形の期末残高に対して２％の貸倒引当金を設定する（差額補充法）。

(4)　建物および備品について定額法により減価償却を行う。建物の耐用年数は24年、残存価額は取得原価の10％であり、備品の耐用年数は６年、残存価額は０円である。なお、備品は×２年12月１日に購入したもの（同日より使用）で、減価償却費は月割計算によって計上する。

(5)　仮払消費税と仮受消費税を相殺し、納付額を計算する。

(6)　受取家賃の前受額は５円である。

(7)　借入金（×２年９月１日に借入れ）の利息につき、未払処理する。借入れの条件は、利率が年４％、利払日が８月末日、返済期日が×３年８月31日である。

問題 71 精算表 解答用紙あり

解答…P.69 基本 応用

次の期末整理事項にもとづいて、解答用紙の精算表を完成させなさい。ただし、会計期間は×３年４月１日から×４年３月31日である。

⑴ 得意先から受け入れた手形3,200円が本日取り立てられ、当座預金口座に預け入れた旨の連絡が銀行からあった。

⑵ 売掛金と受取手形の期末残高に対して３％の貸倒引当金を設定する（差額補充法）。

⑶ 商品の期末棚卸高は9,240円であった。なお、売上原価は「仕入」の行で計算すること。

⑷ 建物のうち6,000円については、前期以前に購入したもので、定額法（耐用年数30年、残存価額は０円）により減価償却を行う。また、建物のうち4,800円については、×４年２月１日に購入したもの（同日より使用）で、定額法（耐用年数20年、残存価額は０円）により減価償却を行い、減価償却費は月割計算によって計上する。

⑸ 収入印紙800円が未使用のまま残っている。

⑹ 保険料は×３年８月１日に向こう１年分を支払っている。

⑺ 貸付金は×３年11月１日に得意先に対して貸付期間１年、年利率４％で貸し付けたもので、利息は返済時に受け取ることとなっている。当期分の利息の計算は月割計算による。

問題 72 財務諸表 解答用紙あり

解答…P.71 基本 応用

次の北海道商事の決算整理後残高試算表にもとづいて、損益計算書と貸借対照表を完成させなさい。

決算整理後残高試算表

×3年3月31日

借方	勘定科目	貸方
1,434	現金	
720	売掛金	
	貸倒引当金	36
400	繰越商品	
600	備品	
	備品減価償却累計額	260
	買掛金	610
	資本金	2,000
	繰越利益剰余金	200
	売上	3,100
2,520	仕入	
250	給料	
90	支払利息	
26	貸倒引当金繰入	
190	減価償却費	
	未払利息	24
10	法人税等	
	未払法人税等	10
6,240		6,240

問題 73 財務諸表 解答用紙あり 解答…P.72 基本 応用

次の【資料1】と【資料2】にもとづいて、損益計算書と貸借対照表を完成させなさい。

【資料1】決算整理前残高試算表

借方	勘定科目	貸方
2,000	現金	
	当座預金	900
2,280	普通預金	
2,100	売掛金	
180	仮払法人税等	
550	繰越商品	
3,000	建物	
	買掛金	1,790
	貸倒引当金	20
	建物減価償却累計額	500
	資本金	3,000
	繰越利益剰余金	1,000
	売上	13,200
	受取手数料	300
7,600	仕入	
1,800	給料	
1,200	広告宣伝費	
20,710		20,710

【資料2】決算整理事項等

(1) 売掛金100円が普通預金口座に振り込まれていたが、この取引が未記帳であった。

(2) 当座預金勘定の貸方残額全額を当座借越勘定に振り替える。

(3) 売掛金の期末残高に対して2％の貸倒引当金を設定する（差額補充法）。

(4) 期末商品棚卸高は500円である。

(5) 建物について、定額法（耐用年数は30年、残存価額は0円）として定額法で減価償却を行う。

(6) 手数料の未収分が200円ある。

(7) 法人税等が950円と計算されたので、仮払法人税等との差額を未払法人税等として計上する。

第19章　帳簿の締め切り

問題 74　帳簿の締め切り　解答用紙あり　解答…P.74　基本　応用

次の決算整理後の各勘定残高にもとづいて、(1)各勘定から損益勘定に振り替える仕訳（損益振替仕訳）および(2)損益勘定から繰越利益剰余金勘定に振り替える仕訳（資本振替仕訳）を示し、(3)損益勘定に記入しなさい。

売　　上

		諸　口	1,900

受取家賃

		諸　口	120

仕　　入

諸　口	1,400		

支払利息

諸　口	100		

問題 75　帳簿の締め切り　解答用紙あり　解答…P.75　基本　応用

(1)　次の支払利息勘定の決算整理後の記入状況にもとづいて、この費用の勘定から損益勘定へ振り替える決算仕訳を示しなさい。

支　払　利　息

当座預金	50,000	前払利息	10,000
未払利息	12,000		

(2)　次の未収家賃勘定にもとづいて、再振替仕訳を示しなさい。

未　収　家　賃

受取家賃	30,000	次期繰越	30,000
前期繰越	30,000		

問題76 本試験対策 解答用紙あり

解答…P.76 基本 応用

当期は×２年４月１日から×３年３月31日までの１年である。各勘定には（日付）［摘要］〈金額〉の順に記入し、［摘要］は、下記の［摘要］の中からもっとも適当と思われるものを選び、記号で解答すること。

［摘要］

ア．損益	イ．支払利息	ウ．未払利息	エ．前払利息
オ．前期繰越	カ．次期繰越	キ．当座預金	ク．借入金

［取引］

1．×１年８月１日、銀行から10,000円を年利率1.2％、期間１年で借り入れ、当座預金口座に入金された。なお、利息の支払いは半年ごとの後払い（１月31日、７月31日）で行う。
2．×２年１月31日、半年分の利息を当座預金口座から支払った。
3．×２年３月31日、決算日につき、適切な利息の処理をした。
4．×２年４月１日、利息について再振替仕訳をした。
5．×２年７月31日、返済日につき、借入金10,000円を返済し、半年分の利息とともに当座預金口座から支払った。
6．×２年９月１日、銀行から20,000円を年利率1.8％、期間１年で借り入れ、当座預金口座に入金された。なお、利息の支払いは半年ごとの後払い（２月28日、８月31日）で行う。
7．×３年２月28日、半年分の利息を当座預金口座から支払った。
8．×３年３月31日、決算日につき、適切な利息の処理をした。

問題編

解答・解説

解答 1

(1)	資産の増加	借方　(左側) ・ 貸方　(右側)	借方(左側) circled
(2)	資産の減少	借方　(左側) ・ 貸方　(右側)	貸方(右側) circled
(3)	負債の増加	借方　(左側) ・ 貸方　(右側)	貸方(右側) circled
(4)	負債の減少	借方　(左側) ・ 貸方　(右側)	借方(左側) circled
(5)	資本（純資産）の増加	借方　(左側) ・ 貸方　(右側)	貸方(右側) circled
(6)	資本（純資産）の減少	借方　(左側) ・ 貸方　(右側)	借方(左側) circled
(7)	収益の増加（発生）	借方　(左側) ・ 貸方　(右側)	貸方(右側) circled
(8)	収益の減少（消滅）	借方　(左側) ・ 貸方　(右側)	借方(左側) circled
(9)	費用の増加（発生）	借方　(左側) ・ 貸方　(右側)	借方(左側) circled
(10)	費用の減少（消滅）	借方　(左側) ・ 貸方　(右側)	貸方(右側) circled

解答 2

	借方科目	金額	貸方科目	金額
(1)	仕入	1,000	現金	1,000
(2)	仕入	5,000	買掛金	5,000
(3)	買掛金	4,000	現金	4,000

解答 3

	借方科目	金額	貸方科目	金額
(1)	現金	2,000	売上	2,000
(2)	売掛金	6,000	売上	6,000
(3)	現金	5,000	売掛金	5,000

解答 4

	借方科目	金額	貸方科目	金額
(1)	クレジット売掛金 支払手数料	5,880 120	売上	6,000
(2)	現金	5,880	クレジット売掛金	5,880

解説

(1)支払手数料：6,000円×２％＝120円

解答 5

	借方科目	金額	貸方科目	金額
(1)	買掛金	100	仕入	100
(2)	売上	600	売掛金	600

解答 6

	借方科目	金額	貸方科目	金額
(1)	仕入	6,100	買掛金 現金	6,000 100
(2)	売掛金 発送費	8,500 500	売上 現金	8,500 500

解答 7

	借方科目	金額	貸方科目	金額
(1)	現金	3,000	売掛金	3,000
(2)	買掛金	3,000	現金	3,000

解答 8

	借方科目	金額	貸方科目	金額
(1)	現金過不足	50	現金	50
(2)	通信費	30	現金過不足	30
(3)	雑損	20	現金過不足	20

解答 9

	借方科目	金額	貸方科目	金額
(1)	現金	100	現金過不足	100
(2)	現金過不足	70	売掛金	70
(3)	現金過不足	30	雑益	30

解答 10

	借方科目	金額	貸方科目	金額
(1)	普通預金	300	現金	300
(2)	定期預金	100	普通預金	100

解答 11

	借方科目	金額	貸方科目	金額
(1)	当座預金	300	現金	300
(2)	買掛金	200	当座預金	200

解答 12

	借方科目	金額	貸方科目	金額
(1)	買掛金	150	当座預金	150
(2)	当座預金	50	当座借越	50

解答 13

	借方科目	金額	貸方科目	金額
(1)	小口現金	800	当座預金	800
(2)	仕訳なし			
(3)	通信費 雑費	300 200	小口現金	500
(4)	小口現金	500	当座預金	500

解答 14

借方		貸方	
記号	金額	記号	金額
(イ) 旅費交通費 (ウ) 消耗品費 (エ) 雑費	4, 000 2, 300 1, 200	(ア) 当座預金	7,500

解説

小口現金の使用の報告と補給が同時のときは、直接、当座預金を減少させます。

解答 15

	借方科目	金額	貸方科目	金額
(1)	仕入	500	支払手形	500
(2)	支払手形	500	当座預金	500

解答 16

	借方科目	金額	貸方科目	金額
(1)	受取手形	800	売上	800
(2)	当座預金	800	受取手形	800

解答 17

(A)奈良商事

	借方科目	金額	貸方科目	金額
(1)	**買掛金**	**3,000**	**電子記録債務**	**3,000**
(2)	**電子記録債務**	**3,000**	**当座預金**	**3,000**

(B)大阪商事

	借方科目	金額	貸方科目	金額
(1)	**電子記録債権**	**3,000**	**売掛金**	**3,000**
(2)	**当座預金**	**3,000**	**電子記録債権**	**3,000**

解答 18

	借方科目	金額	貸方科目	金額
(1)	**貸付金**	**1,000**	**現金**	**1,000**
(2)	**現金**	**1,020**	**貸付金** **受取利息**	**1,000** **20**

解説

(2)受取利息：1,000円×３％×$\frac{8か月}{12か月}$＝20円

解答 19

	借方科目	金額	貸方科目	金額
(1)	**現金**	**3,000**	**借入金**	**3,000**
(2)	**借入金** **支払利息**	**3,000** **15**	**現金**	**3,015**

解説

(2)支払利息：3,000円×２％×$\frac{3か月}{12か月}$＝15円

解答 20

	借方科目	金額	貸方科目	金額
(1)	**手形貸付金**	**800**	**現金**	**800**
(2)	**現金**	**810**	**手形貸付金** **受取利息**	**800** **10**

解答 21

	借方科目	金額	貸方科目	金額
(1)	**現金**	800	**手形借入金**	800
(2)	**手形借入金**	800	現金	810
	支払利息	10		

解答 22

	借方		貸方	
	記号	金額	記号	金額
(1)	(ウ) 現金	3,100	(エ) 貸付金	3,000
			(カ) 受取利息	100
(2)	(ア) 当座預金	5,940	(イ) 手形借入金	6,000
	(エ) 支払利息	60		

解説

(1)受取利息：3,000円×４％×$\frac{10か月}{12か月}$＝100円

(2)問題文より、３か月分の利息は借入時に支払っているため、３か月分の**支払利息（費用）**を計上します。

支払利息：6,000円×４％×$\frac{3か月}{12か月}$＝60円

解答 23

	借方科目	金額	貸方科目	金額
(1)	建物	3,000	未払金	3,000
(2)	未払金	3,000	普通預金	3,000

解答 24

	借方科目	金額	貸方科目	金額
(1)	未収入金	3,000	建物	3,000
(2)	現金	3,000	未収入金	3,000

解答 25

	借方科目	金額	貸方科目	金額
(1)	前払金	500	現金	500
(2)	仕入	3,000	前払金 買掛金	500 2,500
(3)	現金	500	前受金	500
(4)	前受金 売掛金	500 2,500	売上	3,000

解答 26

	借方		貸方	
	記号	金額	記号	金額
(1)	(オ) 仕入	70,000	(エ) 前払金 (イ) 当座預金	10,000 60,000
(2)	(カ) 前受金 (ウ) 売掛金	20,000 40,000	(オ) 売上	60,000

解説

(1)手付金を支払ったときに前払金（資産）の増加として処理しているので、商品を仕入れたときには**前払金（資産）の減少**として処理します。

(2)手付金を受け取ったときに前受金（負債）の増加として処理しているので、商品を売り上げたときには**前受金（負債）の減少**として処理します。

解答 27

	借方科目	金額	貸方科目	金額
(1)	仮払金	5,000	現金	5,000
(2)	旅費交通費	6,000	仮払金 現金	5,000 1,000
(3)	当座預金	3,000	仮受金	3,000
(4)	仮受金	3,000	売掛金	3,000

解答 28

借方		貸方	
記号	金額	記号	金額
(キ) 仮受金	11,000	(ウ) 前受金 (ク) 売掛金	5,000 6,000

解説

仮受額の内容判明時には**仮受金（負債）を減らします**。また、注文を受けたときの手付金は**前受金（負債）**で処理します。

解答 29

	借方科目	金額	貸方科目	金額
(1)	仕入 立替金	4,000 100	買掛金 現金	4,000 100
(2)	従業員立替金	500	現金	500
(3)	給料	8,000	従業員立替金 預り金 現金	500 800 6,700
(4)	預り金	800	当座預金	800

※ (1)は以下の仕訳でも可

(1)（仕　入）4,000（買掛金）3,900
（現　金）100

解答 30

	借方		貸方	
	記号	金額	記号	金額
(1)	(ウ) 従業員立替金	8,000	(イ) 当座預金	8,000
(2)	(カ) 所得税預り金	7,000	(ウ) 当座預金	7,000

解説

(1)従業員が負担すべき金額を当社が支払った（立て替えた）ときは、**従業員立替金（資産）の増加**として処理します。なお、給料はまだ支払っていないので、給料の支払いに関する処理はしません。

(2)源泉徴収税額は、給料を支払った（源泉徴収した）ときに所得税預り金（負債）の増加として処理しているので、税務署に納付したときは**所得税預り金（負債）の減少**として処理します。なお、本問では指定勘定科目に「所得税預り金」があるので「預り金」ではなく、「所得税預り金」で処理します。

解答 31

	借方科目	金額	貸方科目	金額
(1)	受取商品券 現金	5,000 1,000	売上	6,000
(2)	現金	5,000	受取商品券	5,000

解答 32

	借方科目	金額	貸方科目	金額
(1)	差入保証金	300	現金	300
(2)	普通預金	300	差入保証金	300
(3)	修繕費	50	差入保証金	500
	普通預金	450		

解答 33

	借方科目	金額	貸方科目	金額
(1)	消耗品費	1,000	現金	1,000
(2)	消耗品費	800	現金	800

解答 34

	借方科目	金額	貸方科目	金額
(1)	通信費	800	現金	800
(2)	租税公課	1,000	普通預金	1,000
(3)	租税公課	400	現金	400
(4)	貯蔵品	250	通信費	100
			租税公課	150
(5)	通信費	100	貯蔵品	250
	租税公課	150		

解答 35

	借方科目	金額	貸方科目	金額
(1)	給料	1,000	社会保険料預り金	200
			現金	800
(2)	法定福利費	200	現金	400
	社会保険料預り金	200		

解答 36

	借方科目	金額	貸方科目	金額
(1)	貸倒損失	500	売掛金	500
(2)	貸倒引当金繰入	12	貸倒引当金	12
(3)	貸倒引当金 貸倒損失	300 200	売掛金	500
(4)	現金	300	償却債権取立益	300

解説

(1)当期に発生した売掛金が貸し倒れたときは、**貸倒損失（費用）**として処理します。

(2)①貸倒引当金の設定額：(800円＋200円)×２％＝20円

②貸倒引当金の期末残高：８円

③当期の計上額：差額12円（20円－８円）を貸倒引当金に加算 → 貸方

(3)前期以前に発生した売掛金が貸し倒れたときは、貸倒引当金（300円）を取り崩し、貸倒引当金を超える貸倒額200円（500円－300円）については**貸倒損失（費用）**として処理します。

(4)前期以前に貸倒処理した売掛金や受取手形の代金を回収したときは、**償却債権取立益（収益）**として処理します。

解答 37

借方		貸方	
記号	金額	記号	金額
(イ) 貸倒引当金 (エ) 貸倒損失	60,000 40,000	(ア) 売掛金	100,000

解説

回収不能となった売掛金のうち、前期発生分については、貸倒引当金を取り崩します。また、当期発生分については全額、**貸倒損失（費用）**で処理します。

解答 38

	借方科目	金額	貸方科目	金額
(1)	土地	6,000	現金	6,000
(2)	車両運搬具	2,000	未払金	2,000
(3)	建物	3,200	当座預金 現金	3,000 200
(4)	備品	1,100	未払金 現金	1,000 100
(5)	建物 修繕費	7,000 3,000	当座預金	10,000

解答 39

	借方 記号	借方 金額	貸方 記号	貸方 金額
(1)	(オ) 土地	306,000	(イ) 当座預金	306,000
(2)	(カ) 備品	41,300	(イ) 当座預金	10,000
			(エ) 未払金	30,000
			(ア) 現金	1,300
(3)	(イ) 仕入	50,000	(ウ) 買掛金	50,000

解説

(1)登記料、仲介手数料等の付随費用は固定資産の取得原価に含めて処理します。

　土地の取得原価：@1,500円×200㎡＋1,000円＋5,000円＝306,000円

(2)翌月末から３回払いとした30,000円（40,000円−10,000円）は**未払金（負債）**として処理します。

　備品の取得原価：40,000円＋500円＋800円＝41,300円

(3)中古車販売業者にとって、中古車は商品です。したがって、中古車（商品）を仕入れたときは**仕入（費用）**で処理します。また、商品の仕入にかかる後払い額は、**買掛金（負債）**で処理します。

解答 40

	借方科目	金額	貸方科目	金額
(1)	減価償却費	30	減価償却累計額	30
(2)	減価償却費	100	減価償却累計額	100
(3)	減価償却費	150	減価償却累計額	150

解説

(1)減価償却費：$\frac{1,000円 - 1,000円 \times 10\%}{30年} = 30円$　（1,000円×10%＝100円）

(2)減価償却費：800円÷８年＝100円

(3)期中に取得しているので、取得日（12月１日）から決算日（３月31日）までの４か月分の減価償却費を計上します。

　１年分の減価償却費：3,600円÷８年＝450円

　当期（４か月分）の減価償却費：$450円 \times \frac{4か月}{12か月} = 150円$

解答 41

	借方科目	金額	貸方科目	金額
(1)	減価償却累計額	2,400	建物	8,000
	未収入金	5,500		
	固定資産売却損	100		
(2)	減価償却累計額	4,050	建物	9,000
	未収入金	4,700	固定資産売却益	20
	減価償却費	270		

解説

(1)期首に売却しているので、当期分の減価償却費の計上は必要ありません。
(2)期末に売却しているので、当期1年分の減価償却費を計上します。

当期の減価償却費：$\frac{9,000円-9,000円\times10\%}{30年}=270円$ （9,000円×10%＝900円）

解答 42

	借方		貸方	
	記号	金額	記号	金額
(1)	(ア) 現金	38,000	(エ) 車両運搬具	120,000
	(カ) 車両運搬具減価償却累計額	90,000	(キ) 固定資産売却益	8,000
(2)	(ウ) 備品減価償却累計額	120,000	(オ) 備品	360,000
	(カ) 未収入金	100,000		
	(ア) 減価償却費	60,000		
	(エ) 固定資産売却損	80,000		

解説

(2)×1年4月1日に購入した備品を×4年3月31日（当期末）に売却しているので、購入日（×1年4月1日）から前期末（×3年3月31日）までの2年分の減価償却累計額を減らすとともに、当期分の減価償却費を計上します。

減価償却累計額（×1年4月1日～×3年3月31日までの2年分）：

$360,000円\times\frac{2年}{6年}=120,000円$

当期の減価償却費：360,000円÷6年＝60,000円

解答 43

	借方科目	金額	貸方科目	金額
(1)	普通預金	240,000	資本金	240,000＊1
(2)	当座預金	320,000	資本金	320,000＊2

＊1　@800円×300株＝240,000円
＊2　@800円×400株＝320,000円

解答 44

	借方科目	金額	貸方科目	金額
(1)	損益	3,000	繰越利益剰余金	3,000
(2)	繰越利益剰余金	1,000	損益	1,000

解答 45

	借方科目	金額	貸方科目	金額
(1)	損益	2,000	繰越利益剰余金	2,000
(2)	繰越利益剰余金	880	未払配当金	800
			利益準備金	80
(3)	未払配当金	800	当座預金	800

解答 46

	借方科目	金額	貸方科目	金額
(1)	仮払法人税等	2,600＊1	当座預金	2,600
(2)	法人税、住民税及び事業税	5,000	仮払法人税等	2,600
			未払法人税等	2,400＊2
(3)	未払法人税等	2,400	当座預金	2,400

＊1　2,000円＋500円＋100円＝2,600円
＊2　貸借差額

解答 47

	借方科目	金額	貸方科目	金額
(1)	仕入	1,000	現金	1,100
	仮払消費税	100		
(2)	現金	4,400	売上	4,000
			仮受消費税	400
(3)	仮受消費税	400	仮払消費税	100
			未払消費税	300
(4)	未払消費税	300	現金	300

解答 48

	借方科目	金額	貸方科目	金額
(1)	前払家賃	100	支払家賃	100
(2)	受取利息	400	前受利息	400
(3)	保険料	200	未払保険料	200
(4)	未収地代	80	受取地代	80

解説

(2)次期分の受取利息：600円×$\frac{4\text{か月}}{6\text{か月}}$＝400円

解答 49

	借方科目	金額	貸方科目	金額
(1)	売上	200	売掛金	200
(2)	支払手形	800	当座預金	800

解説

		借方	金額	貸方	金額
(1)	①正しい仕訳：	(現金)	200	(売掛金)	200
	②誤った仕訳：	(現金)	200	(売上)	200
	③②の逆仕訳：	(売上)	200	(現金)	200
	④訂正仕訳(①+③)：	**(売上)**	**200**	**(売掛金)**	**200**
(2)	①正しい仕訳：	(支払手形)	400	(当座預金)	400
	②誤った仕訳：	(当座預金)	400	(支払手形)	400
	③②の逆仕訳：	(支払手形)	400	(当座預金)	400
	④訂正仕訳(①+③)：	**(支払手形)**	**800**	**(当座預金)**	**800**

解答 50

借方		貸方	
記号	金額	記号	金額
(ウ) 当座預金	20,000	(ア) 現金	20,000

解説

①正しい仕訳:	(当座預金)	20,000	(売掛金)	20,000
②誤った仕訳:	(現金)	20,000	(売掛金)	20,000
③②の逆仕訳:	(売掛金)	20,000	(現金)	20,000
④訂正仕訳(①+③):	(当座預金)	20,000	(現金)	20,000

解答 51

現金

4/ 8	売上	200	4/15	買掛金	150
4/20	売掛金	450			

売掛金

4/ 8	売上	400	4/20	現金	450

買掛金

4/15	現金	150	4/ 5	仕入	300

売上

			4/ 8	諸口	600

相手科目が複数のときは「諸口」と記入します。

仕入

4/ 5	買掛金	300			

解答 52

小口現金出納帳

受入	×年		摘要	支払	内訳			
					旅費交通費	消耗品費	通信費	雑費
2,000	5	7	小口現金受け入れ					
		〃	タクシー代	500	500			
		8	コピー用紙代	200		200		
		9	電話代	400			400	
		10	文房具代	100		100		
		11	お茶菓子代	50				50
			合計	1,250	500	300	400	50
		〃	次週繰越	750				
2,000				2,000				
750	5	14	前週繰越					
1,250		〃	本日補給					

週末の残高750円（2,000円－1,250円）を「次週繰越」として記入します。

月曜日に補給される金額（使った金額）1,250円を記入します。

解答 53

小口現金出納帳

受入	×年		摘要	支払	内訳			
					旅費交通費	消耗品費	通信費	雑費
4,000	6	4	前週繰越					
		〃	切手・はがき代	800			800	
		5	電車代	600	600			
		6	新聞代	1,800				1,800
		7	ボールペン代	200		200		
		8	バス代	350	350			
			合計	3,750	950	200	800	1,800
3,750		〃	本日補給					
		〃	次週繰越	4,000				
7,750				7,750				
4,000	6	11	前週繰越					

週末に補給される金額（使った金額）3,750円を記入します。

週末に補給されたので定額（4,000円）が次週に繰り越されます。

解答 54

仕 入 帳

×年		摘要			内訳	金額
7	1	大阪商事	掛け			
		A 商品（ 10個 ）	（ @10円 ）		（ 100）	
		B 商品（ 20個 ）	（ @20円 ）		（ 400）	（ 500）
	3	**大阪商事**	**掛け返品**			
		A 商品（ 2個 ）	**（ @10円 ）**			（ 20）
	5	京都商事	掛け			
		C 商品（ 10個 ）	（ @12円 ）		（ 120）	
		D 商品（ 30個 ）	（ @15円 ）		（ 450）	（ 570）
	31		（総仕入高）			（ 1,070）
	〃		（仕入戻し高）			（ 20）
			（純仕入高）			（ 1,050）

500円＋570円

解答 55

買掛金元帳
大阪商事

×年		摘要	借方	貸方	借/貸	残高
8	1	前月繰越		3,000	貸	3,000
	3	掛け仕入れ		1,000	〃	4,000
	10	掛け仕入れ		2,500	〃	6,500
	12	返品	300		〃	6,200
	25	買掛金の支払い	4,000		〃	2,200
	31	**次月繰越**	2,200			
			6,500	6,500		
9	1	**前月繰越**		2,200	貸	2,200

解説

大阪商事の買掛金元帳を作成するので、大阪商事との取引のみ記入します。

8/3	（仕入）	1,000	（買掛金）	1,000
8/10	（仕入）	2,500	（買掛金）	2,500
8/12	（買掛金）	300	（仕入）	300
8/25	（買掛金）	4,000	（当座預金）	4,000

解答 56

売　上　帳

×年		摘　　要		内　訳	金　額
7	8	東京商事	掛け		
		A　商　品（ 10個 ）（ @30円 ）		（ 300）	
		B　商　品（ 20個 ）（ @50円 ）		（ 1,000）	（ 1,300）
	10	東京商事	掛け返品		
		A　商　品（ 4個 ）（ @30円 ）			（ 120）
	23	埼玉商事	掛け		
		C　商　品（ 20個 ）（ @40円 ）		（ 800）	
		D　商　品（ 30個 ）（ @60円 ）		（ 1,800）	（ 2,600）
	31		（総売上高）		（ 3,900）
	〃		（売上戻り高）		（ 120）
			（純売上高）		（ 3,780）

1,300円＋2,600円

解答 57

売掛金元帳
埼玉商事

×年		摘要	借方	貸方	借／貸	残高
8	1	前月繰越	3,500		借	3,500
	14	掛け売上げ	2,000		〃	5,500
	16	返品		300	〃	5,200
	22	掛け売上げ	5,000		〃	10,200
	31	売掛金の回収		5,200	〃	5,000
	〃	**次月繰越**		**5,000**		
			10,500	10,500		
9	1	**前月繰越**	**5,000**		借	5,000

解説

埼玉商事の売掛金元帳を作成するので、埼玉商事との取引のみ記入します。

8/14	（売掛金）	2,000	（売上）	2,000
8/16	（売上）	300	（売掛金）	300
8/22	（売掛金）	5,000	（売上）	5,000
8/31	（現金）	5,200	（売掛金）	5,200

解答 58

商品有高帳

(先入先出法)　　　　A　商　品

日付		摘要	受入 数量	受入 単価	受入 金額	払出 数量	払出 単価	払出 金額	残高 数量	残高 単価	残高 金額
9	1	前月繰越	30	100	3,000				30	100	3,000
	9	仕入	100	120	12,000				30	100	3,000
									100	120	12,000
	14	売上				30	100	3,000			
						40	120	4,800	60	120	7,200
	20	仕入	120	140	16,800				60	120	7,200
									120	140	16,800
	25	売上				60	120	7,200			
						40	140	5,600	80	140	11,200
	30	次月繰越				80	140	11,200			
			250	−	31,800	250	−	31,800			
10	1	前月繰越	80	140	11,200				80	140	11,200

14日売上：70個　残高：100個−40個

25日売上：100個　残高：120個−40個

解答 59

数量：50個＋100個＝150個
金額：10,000円＋21,200円＝31,200円
単価：$\frac{31,200円}{150個}$＝@208円

商品有高帳

（移動平均法）　A　商　品

日付		摘要	受入			払出			残高		
			数量	単価	金額	数量	単価	金額	数量	単価	金額
10	1	前月繰越	50	200	10,000				50	200	10,000
	2	仕入	100	212	21,200				150	208	31,200
	14	売上				90	208	18,720	60	208	12,480
	20	仕入	120	214	25,680				180	212	38,160
	25	売上				110	212	23,320	70	212	14,840
	31	次月繰越				70	212	14,840			
			270	―	56,880	270	―	56,880			
11	1	前月繰越	70	212	14,840				70	212	14,840

数量：60個＋120個＝180個
金額：12,480円＋25,680円＝38,160円
単価：$\frac{38,160円}{180個}$＝@212円

［売上総利益の計算］
売上高　（71,100）円
売上原価　（42,040）円
売上総利益　（29,060）円

解説

移動平均法なので、受け入れのつど平均単価を計算します。なお、商品有高帳の払出欄の金額合計（次月繰越よりも上）が売上原価となります。

売上高：@350円×90個（10月14日）＋@360円×110個（10月25日）＝71,100円

売上原価：18,720円＋23,320円＝42,040円
売上総利益：71,100円－42,040円＝29,060円

解答 60

	借方科目	金額	貸方科目	金額
4/1	**受取手形**	**500**	**売上**	**500**
5/12	**受取手形**	**800**	**売掛金**	**800**
6/30	**当座預金**	**500**	**受取手形**	**500**

解説

受取手形記入帳の摘要欄には受取手形が増加した原因が、てん末欄には受取手形が減少した原因が記入されます。

4/1 摘要欄に「売上」とあるので、商品を売り上げた際に手形（約束手形）を受け取ったことがわかります。

5/12 摘要欄に「売掛金」とあるので、売掛金の回収として手形（約束手形）を受け取ったことがわかります。

6/30 てん末欄に「当座預金口座に入金」とあるので、受取手形が決済されて、当座預金口座に入金されたことがわかります。

解答 61

⑴帳簿の名称：(**支払手形**) 記入帳

⑵各日付の仕訳：

	借方科目	金額	貸方科目	金額
8/10	**仕入**	**200**	**支払手形**	**200**
10/10	**支払手形**	**200**	**当座預金**	**200**

解説

⑴摘要欄の「仕入」や「買掛金」、てん末欄の「当座預金口座から支払い」から支払手形記入帳であることがわかります。

⑵支払手形記入帳の摘要欄には支払手形が増加した原因が、てん末欄には支払手形が減少した原因が記入されます。

8/10 摘要欄に「仕入」とあるので、商品を仕入れた際に手形（約束手形）を振り出したことがわかります。

10/10 てん末欄に「当座預金口座から支払い」とあるので、支払手形が決済されて、当座預金口座から支払ったことがわかります。

解答 62

補助簿＼取引	(1)	(2)	(3)	(4)
A. 現金出納帳	(A)	A	(A)	(A)
B. 仕入帳	B	(B)	B	B
C. 売上帳	C	C	(C)	C
D. 商品有高帳	D	(D)	(D)	D
E. 売掛金元帳	(E)	E	E	E
F. 買掛金元帳	F	(F)	F	F
G. 受取手形記入帳	G	G	(G)	G
H. 支払手形記入帳	H	(H)	H	H
I. 固定資産台帳	I	I	I	(I)

解説

各取引の仕訳をしてから記入すべき補助簿を選択します。

	借方	金額	貸方	金額
(1)	(現　　金)	3,000	(売　掛　金)	3,000

したがって、**現金出納帳**、**売掛金元帳**に記入することがわかります。

	借方	金額	貸方	金額
(2)	(仕　　入)	4,000	(支 払 手 形)	1,000
			(買　掛　金)	3,000

したがって、**仕入帳**、**支払手形記入帳**、**買掛金元帳**に記入することがわかります。なお、商品を仕入れているため、**商品有高帳**にも記入します。

	借方	金額	貸方	金額
(3)	(受 取 手 形)	1,000	(売　　上)	1,500
	(現　　金)	500		

したがって、**受取手形記入帳**、**現金出納帳**、**売上帳**に記入することがわかります。なお、商品を売り上げているため、**商品有高帳**にも記入します。

	借方	金額	貸方	金額
(4)	(備　　品)	3,300	(現　　金)	3,300

したがって、**現金出納帳**、**固定資産台帳**に記入することがわかります。

解答 63

(1) 合計試算表

借方合計	勘定科目	貸方合計
200	現金	160
900	当座預金	500
1,150	売掛金	420
560	備品	
500	買掛金	990
	資本金	900
	繰越利益剰余金	100
20	売上	950
690	仕入	
4,020		4,020

(2) 残高試算表

借方残高	勘定科目	貸方残高
40	現金	
400	当座預金	
730	売掛金	
560	備品	
	買掛金	490
	資本金	900
	繰越利益剰余金	100
	売上	930
690	仕入	
2,420		2,420

解説

合計試算表には各勘定の借方合計と貸方合計を記入します。残高試算表には各勘定の残高のみを記入します。

解答 64

	借方科目	金額	貸方科目	金額
(1)	売掛金 現金	300 200	売上	500
(2)	仕入	1,000	支払手形 現金	400 600

解説

それぞれの伝票の仕訳をつくり、その仕訳をあわせて解答の仕訳を導きます。

	借方	金額	貸方	金額
(1) ①振替伝票の仕訳：	~~(売掛金)~~	~~500~~	(売上)	500
②入金伝票の仕訳：	(現金)	200	~~(売掛金)~~	~~200~~
③解答の仕訳（①+②）：	**(売掛金)**	**300**	**(売上)**	**500**
	(現金)	**200**		

	借方	金額	貸方	金額
(2) ①振替伝票の仕訳：	(仕入)	400	(支払手形)	400
②出金伝票の仕訳：	(仕入)	600	(現金)	600
③解答の仕訳（①+②）：	**(仕入)**	**1,000**	**(支払手形)**	**400**
			(現金)	**600**

解答 65

(1)	**前払金**	(2)	**仕入**

解説

取引から伝票の起票を推定させる問題では、まず取引の仕訳を作ります。

取引の仕訳：（仕入）2,000（前払金）500
（現金）1,500

ここで問題の伝票をみると、振替伝票の借方科目が「仕入」で金額が500円なので、(1)は「**前払金**」を記入することがわかります。また、出金伝票の金額が1,500円なので、(2)の借方科目は「**仕入**」であることがわかります。

以上より、一部現金取引について、取引を分けて起票していることがわかります。

解答 66

(A)

仕訳日計表

×1年7月1日 30

借方	元丁	勘定科目	元丁	貸方
3,000	1	現金	1	2,400
		当座預金		2,000
7,500		売掛金		1,000
		支払手形		1,000
2,100	12	買掛金	12	2,200
		売上		7,500
2,200		仕入		
1,300		消耗品費		
16,100				16,100

(B)

総勘定元帳

現金 1

×1年		摘要	仕丁	借方	貸方	借/貸	残高
7	1	前月繰越	✓	10,000		借	10,000
	〃	仕訳日計表	30	3,000		〃	13,000
	〃	〃	〃		2,400	〃	10,600

買掛金 12

×1年		摘要	仕丁	借方	貸方	借/貸	残高
7	1	前月繰越	✓		7,000	貸	7,000
	〃	仕訳日計表	30		2,200	〃	9,200
	〃	〃	〃	2,100		〃	7,100

解説

(1)入金伝票の仕訳

No.101：	(現金)	1,000	(売掛金)	1,000
No.102：	(現金)	2,000	(当座預金)	2,000

(2)出金伝票の仕訳

No.201：	(買掛金)	1,100	(現金)	1,100
No.202：	(消耗品費)	1,300	(現金)	1,300

(3)振替伝票の仕訳

No.301：	(買掛金)	1,000	(支払手形)	1,000
No.302：	(仕入)	2,200	(買掛金)	2,200
No.303：	(売掛金)	7,500	(売上)	7,500

解答 67

(A)

仕訳日計表

×1年8月1日

52

借方	元丁	勘定科目	元丁	貸方
17,000		現金		8,700
2,500		受取手形		
13,700	3	売掛金	3	10,500
		貸付金		4,000
		支払手形		2,000
9,400	31	買掛金	31	9,600
1,300		未払金		
		売上		13,700
		受取利息		5,000
9,600		仕入		
53,500				53,500

(B)

総勘定元帳

売掛金

3

×1年		摘要	仕丁	借方	貸方	借/貸	残高
8	1	前月繰越	✓	20,000		借	20,000
	〃	仕訳日計表	52	13,700		〃	33,700
	〃	〃	〃		10,500	〃	23,200

買掛金

31

×1年		摘要	仕丁	借方	貸方	借/貸	残高
8	1	前月繰越	✓		18,000	貸	18,000
	〃	仕訳日計表	52		9,600	〃	27,600
	〃	〃	〃	9,400		〃	18,200

(C)

仕入先元帳

愛媛商事

仕1

×1年		摘要	仕丁	借方	貸方	借/貸	残高
8	1	前月繰越	✓		6,000	貸	6,000
	〃	出金伝票	201	4,400		〃	1,600
	〃	振替伝票	301		4,000	〃	5,600

高知商事　　仕2

×1年		摘要	仕丁	借方	貸方	借/貸	残高
8	1	前月繰越	✔		12,000	貸	12,000
	〃	**出金伝票**	**203**	**3,000**		〃	**9,000**
	〃	**振替伝票**	**302**		**5,600**	〃	**14,600**
	〃	〃	**305**	**2,000**		〃	**12,600**

解説

(1)入金伝票の仕訳

No.101：	(現金)	5,000	(受取利息)	5,000
No.102：	(現金)	8,000	(売掛金・宮崎)	8,000
No.103：	(現金)	4,000	(貸付金)	4,000

(2)出金伝票の仕訳

No.201：	(買掛金・愛媛)	4,400	(現金)	4,400
No.202：	(未払金)	1,300	(現金)	1,300
No.203：	(買掛金・高知)	3,000	(現金)	3,000

(3)振替伝票の仕訳

No.301：	(仕入)	4,000	(買掛金・愛媛)	4,000
No.302：	(仕入)	5,600	(買掛金・高知)	5,600
No.303：	(売掛金・宮崎)	6,600	(売上)	6,600
No.304：	(売掛金・熊本)	7,100	(売上)	7,100
No.305：	(買掛金・高知)	2,000	(支払手形)	2,000
No.306：	(受取手形)	2,500	(売掛金・熊本)	2,500

解答 68

	借方科目	金額	貸方科目	金額
(1)	仕入	20,000	買掛金	22,000
	仮払消費税	2,000		
(2)	仮払法人税等	300,000	普通預金	300,000
(3)	当座預金	65,000	売掛金	65,000

解説

(1)商品の仕入

①商品20,000円（12,000円＋8,000円）を仕入れているので、**仕入（費用）**を計上します。

②商品の仕入れでかかった消費税（2,000円）は**仮払消費税（資産）**で処理します。

③商品を仕入れた際の代金は後払いなので、合計金額（22,000円）は**買掛金（負債）**で処理します。

(2)法人税等の中間納付

①普通預金口座から振り込んでいるので、**普通預金（資産）の減少**で処理します。

②［科目］欄に「法人税」とあり、中間申告に○がついているので、300,000円は法人税の中間申告・納付額であることがわかります。したがって、借方は**仮払法人税等（資産）**で処理します。

(3)売掛金の回収

①12月８日の行には、「お預り金額　65,000円」とあります。したがって、当座預金口座に入金があったことがわかります。そこで、65,000円を**当座預金（資産）の増加**として処理します。

②山梨商事㈱は、東京商事㈱の商品の取引先であり、商品売買取引は掛けで行っているため、山梨商事㈱に対する売掛金を回収した取引であることがわかります。したがって、**売掛金（資産）の減少**で処理します。

解答 69

精　算　表

勘定科目	試算表		修正記入		損益計算書		貸借対照表	
	借方	貸方	借方	貸方	借方	貸方	借方	貸方
現金	705		10				715	←実際有高
当座預金		20	20					
売掛金	800						800	
備品	1,000						1,000	
買掛金		475						475
貸倒引当金		10		6				16
備品減価償却累計額		300		200				500
資本金		1,000						1,000
繰越利益剰余金		100						100
売上		1,500				1,500		
仕入	850				850			
通信費	50			10	40			
	3,405	3,405						
雑（益）				10		10		
当座借越				20				20
（貯蔵品）			10				10	
貸倒引当金繰入			6		6			
減価償却費			200		200			
当期純利益					414			414
			246	246	1,510	1,510	2,525	2,525

当期純利益（または当期純損失）
「収益合計－費用合計」で計算

解説

(1)現金過不足の処理

（現　　金）　10　（雑　　益）　10

考え方 ①実際有高が10円（715円－705円）多い
　→ 帳簿残高を10円増やす → 借方
②不一致の原因が不明＆貸方が空欄 → 収益の勘定科目 → 雑益

(2)当座借越への振り替え

（当　座　預　金）　20　（当　座　借　越）　20

考え方 ①貸方の当座預金を借方に記入
②貸方 → 当座借越

(3)貯蔵品への振り替え

（貯　蔵　品）　10　（通　信　費）　10

考え方 ①郵便切手10円が未使用 → 通信費（費用）を減らす → 貸方
②借方 → 貯蔵品（資産）

(4)**貸倒引当金の設定**

（貸倒引当金繰入）　6　（貸倒引当金）　6

考え方 ①貸倒引当金の設定額：800円×２％＝16円
貸倒引当金の期末残高：10円
当期に計上する貸倒引当金：16円－10円＝６円 → 貸方
②借方 → 貸倒引当金繰入（費用）

(5)**固定資産の減価償却**

（減価償却費）　200　（備品減価償却累計額）　200

考え方 ①減価償却費（費用）の計上 → 借方
1,000円÷５年＝200円
②貸方 → 備品減価償却累計額

解答 70

精　算　表

勘定科目	試算表		修正記入		損益計算書		貸借対照表	
	借方	貸方	借方	貸方	借方	貸方	借方	貸方
現金預金	1,682						1,682	
受取手形	900						900	
売掛金	800			100			700	
繰越商品	600		780	600			780	
仮払消費税	400			400				
建物	960						960	
備品	360						360	
買掛金		750						750
仮受消費税		580	580					
貸倒引当金		12	12	32				32
建物減価償却累計額		432		36				468
借入金		1,200						1,200
資本金		800						800
繰越利益剰余金		200						200
売上		5,800				5,800		
受取家賃		10	5			5		
仕入	4,000		600	780	3,820			
支払利息	82		28		110			
	9,784	9,784						
貸倒（損失）			88		88			
貸倒引当金繰入			32		32			
減価償却費			56		56			
備品減価償却累計額				20				20
未払消費税				180				180
（前受）家賃				5				5
（未払）利息				28				28
当期純（利益）					1,699			1,699
			2,181	2,181	5,805	5,805	5,382	5,382

←この金額に貸倒引当金を設定

期末商品→780

収益合計 > 費用合計 → 当期純利益

解説

精算表作成の問題では、減価償却費や利息を月割りで計算することがありますので、会計期間は、はじめに必ずチェックしましょう。

(1)売掛金の貸倒れ

(貸倒引当金)	12	(売掛金)	100
(貸倒損失)	88		

考え方 ①売掛金の貸倒れ → 売掛金(資産)の減少 → 貸方

②前期発生の売掛金 → 貸倒引当金(12円)を取り崩し、超過額88円(100円－12円)は貸倒損失(費用)で処理 → 借方

(2)売上原価の算定

(仕入)	600	(繰越商品)	600
(繰越商品)	780	(仕入)	780

考え方 ①期首商品の振り替え → 繰越商品(資産)の減少、仕入(費用)の増加

②期末商品の振り替え → 仕入(費用)の減少、繰越商品(資産)の増加

(3)貸倒引当金の設定

(貸倒引当金繰入)	32	(貸倒引当金)	32

考え方 ①貸倒引当金の設定額:(900円＋800円－100円*)×2％＝32円

貸倒引当金残高(決算整理前):12円－12円*＝0円

＊ 当期貸倒額と貸倒引当金の取崩額

当期に計上する貸倒引当金:32円－0円＝32円 → 貸方

②借方 → 貸倒引当金繰入(費用)

(4)固定資産の減価償却

建物:	(減価償却費)	36	(建物減価償却累計額)	36
備品:	(減価償却費)	20	(備品減価償却累計額)	20

考え方 備品については当期の12月1日に購入しているので、12月1日から3月31日までの4か月分の減価償却費を計上します。

96円(残存価額)

$$建物:\frac{960円-960円\times 10\%}{24年}=36円$$

$$備品:360円\div 6年\times\frac{4か月}{12か月}=20円$$

(5)消費税の処理

(仮受消費税)	580	(仮払消費税)	400
		(未払消費税)	180

考え方 ①仮払消費税(資産)を減らす → 貸方

②仮受消費税(負債)を減らす → 借方

③貸借差額(580円－400円＝180円) → 未払消費税(負債)

(6)収益の前受け

(受取家賃)	5	(前受家賃)	5

考え方 ①受取家賃（収益）の前受け → 当期の受取家賃（収益）の減少 → 借方

②次期の家賃の前受け → 前受家賃（負債）→ 貸方

(7)費用の未払い

(支払利息)	28	(未払利息)	28

考え方 ①当期分（9月1日から3月31日までの7か月）の利息を未払計上 → 支払利息の増加 → 借方

$$1,200円 \times 4\% \times \frac{7か月}{12か月} = 28円$$

②当期の利息の未払い → 未払利息（負債）→ 貸方

解答 71

精　算　表

勘定科目	試算表		修正記入		損益計算書		貸借対照表		
	借方	貸方	借方	貸方	借方	貸方	借方	貸方	
現金	12,686						12,686		
当座預金	12,460		3,200				15,660		
受取手形	11,200			3,200			8,000		←この金額に貸倒引当金を設定
売掛金	9,800						9,800		
貸付金	6,900						6,900		
繰越商品	11,760		9,240	11,760			9,240		←期末商品
建物	10,800						10,800		
買掛金		10,618						10,618	
貸倒引当金		120		414				534	
建物減価償却累計額		1,000		240				1,240	
資本金		37,000						37,000	
繰越利益剰余金		3,000						3,000	
売上		68,300				68,300			
受取利息		84		115		199			
仕入	41,720		11,760	9,240	44,240				
保険料	96			32	64				
租税公課	2,700		(−)	800	→ 1,900				
	120,122	120,122							
貸倒引当金繰入			414		414				
減価償却費			240		240				
(**貯蔵品**)			800				800		
(**前払**)保険料			32				32		
(**未収**)利息			115				115		
当期純(**利益**)					21,641			21,641	
			25,801	25,801	68,499	68,499	74,033	74,033	

解説

(1)受取手形の回収

(当座預金)　3,200　(受取手形)　3,200

(2)貸倒引当金の設定

(貸倒引当金繰入)　414　(貸倒引当金)　414

考え方　①貸倒引当金の設定額：(11,200円－3,200円*＋9,800円)×３％＝534円

＊　受取手形の回収額

②貸倒引当金の期末残高：120円

③当期に計上する貸倒引当金：534円－120円＝414円

(3)売上原価の算定

(仕　　　入)	11,760	(繰 越 商 品)	11,760
(繰 越 商 品)	9,240	(仕　　　入)	9,240

(4)固定資産の減価償却

(減 価 償 却 費)	240	(建物減価償却累計額)	240

考え方 前期以前から所有する建物（既存分）と当期に購入した建物（新規分）とを分けて計算します。なお、新建物は2月1日から3月31日までの2か月分の減価償却費を計上します。

減価償却費（既存分）：6,000円÷30年＝200円

（新規分）：$4,800円 \div 20年 \times \frac{2か月}{12か月} = 40円$

240円

(5)貯蔵品への振り替え

(貯　蔵　品)	800	(租 税 公 課)	800

考え方 ①収入印紙800円が未使用 → 租税公課（費用）を減らす → 貸方

②借方 → 貯蔵品（資産）

(6)費用の前払い

(前 払 保 険 料)	32	(保　険　料)	32

考え方 ①×3年8月1日に向こう1年分を支払っている → 次期分（×4年4月1日から×4年7月31日までの4か月分）を前払いしている → 次期分の保険料（費用）を減らす → 貸方

$96円 \times \frac{4か月}{12か月} = 32円$

②次期の保険料の前払い → 前払保険料（資産）→ 借方

(7)収益の未収

(未 収 利 息)	115	(受 取 利 息)	115

考え方 ①当期分（×3年11月1日から×4年3月31日までの5か月）の利息を未収計上 → 受取利息（収益）を増やす → 貸方

$6,900円 \times 4\% \times \frac{5か月}{12か月} = 115円$

②当期の利息の未収 → 未収利息（資産）→ 借方

解答 72

損益計算書

北海道商事　×2年4月1日～×3年3月31日　(単位：円)

費用	金額	収益	金額
売上（原価）	(2,520)	売上（高）	(3,100)
給料	(250)		
貸倒引当金（繰入）	(26)		
減価償却費	(190)		
支払利息	(90)		
法人税等	(10)		
当期純利益	(14)		
	(3,100)		(3,100)

当期純利益：貸借差額

貸借対照表

北海道商事　×3年3月31日　(単位：円)

資産	金額		負債・純資産	金額
現金		(1,434)	買掛金	(610)
売掛金	(720)		（未払）費用	(24)
（貸倒引当金）	(36)	(684)	未払法人税等	(10)
商品		(400)	資本金	(2,000)
備品	(600)		繰越利益剰余金	(214)
（減価償却累計額）	(260)	(340)		
		(2,858)		(2,858)

繰越利益剰余金：200円（試算表）＋14円（当期純利益）＝214円

解答 73

損益計算書

×2年4月1日～×3年3月31日　　　　(単位：円)

費用	金額	収益	金額
売上原価	(7,650)	売上高	(13,200)
給料	(1,800)	受取手数料	(500)
広告宣伝費	(1,200)		
貸倒引当金繰入	(20)		
減価償却費	(100)		
法人税等	(950)		
当期純利益	(1,980)		
	(13,700)		(13,700)

貸借差額

貸借対照表

×3年3月31日　　　　(単位：円)

資産	金額		負債・純資産	金額
現金		(2,000)	買掛金	(1,790)
普通預金		(2,380)	当座借越	(900)
売掛金	(2,000)		(未払)法人税等	(770)
貸倒引当金	(40)	(1,960)	資本金	(3,000)
商品		(500)	繰越利益剰余金	(2,980)
建物	(3,000)			
減価償却累計額	(600)	(2,400)		
(未　収)収益		(200)		
		(9,440)		(9,440)

解説

(1)売掛金の未記帳

(普通預金)	100	(売掛金)	100

貸借対照表　普通預金：2,280円＋100円＝2,380円

貸借対照表　売 掛 金：2,100円－100円＝2,000円

(2)当座借越への振り替え

(当座預金)	900	(当座借越)	900

貸借対照表　当座借越：900円

(3)貸倒引当金の設定

(貸倒引当金繰入)	20	(貸　倒　引　当　金)	20

考え方 ①貸倒引当金の設定額：(2,100円－100円) × 2％＝40円
②貸倒引当金の期末残高：20円
③当期に計上する貸倒引当金：40円－20円＝20円

損益計算書　貸倒引当金繰入：20円
貸借対照表　貸　倒　引　当　金：20円＋20円＝40円

(4)売上原価の算定

(仕　　　　入)	550	(繰　越　商　品)	550
(繰　越　商　品)	500	(仕　　　　入)	500

損益計算書　売上原価：7,600円＋550円－500円＝7,650円
貸借対照表　商　　品：500円

(5)固定資産の減価償却

(減　価　償　却　費)	100	(建物減価償却累計額)	100

考え方 減価償却費：3,000円÷30年＝100円

損益計算書　減　価　償　却　費：100円
貸借対照表　減価償却累計額：500円＋100円＝600円

(6)収益の未収

(未　収　手　数　料)	200	(受　取　手　数　料)	200

考え方 ①当期分の手数料を未収計上 → 受取手数料（収益）を増やす → 貸方
②当期の手数料の未収 → 未収手数料（資産）→ 借方

損益計算書　受取手数料：300円＋200円＝500円
貸借対照表　未　収　収　益：200円

(7)法人税等の計上

(法　人　税　等)	950	(仮　払　法　人　税　等)	180
		(未　払　法　人　税　等)	770

考え方 ①法人税等（費用）の計上 → 借方
②仮払法人税等（資産）が減る → 貸方
③貸方に貸借差額（950円－180円＝770円）が生じる → 未払法人税等（負債）

損益計算書　法　人　税　等：950円
貸借対照表　未払法人税等：770円

(8)繰越利益剰余金

決算整理前残高試算表の金額（1,000円）に、損益計算書の貸借差額で計算した当期純利益（1,980円）を足して、計算します。

貸借対照表　繰越利益剰余金：1,000円＋1,980円＝2,980円

解答 74

(1)各勘定から損益勘定に振り替える仕訳（損益振替仕訳）

借方科目	金額	貸方科目	金額
売上	1,900	損益	2,020
受取家賃	120		
損益	1,500	仕入	1,400
		支払利息	100

(2)損益勘定から繰越利益剰余金勘定に振り替える仕訳（資本振替仕訳）

借方科目	金額	貸方科目	金額
損益	520	繰越利益剰余金	520

(3)損益勘定への記入

損　　　　益

〔仕入〕	（1,400）	〔売上〕	（1,900）
〔支払利息〕	（100）	〔受取家賃〕	（120）
〔繰越利益剰余金〕	（520）	〔　〕	（　）

解説

収益の各勘定残高は損益勘定の貸方に、費用の各勘定残高は損益勘定の借方に振り替えます。また、損益勘定で借方に差額が生じる（収益が費用よりも大きい）ため、当期純利益（520円）が生じていることがわかります。したがって、当期純利益（520円）を損益勘定から繰越利益剰余金勘定の貸方に振り替えます。

解答 75

	借方科目	金額	貸方科目	金額
(1)	**損益**	52,000	**支払利息**	52,000
(2)	**受取家賃**	30,000	**未収家賃**	30,000

解説

(1)費用の勘定の残高は損益勘定の借方に振り替えます。したがって、支払利息勘定の残高52,000円（50,000円＋12,000円－10,000円）を損益勘定の借方に振り替えます。

(2)「未収家賃勘定」より、決算において受取家賃（収益）の未収計上が行われていることがわかります。また、費用や収益を未払計上・未収計上（前払計上・前受計上）したときは、翌期首に逆仕訳（再振替仕訳）を行います。したがって、再振替仕訳は次のようになります。

決算整理仕訳：（未　収　家　賃）　30,000　（受　取　家　賃）　30,000

逆仕訳

再振替仕訳(解答)：（受　取　家　賃）　30,000　（未　収　家　賃）　30,000

解答 76

支払利息

(7/31)	[キ 当座預金]	〈 60〉		(4/1)	[ウ 未払利息]	〈 20〉
(2/28)	[キ 当座預金]	〈 180〉		(3/31)	[ア 損 益]	〈 250〉
(3/31)	[ウ 未払利息]	〈 30〉		( )	[ ]	〈 〉
		〈 270〉				〈 270〉

未払利息

(4/1)	[イ 支払利息]	〈 20〉	(4/1)	[オ 前期繰越]	〈 20〉
(3/31)	[カ 次期繰越]	〈 30〉	(3/31)	[イ 支払利息]	〈 30〉
		〈 50〉			〈 50〉

解説

取引の仕訳をし、当期の仕訳については各勘定に転記します。本問の利息は半年ごとの後払い（決算時において「未払利息」が計上される）であることに注意しましょう。

(1)×１年８月１日（前期：借入時）

（当座預金）	10,000	（借入金）	10,000

(2)×２年１月31日（前期：利払時）

$$支払利息：10,000円 \times 1.2\% \times \frac{6か月}{12か月} = 60円$$

（支払利息）	60	（当座預金）	60

(3)×２年３月31日（前期：決算時）

×２年２月１日から３月31日までの２か月分の利息が未払いなので、**未払利息（負債）**を計上します。

$$未払利息：10,000円 \times 1.2\% \times \frac{2か月}{12か月} = 20円$$

（支払利息）	20	（未払利息）	20

この「未払利息」は翌期（本問における当期）に繰り越されるので、未払利息勘定に期首（４月１日）の日付で「前期繰越」として記入します。

(4)×２年４月１日（当期：再振替仕訳）

（未払利息）	20	（支払利息）	20

⑸×２年７月31日（当期：利払時、返済時）

①支払利息：10,000円×1.2%×$\frac{6か月}{12か月}$＝60円

②当座預金：10,000円＋60円＝10,060円

（支　払　利　息）	60	（当　座　預　金）	10,060
（借　　入　　金）	10,000		

⑹×２年９月１日（当期：借入時）

（当　座　預　金）	20,000	（借　　入　　金）	20,000

⑺×３年２月28日（当期：利払時）

支払利息：20,000円×1.8%×$\frac{6か月}{12か月}$＝180円

（支　払　利　息）	180	（当　座　預　金）	180

⑻×３年３月31日（当期：決算時）

×３年３月１日から３月31日までの１か月分の利息が未払いなので、**未払利息（負債）**を計上します。

未払利息：20,000円×1.8%×$\frac{1か月}{12か月}$＝30円

（支　払　利　息）	30	（未　払　利　息）	30

また、支払利息勘定の残高を損益勘定に振り替えます。

残高：60円＋180円＋30円－20円＝250円

（損　　　　　益）	250	（支　払　利　息）	250

日商簿記３級

みんなのギモン&ポイント5

みなさんの「?」をまとめてみました

Q1 仕訳で、同じ側に複数の勘定科目がある場合、勘定科目の上下は決まっているのですか？

A1 仕訳をする際の勘定科目の上下については決まりはありません。

仕訳で、勘定科目の上下にはルールはありません。たとえば、「商品1,000円を売り上げ、代金のうち100円は現金で受け取り、残額は掛けとした」という取引は、

（現金）	100	（売上）	1,000
（売掛金）	900		

と仕訳しても、

（売掛金）	900	（売上）	1,000
（現金）	100		

と仕訳しても正解です。

仕訳はわかるところから順番にうめていきましょう。

Q2 「小切手を受け取った」という場合でも、現金（資産）で処理しない場合があるのはどうしてですか？

A2 当社が振り出した小切手を、他社を経由して受け取った場合は、当座預金（資産）の増加で処理します。

他社が振り出した小切手を受け取ったときは**現金（資産）**で処理しますが、**当社が振り出した小切手を受け取ったとき**は、**当座預金（資産）の増加**で処理することに注意しましょう。

小切手を振り出したときに当座預金（資産）の減少で処理しているので、この小切手が戻ってきたときは、当座預金（資産）の増加で処理するのです。

ただし、受け取った小切手を「ただちに当座預金口座に預け入れた」場合は、当座預金（資産）で処理します。

Q3 「車両」を代金後払いで購入しているのに、「車両運搬具」と「未払金」で処理する場合と、「仕入」と「買掛金」で処理する場合があるのはなぜですか？

A3 「車両」がその会社にとって「商品」に該当する場合には、「仕入」と「買掛金」で処理し、「商品」に該当しない場合には、「車両運搬具」と「未払金」で処理します。

たとえば、**中古車販売業者が販売用として中古車を購入した場合**には、その中古車は「商品」に該当するので、「**仕入**」で処理します。また、そのときの後払額は「**買掛金**」で処理します。

一方、**雑貨販売業者等が営業用に使用するために車両を購入した場合**には、その車両は「商品」に該当しないので、「**車両運搬具**」で処理します。また、そのときの後払額は「**未払金**」で処理します。

Q4

A問題集では、保険料を「支払保険料」で仕訳していますが、B問題集では、「保険料」で仕訳しています。どちらで仕訳するのが正しいのでしょうか？　また、「保険料1,000円は1年分で、このうち3か月分を次期に前払処理する」といった場合、1,000円×$\frac{3か月}{12か月}$を計算（1,000円÷12か月×3か月で計算）すると、249.99…円となるのですが、円未満は切り捨てですか、それとも切り上げですか？

A4　**「保険料」でも「支払保険料」でも正解ですが、試験では指定勘定科目にしたがって解答してください。**

また、249.99…円となる場合には、切り上げて250円で解答します。

保険料以外にも、複数の勘定科目が許容されるものがあります。

3級の試験では、四捨五入等が必要な端数（245.42…円など）が生じる問題は出題されていません。

勘定科目に指定がなければ、保険料を「**支払保険料**」で仕訳しても、「**保険料**」で仕訳しても正解です。

しかし、試験では使用できる勘定科目が指定され、指定勘定科目以外の勘定科目を用いて解答した場合は不正解となるので、指定勘定科目をしっかりチェックしましょう。

また、計算結果が「249.99…」など「.99…」となる場合には、端数を切り上げて整数（250円など）で解答してください。

なお、どうしても端数が気になる場合には、分子から計算（「1,000円×3か月」を先に計算してから「÷12か月」）をすると整数（250円）になります。

Q5 費用（保険料）の前払いで、「保険料は毎年7月1日に向こう1年分を支払っている（決算日は年1回、3月31日）」という問題がありました。この場合、分母が12か月ではないのはなぜですか？

A 当期の期首に行った再振替仕訳分が含まれるからです。

「毎年同額を支払っている（受け取っている）」という場合、前払額を計算する際の分母は12か月ではないので注意しましょう。

たとえば、当期が×2年4月1日から×3年3月31日までの1年で、「保険料は**毎年**7月1日に向こう1年分を支払っている」という場合を考えてみましょう。

「**毎年**」支払っているということは、前期（×1年）の7月1日にも1年分（×2年6月30日までの分）を支払っています。

①×1年7月1日（支払日）の仕訳

（保　険　料）	×× 1年分	（現　金　な　ど）	×× 1年分

したがって、前期の決算（×2年3月31日）において、3か月分（×2年4月1日から6月30日までの分）を前払処理していることになります。

②×2年3月31日（前期末）の仕訳

（前 払 保 険 料）	×× 3か月分	（保　険　料）	×× 3か月分

この時点で、保険料勘定には3か月分が計上されることになります。

決算において前払・未払・前受・未収処理した費用や収益は、翌期首に再振替仕訳（期末の仕訳の逆仕訳）をします。

③×2年4月1日（当期首）の仕訳

（保険料）	×× 3か月分	（前払保険料）	×× 3か月分

そして、当期（×2年）の7月1日にも1年分（×3年6月30日までの分）を支払います。

④×2年7月1日（支払日）の仕訳

（保険料）	×× 1年分	（現金など）	×× 1年分

「毎年」とあったら、分母は12か月ではないことに注意しましょう。

この時点で、保険料勘定には15か月分が計上されていることになるので、当期の決算（×3年3月31日）において、このうち3か月分（×3年4月1日から6月30日までの分）を前払処理することになるのです。

⑤×3年3月31日（当期末）の仕訳

（前払保険料）	×× 3か月分	（保険料）	×× 3か月分

例 残高試算表の保険料は450円である。保険料は毎年7月1日に向こう1年分（毎年同額）を支払っている。決算整理仕訳をしなさい（決算日は年1回、3月31日である）。

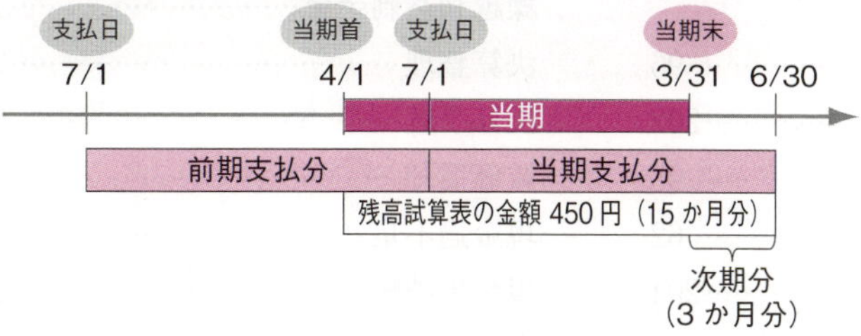

前払保険料

$$450円 \times \frac{3か月}{15か月} = 90円$$

決算整理仕訳

（前払保険料）	90	（保険料）	90

さくいん

た

は

ま

や

ら

【著　者】
滝澤ななみ（たきざわ・ななみ）

簿記、ＦＰ、宅建士など多くの資格書を執筆している。主な著書は『スッキリわかる日商簿記』１～３級（14年連続全国チェーン売上第１位※1）、『みんなが欲しかった！簿記の教科書・問題集』日商２・３級、『みんなが欲しかった！ＦＰの教科書』２・３級（９年連続売上第１位※2）、『みんなが欲しかった！ＦＰの問題集』２・３級など。

※1　紀伊國屋書店PubLine/くまざわ書店全店/三省堂書店/丸善ジュンク堂書店/未来屋書店　2009年1月～2022年12月（各社調べ、50音順）
※2　紀伊國屋書店PubLine調べ　2014年1月～2022年12月

〈ホームページ〉『滝澤ななみのすすめ！』
著者が運営する簿記・ＦＰ・宅建士に関する情報サイト。
ネット試験対応の練習問題も掲載しています。
URL：https://takizawananami-susume.jp/

・装丁：Nakaguro Graph（黒瀬章夫）

スッキリわかるシリーズ

スッキリわかる　日商簿記３級　第14版

2007年11月29日　　初　版　第1刷発行
2023年 2 月23日　　第14版　第1刷発行

著　　者　滝澤ななみ
発 行 者　多田敏男
発 行 所　TAC株式会社　出版事業部
（TAC出版）
〒101-8383
東京都千代田区神田三崎町3-2-18
電 話 03（5276）9492（営業）
FAX 03（5276）9674
https://shuppan.tac-school.co.jp
イラスト　佐藤雅則
印　　刷　株式会社　光邦
製　　本　東京美術紙工協業組合

ISBN 978-4-300-10471-2
N.D.C. 336

会計業界の就職サポートは
安心のTAC
TACキャリアエージェントなら
BIG4・国内大手法人
就職支援実績多数！
税理士学習中の方
日商簿記学習中の方
会計士／USCPA学習中の方
会計業界で就業中の方で転職をお考えの方
会計業界でのお仕事に興味のある方
「残業なしで勉強時間を確保したい…」
「簿記３級から始められる仕事はあるの？」
といったご相談も大歓迎です！

TAC出版の書籍をご利用の皆様

日商簿記 3級 2級 ネット試験の受験なら TACテストセンターの受験がおススメ！

資格の学校TACの校舎は「CBTテストセンター」を併設しており、日商簿記検定試験のネット試験をはじめ、各種CBT試験を受験することができます。
TACの校舎は公共交通機関の駅などからも近く、アクセスが非常に容易です。またテストセンター設置にあたり、「3つのコダワリ」をもち、皆さんが受験に集中できるように心掛けております。

TACのコンピューターブースなら受験に集中できます！

TACテストセンターでの受験は、日商簿記ネット試験の受験申込手続時に、TACの校舎をご選択いただくだけです。ぜひお近くのTACテストセンターをご利用ください！

3つのコダワリ

1. 明るく清潔で安心感がある会場
2. 静かで周囲が気にならないコンピューターブース
3. メモなども取りやすい余裕のデスクスペース

現在は両隣の座席を空き席とすることで、試験中もソーシャルディスタンスを確保しています。
デスクの幅は約1メートル、なにより奥行きがあるので、試験中に電卓や計算用紙、メモなどを使うシチュエーションでも楽々です。
1m
座席は長時間座っても疲れが少ない、オフィス用チェアを使用しています。
前方と左右は、厚さ約5cm超のパーテーションで仕切られているので、周囲を気にすることなく、試験に集中できます。
5cm
パーテーションは床までのもので、ぐらついたりしないようしっかり固定されているので安心です。

TACのコンピューターブース

TAC出版 書籍のご案内

TAC出版では、資格の学校TAC各講座の定評ある執筆陣による資格試験の参考書をはじめ、資格取得者の開業法や仕事術、実務書、ビジネス書、一般書などを発行しています！

TAC出版の書籍

＊一部書籍は、早稲田経営出版のブランドにて刊行しております。

資格・検定試験の受験対策書籍

- 日商簿記検定
- 建設業経理士
- 全経簿記上級
- 税　理　士
- 公認会計士
- 社会保険労務士
- 中小企業診断士
- 証券アナリスト
- ファイナンシャルプランナー(FP)
- 証券外務員
- 貸金業務取扱主任者
- 不動産鑑定士
- 宅地建物取引士
- 賃貸不動産経営管理士
- マンション管理士
- 管理業務主任者
- 司法書士
- 行政書士
- 司法試験
- 弁理士
- 公務員試験(大卒程度・高卒者)
- 情報処理試験
- 介護福祉士
- ケアマネジャー
- 社会福祉士　ほか

実務書・ビジネス書

- 会計実務、税法、税務、経理
- 総務、労務、人事
- ビジネススキル、マナー、就職、自己啓発
- 資格取得者の開業法、仕事術、営業術
- 翻訳ビジネス書

一般書・エンタメ書

- ファッション
- エッセイ、レシピ
- スポーツ
- 旅行ガイド（おとな旅プレミアム/ハルカナ）
- 翻訳小説

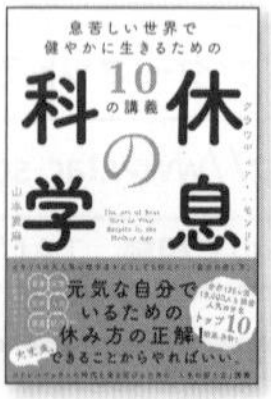

(2021年7月現在)

書籍のご購入は

1 全国の書店、大学生協、ネット書店で

2 TAC各校の書籍コーナーで

資格の学校TACの校舎は全国に展開!
校舎のご確認はホームページにて

資格の学校TAC ホームページ
https://www.tac-school.co.jp

3 TAC出版書籍販売サイトで

CYBER BOOK STORE TAC出版書籍販売サイト

TAC 出版 で 検索

24時間 ご注文 受付中

https://bookstore.tac-school.co.jp/

新刊情報をいち早くチェック!

たっぷり読める立ち読み機能

学習お役立ちの特設ページも充実!

TAC出版書籍販売サイト「サイバーブックストア」では、TAC出版および早稲田経営出版から刊行されている、すべての最新書籍をお取り扱いしています。
また、無料の会員登録をしていただくことで、会員様限定キャンペーンのほか、送料無料サービス、メールマガジン配信サービス、マイページのご利用など、うれしい特典がたくさん受けられます。

サイバーブックストア会員は、特典がいっぱい! (一部抜粋)

通常、1万円(税込)未満のご注文につきましては、送料・手数料として500円(全国一律・税込)頂戴しておりますが、1冊から無料となります。

専用の「マイページ」は、「購入履歴・配送状況の確認」のほか、「ほしいものリスト」や「マイフォルダ」など、便利な機能が満載です。

メールマガジンでは、キャンペーンやおすすめ書籍、新刊情報のほか、「電子ブック版TACNEWS(ダイジェスト版)」をお届けします。

書籍の発売を、販売開始当日にメールにてお知らせします。これなら買い忘れの心配もありません。

書籍の正誤に関するご確認とお問合せについて

書籍の記載内容に誤りではないかと思われる箇所がございましたら、以下の手順にてご確認とお問合せをしてくださいますよう、お願い申し上げます。
なお、正誤のお問合せ以外の**書籍内容に関する解説および受験指導などは、一切行っておりません。**
そのようなお問合せにつきましては、お答えいたしかねますので、あらかじめご了承ください。

1 「Cyber Book Store」にて正誤表を確認する

TAC出版書籍販売サイト「Cyber Book Store」のトップページ内「正誤表」コーナーにて、正誤表をご確認ください。

URL:https://bookstore.tac-school.co.jp/

2 1の正誤表がない、あるいは正誤表に該当箇所の記載がない ⇒ 下記①、②のどちらかの方法で文書にて問合せをする

★ご注意ください★

お電話でのお問合せは、お受けいたしません。
①、②のどちらの方法でも、お問合せの際には、「お名前」とともに、
「対象の書籍名(○級・第○回対策も含む)およびその版数(第○版・○○年度版など)」
「お問合せ該当箇所の頁数と行数」
「誤りと思われる記載」
「正しいとお考えになる記載とその根拠」
を明記してください。
なお、回答までに1週間前後を要する場合もございます。あらかじめご了承ください。

① ウェブページ「Cyber Book Store」内の「お問合せフォーム」より問合せをする

【お問合せフォームアドレス】

https://bookstore.tac-school.co.jp/inquiry/

② メールにより問合せをする

【メール宛先 TAC出版】

syuppan-h@tac-school.co.jp

※土日祝日はお問合せ対応をおこなっておりません。
※正誤のお問合せ対応は、該当書籍の改訂版刊行月末日までといたします。

乱丁・落丁による交換は、該当書籍の改訂版刊行月末日までといたします。なお、書籍の在庫状況等により、お受けできない場合もございます。
また、各種本試験の実施の延期、中止を理由とした本書の返品はお受けいたしません。返金もいたしかねますので、あらかじめご了承くださいますようお願い申し上げます。

TACにおける個人情報の取り扱いについて
■お預かりした個人情報は、TAC(株)で管理させていただき、お問合せへの対応、当社の記録保管にのみ利用いたします。お客様の同意なしに業務委託先以外の第三者に開示、提供することはございません(法令等により開示を求められた場合を除く)。その他、個人情報保護管理者、お預かりした個人情報の開示等及びTAC(株)への個人情報の提供の任意性については、当社ホームページ(https://www.tac-school.co.jp)をご覧いただくか、個人情報に関するお問い合わせ窓口(E-mail:privacy@tac-school.co.jp)までお問合せください。

(2022年7月現在)

別冊

○問題編　解答用紙
○チェックテスト

〈問題編　解答用紙・チェックテストご利用時の注意〉

本冊子には**問題編　解答用紙とチェックテスト**が収録されています。
この色紙を残したままていねいに抜き取り、ご利用ください。
本冊子は以下のような構造になっております。

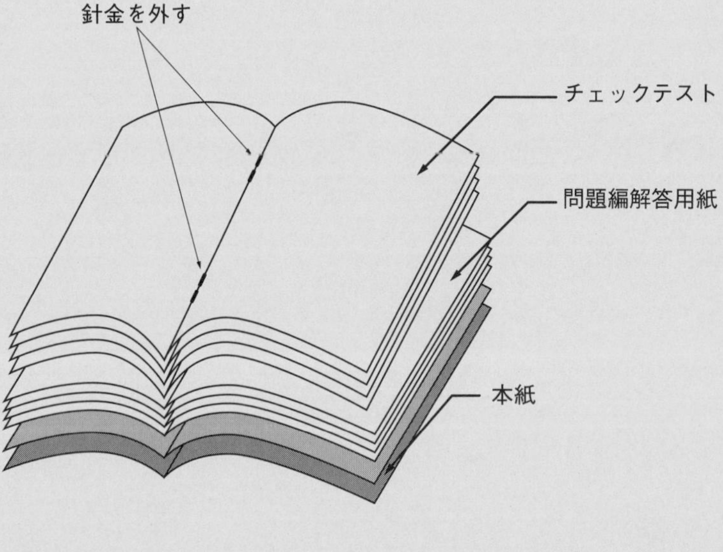

問題編解答用紙は、**次の表紙を残したまま針金を外さずにご使用ください。**

また、チェックテストは、**上下2か所の針金を外して**ご使用ください。

針金を外す際には、ペンチ、軍手などを使用し、怪我などには十分ご注意ください。また、抜き取りの際の損傷についてのお取替えはご遠慮願います。

問題編

解答用紙

解答用紙あり の問題の解答用紙です。

なお、仕訳の解答用紙が必要な方は
最終ページの仕訳シートをコピーしてご利用ください。

解答用紙はダウンロードもご利用いただけます。
TAC出版書籍販売サイト・サイバーブックストアにアクセスしてください。
https://bookstore.tac-school.co.jp/

問題 14

借方		貸方	
記号	金額	記号	金額
(　　)		(　　)	
(　　)		(　　)	
(　　)		(　　)	
(　　)		(　　)	

問題 22

	借方		貸方	
	記号	金額	記号	金額
(1)	(　　)		(　　)	
	(　　)		(　　)	
	(　　)		(　　)	
	(　　)		(　　)	
(2)	(　　)		(　　)	
	(　　)		(　　)	
	(　　)		(　　)	
	(　　)		(　　)	

問題 26

	借方		貸方	
	記号	金額	記号	金額
(1)	(　　)		(　　)	
	(　　)		(　　)	
	(　　)		(　　)	
	(　　)		(　　)	
(2)	(　　)		(　　)	
	(　　)		(　　)	
	(　　)		(　　)	
	(　　)		(　　)	

問題 28

借	方	貸	方
記　号	金　額	記　号	金　額
(　　)		(　　)	
(　　)		(　　)	
(　　)		(　　)	
(　　)		(　　)	

問題 30

	借	方	貸	方
	記　号	金　額	記　号	金　額
(1)	(　　)		(　　)	
	(　　)		(　　)	
	(　　)		(　　)	
	(　　)		(　　)	
(2)	(　　)		(　　)	
	(　　)		(　　)	
	(　　)		(　　)	
	(　　)		(　　)	

問題 37

借	方	貸	方
記　号	金　額	記　号	金　額
(　　)		(　　)	
(　　)		(　　)	
(　　)		(　　)	
(　　)		(　　)	

問題 39

	借方		貸方	
	記号	金額	記号	金額
(1)	(　　)		(　　)	
	(　　)		(　　)	
	(　　)		(　　)	
	(　　)		(　　)	
(2)	(　　)		(　　)	
	(　　)		(　　)	
	(　　)		(　　)	
	(　　)		(　　)	
(3)	(　　)		(　　)	
	(　　)		(　　)	
	(　　)		(　　)	
	(　　)		(　　)	

問題 42

	借方		貸方	
	記号	金額	記号	金額
(1)	(　　)		(　　)	
	(　　)		(　　)	
	(　　)		(　　)	
	(　　)		(　　)	
(2)	(　　)		(　　)	
	(　　)		(　　)	
	(　　)		(　　)	
	(　　)		(　　)	

問題 50

借方		貸方	
記号	金額	記号	金額
(　　)		(　　)	
(　　)		(　　)	
(　　)		(　　)	
(　　)		(　　)	

問題 51

現金

売掛金

買掛金

売上

仕入

問題 52

小口現金出納帳

受入	×年		摘要	支払	内訳			
					旅費交通費	消耗品費	通信費	雑費
2,000	5	7	小口現金受け入れ					
			合計					
	5	14	前週繰越					

問題 53

小口現金出納帳

受入	×年		摘要	支払	内訳			
					旅費交通費	消耗品費	通信費	雑費
4,000	6	4	前週繰越					
			合計					
	6	11	前週繰越					

問題 54

仕 入 帳

× 年		摘 要	内 訳	金 額
7	1	大 阪 商 事 掛け		
		A 商 品 (個) (@ 円)	( )	
		B 商 品 (個) (@ 円)	( )	( )
	3	**大 阪 商 事 掛け返品**		
		A 商 品 (個) (@ 円)		**( )**
	5	京 都 商 事 掛け		
		C 商 品 (個) (@ 円)	( )	
		D 商 品 (個) (@ 円)	( )	( )
	31	( )		( )
	〃	( )		( )
		( )		( )

問題 55

買 掛 金 元 帳
大 阪 商 事

× 年		摘 要	借 方	貸 方	借/貸	残 高
8	1	前 月 繰 越				
	3	掛 け 仕 入 れ				
	10	掛 け 仕 入 れ				
	12	返 品				
	25	買 掛 金 の 支 払 い				
	31					
9	1					

問題 56

売　上　帳

×　年		摘　要	内　訳	金　額
7	8	東京商事　掛け		
		A 商 品（　個）（@　円）	(　)	
		B 商 品（　個）（@　円）	(　)	(　)
	10	**東京商事　掛け返品**		
		A 商 品（　個）（@　円）		(　)
	23	埼玉商事　掛け		
		C 商 品（　個）（@　円）	(　)	
		D 商 品（　個）（@　円）	(　)	(　)
	31	(　)		(　)
	〃	(　)		(　)
		(　)		(　)

問題 57

売掛金元帳

埼玉商事

×　年		摘　要	借　方	貸　方	借/貸	残　高
8	1	前月繰越				
	14	掛け売上げ				
	16	返品				
	22	掛け売上げ				
	31	売掛金の回収				
	〃					
9	1					

問題 58

商品有高帳
A 商品

(先入先出法)

日付		摘要	受入			払出			残高		
			数量	単価	金額	数量	単価	金額	数量	単価	金額
9	1	前月繰越	30	100	3,000				30	100	3,000
	9	仕入									
	14	売上									
	20	仕入									
	25	売上									
	30	次月繰越									
10	1	前月繰越									

問題 59

商品有高帳

(移動平均法)　A 商品

日付		摘要	受入			払出			残高		
			数量	単価	金額	数量	単価	金額	数量	単価	金額
10	1	前月繰越	50	200	10,000				50	200	10,000
	2	仕入									
	14	売上									
	20	仕入									
	25	売上									
	31	次月繰越									
11	1	前月繰越									

[売上総利益の計算]

売上高　(　　　　)円

売上原価　(　　　　)円

売上総利益　(　　　　)円

問題 62

補助簿 ＼ 取引	(1)	(2)	(3)	(4)
A. 現金出納帳	A	A	A	A
B. 仕入帳	B	B	B	B
C. 売上帳	C	C	C	C
D. 商品有高帳	D	D	D	D
E. 売掛金元帳	E	E	E	E
F. 買掛金元帳	F	F	F	F
G. 受取手形記入帳	G	G	G	G
H. 支払手形記入帳	H	H	H	H
I. 固定資産台帳	I	I	I	I

問題 63

(1) 合計試算表

借方合計	勘定科目	貸方合計
	現金	
	当座預金	
	売掛金	
	備品	
	買掛金	
	資本金	
	繰越利益剰余金	
	売上	
	仕入	

(2) 残高試算表

借方残高	勘定科目	貸方残高
	現金	
	当座預金	
	売掛金	
	備品	
	買掛金	
	資本金	
	繰越利益剰余金	
	売上	
	仕入	

付録

日商簿記3級
チェックテスト
（制限時間：60分）

　本試験と同様の形式のテスト問題です。
　テキストの学習が終わったら、解いて実力をチェックしておきましょう。
　また、このチェックテストについては解き方講義動画を配信しています。これまでに学んだ知識を使って、どのような手順や時間配分で、本試験タイプの問題を解いていけばよいのか、講義動画を見てつかんでいきましょう。以下のアドレスにアクセスしてください。

https://bookstore.tac-school.co.jp/ski202202

解き方講義動画への
カンタンアクセスは
こちらから→

チェックテストの答案用紙はダウンロードもご利用いただけます。
TAC出版書籍販売サイト・サイバーブックストアにアクセスしてください。
https://bookstore.tac-school.co.jp/

商業簿記

第1問　45点　次の各取引について、仕訳しなさい。ただし、勘定科目は各取引の下の勘定科目の中からもっとも適当と思われるものを選び、記号で解答すること。

1．愛知商事㈱に商品￥600,000を売り渡し、代金は内金￥50,000を差し引き、残額は同社振出の約束手形で受け取った。

ア．現金　　イ．受取手形　　ウ．支払手形
エ．前受金　　オ．売上　　カ．発送費

2．得意先岐阜商事㈱から商品￥700,000の注文を受け、本日、同社から普通預金口座に￥150,000の振り込みがあった。この振込額のうち￥100,000は注文品の内金であるが、残額の原因は不明である。

ア．当座預金　　イ．普通預金　　ウ．仮払金
エ．前払金　　オ．仮受金　　カ．前受金

3．商品（本体価格￥200,000）を仕入れ、代金は10%の消費税を含めて掛けとした。なお、消費税については税抜方式で記帳する。

ア．仮払消費税　　イ．買掛金　　ウ．未払消費税
エ．仮受消費税　　オ．仕入　　カ．売掛金

9．北陸商事に対する買掛金￥150,000の決済として、同社宛ての約束手形を振り出した。

ア．当座預金	イ．受取手形	ウ．売掛金
エ．支払手形	オ．買掛金	カ．現金

10．収入印紙￥5,000を購入し、現金で支払い、ただちに使用した。

ア．現金	イ．貯蔵品	ウ．通信費
エ．租税公課	オ．支払手数料	カ．当座預金

11．不用になった備品（取得原価￥400,000、減価償却累計額￥320,000、間接法で記帳）を￥10,000で売却し、代金は現金で受け取った。

ア．現金	イ．備品	ウ．固定資産売却益
エ．減価償却費	オ．固定資産売却損	カ．備品減価償却累計額

12．郵便切手￥4,000を購入し、費用として処理していたが、決算日に￥1,000が未使用であったため、貯蔵品勘定に振り替えた。

ア．現金	イ．貯蔵品	ウ．通信費
エ．租税公課	オ．支払手数料	カ．当座預金

13．普通預金口座に利息￥200が入金された。

ア．現金	イ．当座預金	ウ．普通預金
エ．支払利息	オ．受取利息	カ．売掛金

第2問 20点

次の資料にもとづいて、下記の問に答えなさい。なお商品売買取引は三分法で処理している。

【資料】×8年6月中の取引

1日　備品¥200,000を購入し、代金は来月末日に支払うこととした。なお、設置費用¥1,000は現金で支払った。

10日　新潟商事㈱に対する買掛金¥200,000を現金で支払った。

15日　山口商事㈱に商品¥500,000を売り上げ、代金のうち¥200,000は山口商事㈱振出の小切手を受け取り、残額は掛けとした。

25日　富山商事㈱から商品¥500,000を仕入れ、代金のうち¥100,000は現金で支払い、残額は掛けとした。

問1　1日、10日、15日の取引は、答案用紙に示したどの補助簿に記入されるか、該当するすべての補助簿の欄に○を記入すること。

問2　25日の取引について、出金伝票を次のように作成したとき、答案用紙の振替伝票を作成しなさい。

なお、3伝票制を採用している。ただし、勘定科目は以下の中から選び、記号で解答すること。

第3問 35点

次の決算整理前残高試算表と決算整理事項等にもとづいて、答案用紙の貸借対照表と損益計算書を完成させなさい。なお、会計期間は×８年４月１日から×９年３月31日までの１年である。

［×９年３月31日の決算整理前残高試算表］

決算整理前残高試算表

×９年３月31日　（単位：円）

借　方	勘定科目	貸　方
515,240	現金	
	現金過不足	7,200
1,321,160	当座預金	
536,000	受取手形	
676,800	売掛金	
316,000	繰越商品	
2,920,000	建物	
380,000	備品	
	支払手形	259,700
	買掛金	347,000
	借入金	300,000
	仮受金	12,800
	貸倒引当金	13,600

［決算整理事項等］

(1)　仮受金は全額売掛金の回収額であることが判明した。

(2)　決算に至り、現金過不足のうち¥5,600は受取手数料の記帳漏れであることが判明した。なお、残額については原因不明なので、適当な勘定科目に振り替える。

(3)　受取手形および売掛金の期末残高に対して、差額補充法により３％の貸倒引当金を設定する。

(4)　期末商品棚卸高は¥320,000である。

(5)　建物および備品に対して、以下の資料にもとづいて定額法により減価償却を行う。

建　物　残存価額：ゼロ　　耐用年数：20年

備　品　残存価額：ゼロ　　耐用年数：５年

なお、建物のうち¥720,000は×８年12月１日に取得したもので、定額法（残存価額はゼロ、耐

答案用紙

第1問　45点

	借方		貸方	
	記号	金額	記号	金額
1	(　　)		(　　)	
	(　　)		(　　)	
	(　　)		(　　)	
	(　　)		(　　)	
2	(　　)		(　　)	
	(　　)		(　　)	
	(　　)		(　　)	
	(　　)		(　　)	
3	(　　)		(　　)	
	(　　)		(　　)	
	(　　)		(　　)	
	(　　)		(　　)	
	(　　)		(　　)	

(前ページより)

	借方		貸方	
	記号	金額	記号	金額
9	(　　)		(　　)	
	(　　)		(　　)	
	(　　)		(　　)	
	(　　)		(　　)	
10	(　　)		(　　)	
	(　　)		(　　)	
	(　　)		(　　)	
	(　　)		(　　)	
11	(　　)		(　　)	
	(　　)		(　　)	
	(　　)		(　　)	
	(　　)		(　　)	
12	(　　)		(　　)	
	(　　)		(　　)	
	(　　)		(　　)	
	(　　)		(　　)	
	(　　)		(　　)	

ア．現金　　イ．売掛金　　ウ．受取商品券
エ．売上　　オ．仕入　　カ．買掛金

5．従業員に対する給料￥600,000から所得税の源泉徴収額￥50,000と健康保険・厚生年金・雇用保険の保険料合計￥52,000を差し引いた残額を普通預金口座から支払った。

ア．当座預金　　イ．普通預金　　ウ．所得税預り金
エ．社会保険料預り金　　オ．法定福利費　　カ．給料

6．決算日に売上勘定の貸方残高￥300,000を損益勘定に振り替えた。

ア．資本金　　イ．繰越利益剰余金　　ウ．売上
エ．損益　　オ．売掛金　　カ．現金

7．オフィスビルの1部屋を1か月の家賃￥150,000で賃貸する契約を結び、1か月分の家賃、敷金（家賃2か月分）、不動産会社に対する手数料（家賃1か月分）を小切手を振り出して支払った。

ア．当座預金　　イ．差入保証金　　ウ．支払家賃
エ．租税公課　　オ．支払手数料　　カ．現金

8．南北銀行から借り入れていた￥1,000,000の支払期日が到来したため、元利合計を当座預金口座から返済した。なお、借入れにともなう利率は年1.2%で、借入期間は8か月間であった。

ア．当座預金　　イ．支払手形　　ウ．借入金
エ．受取利息　　オ．支払利息　　カ．現金

ア．普通預金　　イ．資本金　　ウ．利益準備金
エ．繰越利益剰余金　　オ．受取利息　　カ．現金

15. 従業員が出張から戻り、下記の報告書と領収書の提出があったので、本日、全額を費用として計上した。なお、旅費交通費等報告書に記載された金額は、全額を従業員が立て替えて支払っており、月末に従業員に支払うことになっている。

旅費交通費等報告書

日本一郎

移動先	手段等	領収書	金額
神戸商事	電車	無	1,200円
ホテル雲海	宿泊	有	8,500円
帰社	電車	無	1,200円
	合　計		10,900円

領　収　書

大阪商事㈱
日本一郎様

¥8,500 −
但し宿泊料として

ホテル雲海

ア．現金　　イ．仮払金　　ウ．買掛金
エ．未払金　　オ．旅費交通費　　カ．当座預金

出 金 伝 票

買 掛 金　　¥100,000

	資本金	3,400,000
	繰越利益剰余金	1,000,000
	売上	8,794,500
	受取手数料	56,200
6,876,000	仕入	
1,250,000	給料	
120,000	水道光熱費	
156,800	通信費	
27,000	保険料	
18,000	支払利息	
15,113,000		15,113,000

償却費は月割りで計上する。

(6) 通信費のうち¥46,800は未使用の切手代である。

(7) 借入金は×8年5月1日に借入期間1年の条件で借り入れたもので、利息は元金の返済時に支払うこととしている。当期分の利息¥5,500を未払計上する。

(8) 保険料は×8年12月1日に向こう6か月分を一括して支払ったものであり、未経過分は前払処理する。

(9) 当期の法人税等¥99,000を計上する。なお、当期に中間納付はしていない。

	(　　)		(　　)	
	(　　)		(　　)	
5	(　　)		(　　)	
	(　　)		(　　)	
	(　　)		(　　)	
	(　　)		(　　)	
6	(　　)		(　　)	
	(　　)		(　　)	
	(　　)		(　　)	
	(　　)		(　　)	
7	(　　)		(　　)	
	(　　)		(　　)	
	(　　)		(　　)	
	(　　)		(　　)	
8	(　　)		(　　)	
	(　　)		(　　)	
	(　　)		(　　)	
	(　　)		(　　)	

（次ページに続く）

	(　　)		(　　)	
	(　　)		(　　)	
14	(　　)		(　　)	
	(　　)		(　　)	
	(　　)		(　　)	
	(　　)		(　　)	
15	(　　)		(　　)	
	(　　)		(　　)	
	(　　)		(　　)	
	(　　)		(　　)	

給料	1,250,000	受取手数料	(　　)
水道光熱費	120,000	雑 [　　]	(　　)
通信費	(　　)		
保険料	(　　)		
貸倒引当金繰入	(　　)		
減価償却費	(　　)		
支払利息	(　　)		
法人税等	(　　)		
当期純利益	(　　)		
	(　　)		(　　)

9	(オ) 買掛金	150,000	(エ) 支払手形	150,000
10	(エ) 租税公課	5,000	(ア) 現金	5,000
11	(カ) 備品減価償却累計額 (ア) 現金 (オ) 固定資産売却損	320,000 10,000 70,000 *9	(イ) 備品	400,000
12	(イ) 貯蔵品	1,000	(ウ) 通信費	1,000
13	(ウ) 普通預金	200	(オ) 受取利息	200
14	(エ) 繰越利益剰余金	330,000	(ア) 普通預金 (ウ) 利益準備金	300,000 30,000
15	(オ) 旅費交通費	10,900	(エ) 未払金	10,900

＊1　600,000円 − 50,000円 = 550,000円
＊2　150,000円 − 100,000円 = 50,000円
＊3　200,000円 × 10% = 20,000円
＊4　200,000円 + 20,000円 = 220,000円
＊5　30,000円 − 20,000円 = 10,000円
＊6　600,000円 − （50,000円 + 52,000円） = 498,000円
＊7　150,000円 × 2か月 = 300,000円
＊8　$1{,}000{,}000円 \times 1.2\% \times \frac{8か月}{12か月} = 8{,}000円$
＊9　貸借差額

★採点基準★
仕訳1組につき3点

については、承認された時点では**未払配当金（負債）**で処理しますが、本問は「ただちに普通預金口座から支払った」とあるので、**普通預金（資産）**の減少で処理します。

15. 従業員が立て替えている旅費交通費については、月末に精算（支払い）をするので、**未払金（負債）**で処理します。ホテルの宿泊料が旅費交通費等報告書と領収書の両方に記載されているので、重複して計上しないように気をつけましょう。

解説

問1　補助簿の選択

各取引の仕訳をしてから記入すべき補助簿を選択します。

1日	（備　　　品）	201,000	（未　払　金）	200,000
			（現　　　金）	1,000

→ 固定資産台帳、現金出納帳

10日	（買　掛　金）	200,000	（現　　　金）	200,000

→ 仕入先元帳（買掛金元帳）、現金出納帳

15日	（現　　　金）	200,000	（売　　　上）	500,000
	（売　掛　金）	300,000		

→ 現金出納帳、得意先元帳（売掛金元帳）、売上帳、商品有高帳*

＊　商品を売り上げている（商品の移動がある）ため、商品有高帳にも記入します。

問2　伝票記入

問題用紙の出金伝票は買掛金が現金で決済されたことを表しています。したがって、いったん全額を掛けで仕入れ、買掛金のうち100,000円をただちに現金で支払ったと仮定して起票していることがわかります。

そこで、答案用紙の振替伝票には「商品500,000円を掛けで仕入れた」として記入します。

減価償却費	(194,000)		
支払利息	(23,500)		
法人税等	(99,000)		
当期純利益	(149,000)		
	(8,857,900)		(8,857,900)

★採点基準★
●数字…配点

新規分の減価償却費：$720,000円 \div 30年 \times \frac{4か月(\times 8年12/1 \sim \times 9年3/31)}{12か月} = 8,000円$

減価償却費（建物）：110,000円 + 8,000円 = 118,000円

＊2　380,000円 ÷ 5年 = 76,000円

(6)　貯蔵品への振り替え

（貯　蔵　品）	46,800	（通　信　費）	46,800

(7)　費用の未払い

（支払利息）	5,500	（未払利息）	5,500

(8)　費用の前払い

（前払保険料）	9,000	（保　険　料）	9,000＊

＊　$27,000円 \times \frac{2か月(\times 9年4/1 \sim \times 9年5/31)}{6か月(\times 8年12/1 \sim \times 9年5/31)} = 9,000円$

(9)　法人税等の計上

（法人税等）	99,000	（未払法人税等）	99,000

(10)　貸借対照表の繰越利益剰余金

1,000,000円（残高計算表） + 149,000円（損益計算書 当期純利益） = 1,149,000円

解説

貸借対照表と損益計算書を作成する問題です。決算整理仕訳を示すと次のとおりです。

(1) 売掛金の回収

(仮受金)	12,800	(売掛金)	12,800

(2) 現金過不足の処理

(現金過不足)	7,200	(受取手数料)	5,600
		(雑益)	1,600

(3) 貸倒引当金の設定

(貸倒引当金繰入)	22,400*	(貸倒引当金)	22,400

* 貸倒引当金：(536,000円 + 676,800円 − 12,800円) × 3 % = 36,000円
貸倒引当金繰入：36,000円 − 13,600円 = 22,400円

(4) 売上原価の算定

(仕入)	316,000	(繰越商品)	316,000
(繰越商品)	320,000	(仕入)	320,000

損益計算書 売上原価：6,876,000円(残高試算表 仕入) + 316,000円 − 320,000円 = 6,872,000円

(5) 固定資産の減価償却

建物：	(減価償却費)	118,000*1	(建物減価償却累計額)	118,000
備品：	(減価償却費)	76,000*2	(備品減価償却累計額)	76,000

第3問 35点

貸借対照表　(単位：円)

現金		515,240	支払手形	259,700
当座預金		1,321,160	買掛金	347,000
受取手形	536,000		[未払] 費用	(5,500)
売掛金	(664,000)		未払法人税等	(99,000)
貸倒引当金	(△ 36,000)	(1,164,000)	借入金	300,000
貯蔵品		(46,800)	資本金	3,400,000
商品		5 (320,000)	繰越利益剰余金	5 (1,149,000)
5 [前払] 費用		(9,000)		
建物	2,920,000			
減価償却累計額	(△ 888,000)	5 (2,032,000)		
備品	380,000			
減価償却累計額	(△ 228,000)	(152,000)		
		(5,560,200)		(5,560,200)

損益計算書　(単位：円)

売上原価	5 (6,872,000)	売上高	8,794,500
給料	1,250,000	受取手数料	(61,800)
水道光熱費	120,000	雑 [益]	(1,600) 5
通信費	(110,000)		

①取引の仕訳

（仕　　　入）	500,000	（現　　　金）	100,000
		（買　掛　金）	400,000

②問題用紙の伝票（出金伝票）の仕訳

（買　掛　金）	100,000	（現　　　金）	100,000

③答案用紙の伝票（振替伝票）の仕訳

（仕　　　入）	500,000	（買　掛　金）	500,000

第2問　20点

問1

補助簿＼日付	現金出納帳	当座預金出納帳	仕入帳	売上帳	商品有高帳	得意先元帳(売掛金元帳)	仕入先元帳(買掛金元帳)	固定資産台帳
1日	○							○
10日	○						○	
15日	○			○	○	○		

問2

振替伝票			
借方		貸方	
記号	金額	記号	金額
(エ) 仕入	500,000	(ウ) 買掛金	500,000

★採点基準★
問1は日付につき各5点
問2は仕訳1組につき5点

解説

1. 内金を受け取ったときに**前受金（負債）**で処理しているので、商品を売り上げたときには**前受金（負債）の減少**として処理します。
2. 商品の注文を受けた際に受け取った内金や手付金は、**前受金（負債）**で処理します。また、内容が不明の入金額は、入金の内容が判明するまで**仮受金（負債）**で処理します。
3. 商品を仕入れた際にかかった消費税は、**仮払消費税（資産）**で処理します。
4. 共通商品券を受け取ったときは、**受取商品券（資産）**で処理します。
5. 給料から天引きした所得税の源泉徴収額や社会保険料（従業員負担分）は**預り金（負債）**で処理します。なお、指定勘定科目に「**所得税預り金**」と「**社会保険料預り金**」があるので、所得税の源泉徴収額は**所得税預り金（負債）**で、社会保険料（健康保険・厚生年金・雇用保険の保険料）は**社会保険料預り金（負債）**で処理します。
6. 収益の勘定残高は**損益勘定の貸方**に振り替えます。
7. 家賃は**支払家賃（費用）**で、敷金は**差入保証金（資産）**で、不動産会社に対する手数料は**支払手数料（費用）**で処理します。
8. 借入金の返済なので、**借入金（負債）**の減少で処理します。なお、利息は８か月分を計上します。
9. 約束手形を振り出しているので、**支払手形（負債）**で処理します。
10. 収入印紙を購入し、使用したときは、**租税公課（費用）**で処理します。
11. 備品を売却しているので、**備品（資産）**と**備品減価償却累計額**を減少させます。売却代金と帳簿価額との差額（仕訳の貸借差額）は**固定資産売却益（収益）**または**固定資産売却損（費用）**で処理します。
12. 決算日において、未使用の郵便切手代は**通信費（費用）**から**貯蔵品（資産）**に振り替えます。

解答解説

第1問　45点

	借方 記号	借方 金額	貸方 記号	貸方 金額
1	(エ) 前受金 (イ) 受取手形	50,000 550,000 *1	(オ) 売上	600,000
2	(イ) 普通預金	150,000	(カ) 前受金 (オ) 仮受金	100,000 50,000 *2
3	(オ) 仕入 (ア) 仮払消費税	200,000 20,000 *3	(イ) 買掛金	220,000 *4
4	(ウ) 受取商品券 (ア) 現金	20,000 10,000 *5	(エ) 売上	30,000
5	(カ) 給料	600,000	(ウ) 所得税預り金 (エ) 社会保険料預り金 (イ) 普通預金	50,000 52,000 498,000 *6
6	(ウ) 売上	300,000	(エ) 損益	300,000
7	(ウ) 支払家賃 (イ) 差入保証金 (オ) 支払手数料	150,000 300,000 *7 150,000	(ア) 当座預金	600,000

第3問　35点

貸借対照表

（単位：円）

現金		515,240	支払手形	259,700
当座預金		1,321,160	買掛金	347,000
受取手形	536,000		[　　] 費用	(　　)
売掛金	(　　)		未払法人税等	(　　)
貸倒引当金	(△　　)	(　　)	借入金	300,000
貯蔵品		(　　)	資本金	3,400,000
商品		(　　)	繰越利益剰余金	(　　)
[　　] 費用		(　　)		
建物	2,920,000			
減価償却累計額	(△　　)	(　　)		
備品	380,000			
減価償却累計額	(△　　)	(　　)		
		(　　)		(　　)

第2問　20点

問1

補助簿／日付	現金出納帳	当座預金出納帳	仕入帳	売上帳	商品有高帳	得意先元帳（売掛金元帳）	仕入先元帳（買掛金元帳）	固定資産台帳
1日								
10日								
15日								

問2

振替伝票			
借方		貸方	
記号	金額	記号	金額
（　　）		（　　）	
（　　）		（　　）	
（　　）		（　　）	
（　　）		（　　）	

問題 65

(1)		(2)	

問題 66

(A)

仕 訳 日 計 表

×1年7月1日

30

借 方	元 丁	勘 定 科 目	元 丁	貸 方
		現 金		
		当 座 預 金		
		売 掛 金		
		支 払 手 形		
		買 掛 金		
		売 上		
		仕 入		
		消 耗 品 費		

(B)

総 勘 定 元 帳

現 金

1

×1年		摘 要	仕丁	借 方	貸 方	借/貸	残 高
7	1	前 月 繰 越	✓	10,000		借	10,000

買 掛 金

12

×1年		摘 要	仕丁	借 方	貸 方	借/貸	残 高
7	1	前 月 繰 越	✓		7,000	貸	7,000

問題 67

(A)

仕訳日計表

×1年8月1日　　52

借方	元丁	勘定科目	元丁	貸方
		現金		
		受取手形		
		売掛金		
		貸付金		
		支払手形		
		買掛金		
		未払金		
		売上		
		受取利息		
		仕入		

(B)

総勘定元帳

売掛金　　3

×1年		摘要	仕丁	借方	貸方	借/貸	残高
8	1	前月繰越	✓	20,000		借	20,000

買掛金　　31

×1年		摘要	仕丁	借方	貸方	借/貸	残高
8	1	前月繰越	✓		18,000	貸	18,000

(C)

仕入先元帳

愛媛商事　　仕1

×1年		摘要	仕丁	借方	貸方	借/貸	残高
8	1	前月繰越	✓		6,000	貸	6,000

高知商事　　仕2

×1年		摘要	仕丁	借方	貸方	借/貸	残高
8	1	前月繰越	✓		12,000	貸	12,000

問題 69

精算表

勘定科目	試算表		修正記入		損益計算書		貸借対照表	
	借方	貸方	借方	貸方	借方	貸方	借方	貸方
現金	705							
当座預金		20						
売掛金	800							
備品	1,000							
買掛金		475						
貸倒引当金		10						
備品減価償却累計額		300						
資本金		1,000						
繰越利益剰余金		100						
売上		1,500						
仕入	850							
通信費	50							
	3,405	3,405						
雑（　　）								
当座借越								
（　　）								
貸倒引当金繰入								
減価償却費								
当期純利益								

問題 70

精　算　表

勘定科目	試算表		修正記入		損益計算書		貸借対照表	
	借方	貸方	借方	貸方	借方	貸方	借方	貸方
現金預金	1,682							
受取手形	900							
売掛金	800							
繰越商品	600							
仮払消費税	400							
建物	960							
備品	360							
買掛金		750						
仮受消費税		580						
貸倒引当金		12						
建物減価償却累計額		432						
借入金		1,200						
資本金		800						
繰越利益剰余金		200						
売上		5,800						
受取家賃		10						
仕入	4,000							
支払利息	82							
	9,784	9,784						
貸倒（　　）								
貸倒引当金繰入								
減価償却費								
備品減価償却累計額								
未払消費税								
（　　）家賃								
（　　）利息								
当期純（　　）								

問題 71

精　算　表

勘定科目	試算表		修正記入		損益計算書		貸借対照表	
	借方	貸方	借方	貸方	借方	貸方	借方	貸方
現金	12,686							
当座預金	12,460							
受取手形	11,200							
売掛金	9,800							
貸付金	6,900							
繰越商品	11,760							
建物	10,800							
買掛金		10,618						
貸倒引当金		120						
建物減価償却累計額		1,000						
資本金		37,000						
繰越利益剰余金		3,000						
売上		68,300						
受取利息		84						
仕入	41,720							
保険料	96							
租税公課	2,700							
	120,122	120,122						
貸倒引当金繰入								
減価償却費								
(　　　　)								
(　　　)保険料								
(　　　)利息								
当期純(　　　)								

問題 72

損益計算書

北海道商事　×2年4月1日〜×3年3月31日　(単位：円)

費用	金額	収益	金額
売上（　　）	（　　）	売上（　　）	（　　）
給料	（　　）		
貸倒引当金（　）	（　　）		
減価償却費	（　　）		
支払利息	（　　）		
法人税等	（　　）		
当期純利益	（　　）		
	（　　）		（　　）

貸借対照表

北海道商事　×3年3月31日　(単位：円)

資産	金額		負債・純資産	金額
現金		（　　）	買掛金	（　　）
売掛金	（　　）		（　　）費用	（　　）
（　　）	（　　）	（　　）	未払法人税等	（　　）
商品		（　　）	資本金	（　　）
備品	（　　）		繰越利益剰余金	（　　）
（　　）	（　　）	（　　）		
		（　　）		（　　）

問題 73

損益計算書

×2年4月1日～×3年3月31日　(単位：円)

費用	金額	収益	金額
売上原価	(　　)	売上高	(　　)
給料	(　　)	受取手数料	(　　)
広告宣伝費	(　　)		
貸倒引当金繰入	(　　)		
減価償却費	(　　)		
法人税等	(　　)		
当期純利益	(　　)		
	(　　)		(　　)

貸借対照表

×3年3月31日　(単位：円)

資産	金額		負債・純資産	金額
現金		(　　)	買掛金	(　　)
普通預金		(　　)	当座借越	(　　)
売掛金	(　　)		(　　)法人税等	(　　)
貸倒引当金	(　　)	(　　)	資本金	(　　)
商品		(　　)	繰越利益剰余金	(　　)
建物	(　　)			
減価償却累計額	(　　)	(　　)		
(　　)収益		(　　)		
		(　　)		(　　)

問題 74

(1)各勘定から損益勘定に振り替える仕訳（損益振替仕訳）

借方科目	金額	貸方科目	金額

(2)損益勘定から繰越利益剰余金勘定に振り替える仕訳（資本振替仕訳）

借方科目	金額	貸方科目	金額

(3)損益勘定への記入

損　　　益

〔　　　〕	（　　　）	〔　　　〕	（　　　）
〔　　　〕	（　　　）	〔　　　〕	（　　　）
〔　　　〕	（　　　）	〔　　　〕	（　　　）

問題 75

	借方科目	金額	貸方科目	金額
(1)				
(2)				

問題 76

支払利息

(　　)	[　　　　]	〈　　〉	(　　)	[　　　　]	〈　　〉
(　　)	[　　　　]	〈　　〉	(　　)	[　　　　]	〈　　〉
(　　)	[　　　　]	〈　　〉	(　　)	[　　　　]	〈　　〉
		〈　　〉			〈　　〉

[　　　] 利息

(　　)	[　　　　]	〈　　〉	(　　)	[　　　　]	〈　　〉
(　　)	[　　　　]	〈　　〉	(　　)	[　　　　]	〈　　〉
		〈　　〉			〈　　〉

≪仕訳シート≫ 必要に応じてコピーしてご利用ください。

問題番号	借方科目	金額	貸方科目	金額

≪仕訳シート≫ 必要に応じてコピーしてご利用ください。

問題番号	借方科目	金額	貸方科目	金額